交易所年报问询监管
影响因素与经济后果研究

刘颖斐 ◎ 著

Research on
Regulatory Factors and
Economic Consequences
of Exchange Annual Report Inquiry

北京大学出版社
PEKING UNIVERSITY PRESS

图书在版编目(CIP)数据

交易所年报问询监管影响因素与经济后果研究 / 刘颖斐著. -- 北京：北京大学出版社, 2025.5. -- ISBN 978-7-301-36300-3

Ⅰ.F832.51

中国国家版本馆 CIP 数据核字第 202541RY76 号

书　　　名	交易所年报问询监管影响因素与经济后果研究
	JIAOYISUO NIANBAO WENXUN JIANGUAN YINGXIANG YINSU YU JINGJI HOUGUO YANJIU
著作责任者	刘颖斐　著
责任编辑	曹　月
标准书号	ISBN 978-7-301-36300-3
出版发行	北京大学出版社
地　　　址	北京市海淀区成府路 205 号　100871
网　　　址	http://www.pup.cn
微信公众号	北京大学经管书苑（pupembook）
电子邮箱	编辑部 em@pup.cn　总编室 zpup@pup.cn
电　　　话	邮购部 010-62752015　发行部 010-62750672　编辑部 010-62752926
印　刷　者	三河市北燕印装有限公司
经　销　者	新华书店
	730 毫米×1020 毫米　16 开本　17.75 印张　322 千字
	2025 年 5 月第 1 版　2025 年 5 月第 1 次印刷
定　　　价	68.00 元

未经许可，不得以任何方式复制或抄袭本书之部分或全部内容。
版权所有，侵权必究
举报电话：010-62752024　电子邮箱：fd@pup.cn
图书如有印装质量问题，请与出版部联系，电话：010-62756370

前　言

马克思在《资本论》中指出，"过程越是按社会的规模进行，越是失去纯粹个人的性质，作为对过程的监督和观念上的总括的簿记就越是必要"①，"簿记对资本主义生产，比对手工业和农民的分散生产更为必要，对公有生产，比对资本主义生产更为必要"②。上述论断中的"簿记"主要指的是经由财务会计工作产生的一系列记录反映经济活动中价值变化的财会信息资料，该论断的核心含义是：经济越发达，会计越重要。在证券市场的活动中，上市公司会计信息披露是财会工作的主要内容之一，而会计信息质量与资本市场资源配置效率的关系也是会计理论研究与实践活动关注的基本问题。在影响上市公司会计信息质量诸多因素的识别和对应的治理机制设计中，涉及会计判断的问题是最难以处理的，不同市场参与者在不同立场上可能对同一个会计判断问题有差异巨大的结论，因此，证券市场中各类监管制度的监管效果和效率就变得举足轻重。

最早关于监管理论的文献研究是基于社会财富最大化目标展开的。传统福利经济学认为，政府监管的存在是合乎情理的。阿瑟·庇古（Arthur Pigou）认为外部性、信息不对称以及不完全竞争的存在将会导致市场失灵，政府需要规范市场来应对这种失灵。因此，市场失灵使得政府监管无处不在（Coase，1960；Kethineni，1991；Lehne，2006）。现有对监管效用的解释主要基于公众利益理论与私有利益理论。公众利益理论认为，监管能够保护社会公众的利益。大多数学者基于这个观点把监管当作解决市场失灵的机制（Bernstein，1955）。当市场失灵时，政府监管能够使资源配置效率达到最优（Arrow，1985），从而提高社会福利。私有利益理论却认为，由于监管寻租和监管俘获现象的存在，监管可能是无效的。经济主体的目标与成本之间的差距导致主体追求自身利益，甚至不惜损害公众利益。由于私人利益的存在，政府干预也会存在失灵的情况，这种失灵在法治水平比较低的国家更为普遍（Shleifer and Vishny，1993）。寻租现象的存

---

① 马克思.资本论:第二卷[M].北京:人民出版社,2004:152.
② 同上。

在使得某些既得利益集团通过操纵政府来谋求个人私利(Rajan and Zingales,2003)。因此,政府干预可能是把双刃剑,既可能帮助实现社会财富最大化,又可能损害社会财富最大化。基于上述理论基础,在资本市场上,不同会计信息质量监管制度影响资本市场效率的途径、方法及约束条件是需要结合不同背景进行深入分析探讨的。

交易所年报问询监管制度的设计初衷是通过提升上市公司会计信息披露质量来提高证券市场投资效率,进而提高证券市场资源配置效率,实现证券市场的高质量发展。现有国外文献侧重检验年报问询监管制度的信息效应,却忽视对其功能效应和治理机制的深入研究。国外文献从企业特征和审计师特征角度分析了影响年报问询监管的部分因素,发现公司治理结构较差、内部控制较差、盈利水平较低、经营业务较复杂、会计信息质量较差、非四大审计的公司(Dechow et al.,1996;Lawrence et al.,2010;Ettredge et al.,2011;Cassell et al.,2013)更容易受到问询监管。同时,国外文献也从企业行为和审计师行为角度分析了实施年报问询监管的经济后果,发现企业有动机调整它们的行为,信息披露质量普遍提高,以此减小未来被问询的概率(Bozanic et al.,2013;Johnston and Petacchi,2017)。

国内相关年报问询监管数据从2015年开始才被公开披露,现有大部分研究表明,在中国资本市场上年报问询监管能够提高市场效率,部分在国外市场验证的结论也在国内市场得到了支持,如信息不对称程度较高、报告书信息披露质量较差、内部控制质量较差、治理环境较差的公司更可能收到年报问询函(李晓溪等,2019a;余明桂和卞诗卉,2020)。同时,基于国内数据及业务背景,国内研究者也探讨了一些新的问题,如管理层能力与上市公司收函概率呈U形关系(王艳艳等,2020),外资持股显著减小了上市公司被问询的概率(黄健峤等,2024)等。但年报问询监管制度在具体制度设计上存在中外差异,在制度执行的背景和环境条件上也存在差异,这些差异一方面为相关研究的必要性提供了支撑,另一方面也为相关研究进一步的深化提供了场景和机会。

本书基于中国背景,从中国两大证券交易所的年报信息披露监管行为入手,介绍了我国基于资本市场自律监管的年报问询监管制度的沿革及执行情况,在对现有国内外文献进行梳理和分析的基础上,从多维度拓展探讨了影响年报问询监管制度的不同因素,以及该制度对市场各类参与者行为的影响,进而检验该制度影响企业会计信息质量的途径、方法及约束条件,并提出提高市场资源配置效率和改善监管资源利用效率的相关政策建议,以期推动证券市场的高质量发展。具体是从理论与实证方面研究以下问题:① 在交易所年报问询监管影响因素的研究方面,探讨了上市公司关键少数人行为和审计师行为对年报问询监管的影响,具体包括控股股东的质押行为、高管财务任职经历和关键审计事项披露对年报问询监管的影响。实证结果表明,控股股东股权质押极易引起监管机构的关注,随着控股股东股权质押行为的发生、质押比例的提高,公司的信息披露质量降低、违规风险提高,因此收到年报问询函的概率增大;高管拥有财务任职经历的企业会进行较多的盈余管理,其年报更容易被交易所问询;审计师披露的关键审计事项数量会影响年报问询监管概率,且关键审计事项披露内容与年报问询函的内容存在对应关系。② 在交易所年报问询监管经济后果的研究方面,探讨了年报问询监管对市场中介和企业行为的影响,具体包括年报问询监管对分析师行为、企业主体信用评级、企业研发行为的影响,以及年报问询监管对信息披露质量的直接效应及溢出效应。实证结果表明,交易所年报问询监管降低了分析师通过实地调研挖掘私有信息的倾向,私有信息获取量的减少也降低了分析师对收函公司盈余预测的分歧度;交易所年报问询监管会降低被问询公司的主体信用评级,抑制信用评级的膨胀;交易所年报问询监管会对公司的研发创新投入产生负向影响,但当年报问询函中存在与"研发"相关的问题时,则能够促使公司在合理的范围内披露更多与研发相关的专有信息,会对公司的研发创新投入产生正向影响;整体而言,交易所年报问询监管机制存在威慑效应与溢出效应,能够提高被问询公司及相关公司未来年报的披露质量,提高证券市场整体的信息披露水平。

本书具有一定的研究贡献。在理论贡献方面:第一,本书丰富了对上市公司会计信息披露质量影响因素的研究。现有文献对上市公司会计信息披露质量影响因素的微观研究多集中于信息供给方、信息中介与信息需求方,相关宏观层面因素的研究聚焦于法律环境、诉讼偏好、投资者保护程度等,对监管方行为,特别是对披露证券交易所监管行为的研究较少,而监管方行为是同时涉及微观主体和宏观大局的纽带。本书从资本市场监管角度提供了实证证据,检验了交易所自律监管活动对上市公司会计信息披露质量的影响,以及相关影响的传导路径,从而丰富了现有上市公司会计信息披露质量影响因素的研究。第二,本书深化了对相关监管理论的研究。长期以来,监管干预与市场自由化一直是学术界争论的话题。监管与自由诉讼,谁更能有效维护市场秩序? Glaeser and Shleifer

(2003)提出监管比诉讼更有效,La Porta et al.(2006)则认为相关公司法与证券法只有通过诉讼起作用,即诉讼比监管更有效。另外,监管俘获理论认为政治关系能够帮助企业从政府部门和监管部门等公共机构获取政治租金,从而降低监管效率。本书拓展了对交易所年报问询监管影响因素的研究,也丰富了交易所年报问询监管制度对各类市场参与者的影响研究,检验了交易所年报问询监管制度的经济后果,丰富了对交易所监管制度的研究。第三,本书深化了对"功能效率市场"理论的研究。Tobin(1984)在"信息效率市场"理论之外,提出了以资源配置效率为核心的"功能效率市场"理论。上市公司会计信息质量是影响资源配置效率的重要因素,因为会计信息质量是决定资本市场信息不对称程度的关键因素,是资本市场上诸多契约缔结的基本依据。本书分析了交易所年报问询监管对各类市场参与者行为的影响,进而揭示了监管制度对市场资源配置效率产生影响的作用机制,从非处罚性软监管作用机理角度深化了对"功能效率市场"理论的研究。

在实践运用方面:第一,本书对交易所年报问询监管影响因素和经济后果的研究有助于提高交易所监管资源的使用效率,更好地实施年报问询监管制度。"信息效率市场"理论已经揭示出年报信息披露缺陷容易使投资者利益受损,那么通过年报问询监管制度提高年报信息披露质量将减少投资者在这些方面面临的损失风险。本书对交易所年报问询监管影响因素的研究结论,能帮助交易所将有限的监管资源分配到高风险监管目标,进而提高该监管制度的效率和效果。第二,本书的研究有助于提高市场投资者合理判断和评估上市公司风险与证券价格的能力。"信息效率市场"理论认为所有信息都能及时且充分地反映到资产的价格之中,该理论隐含的前提是投资者都是理性的经济人,能够充分理解各类信息的含义。另外,信息的充分披露有利于股票价格趋于公允。交易所年报问询监管制度对会计信息质量产生重要影响的同时,其自身也传递着有关上市公司风险与价值的信息。所以,本书的研究结论能帮助投资者提高对交易所年报问询函及公司回函的理解程度,了解交易所年报问询制度监管的重点领域,从而对上市公司的风险及价值作出更合理的估计与判断。第三,本书的研究有助于提高市场信息中介合理判断和评估上市公司风险与价值的能力。通常情况下,市场信息中介(审计师、评级师、券商分析师)基于专业能力与社会网络资源对企业的信息进行收集与加工,得到相应的结果,并向社会进行公告。交易所公开披露的年报问询函及公司回函也是市场信息中介的重要信息来源。本书的研究结论能够帮助市场信息中介更准确地理解交易所年报问询监管的内涵,从而帮助市场信息中介合理利用年报问询监管来判断和评估上市公司风险与价值。

  本书是国家自然科学基金面上项目"基于会计信息质量提升的交易所年报问询监管制度治理效应及其机制研究"(71872136)的研究成果之一。在撰写本书的过程中,笔者阅读了大量国内外文献、信息披露监管文件、会计准则及上市公司信息披露资料等,在此对相关文献、著作、监管文件等资料的作者一并表示感谢。感谢武汉大学经济与管理学院博士研究生李豪飞,硕士研究生陈佳、刘学财、杨琴、张小虎、吴煜、沙淑洁等出色的助理研究工作。同时,对本书的责任编辑曹月老师的辛勤付出表示感谢。研究是对未知世界进行的充满风险的探索之旅,笔者在感谢路途中所有帮助的同时,也深知文责自负的道理,对书中存在的错漏之处,敬请各位读者批评指正。

刘颖斐

2024 年 7 月

目录

第1章 绪论 … 001
   1.1 选题背景及研究意义 … 001
   1.2 交易所年报问询监管制度介绍 … 003
   1.3 研究内容与研究创新 … 011

第2章 文献综述 … 014
   2.1 交易所年报问询监管影响因素的文献综述 … 014
   2.2 交易所年报问询监管经济后果的文献综述 … 019
   2.3 国内外相关研究简要述评 … 031

第3章 交易所年报问询监管的影响因素：基于控股股东质押的证据 … 033
   3.1 问题提出和理论分析 … 033
   3.2 实证研究 … 036
   3.3 结论与启示 … 066

第 4 章 交易所年报问询监管的影响因素:基于高管财务任职经历的证据 — 069
4.1 问题提出和理论分析 — 069
4.2 实证研究 — 073
4.3 结论与启示 — 093

第 5 章 交易所年报问询监管的影响因素:基于关键审计事项披露的证据 — 095
5.1 问题提出和理论分析 — 095
5.2 实证研究 — 102
5.3 结论与启示 — 140

第 6 章 交易所年报问询监管对市场主体行为的影响:对分析师行为的影响 — 143
6.1 问题提出和理论分析 — 143
6.2 实证研究 — 147
6.3 结论与启示 — 172

第 7 章 交易所年报问询监管对市场主体行为的影响:对企业主体信用评级的影响 — 173
7.1 问题提出和理论分析 — 173
7.2 实证研究 — 177
7.3 结论与启示 — 194

第 8 章 交易所年报问询监管对市场主体行为的影响:对企业研发行为的影响 — 196
8.1 问题提出和理论分析 — 196
8.2 实证研究 — 202
8.3 结论与启示 — 222

第9章 交易所年报问询监管对信息披露质量的直接效应及溢出效应 224
- 9.1 问题提出和理论分析 224
- 9.2 实证研究 226
- 9.3 结论与启示 242

第10章 结束语 244

参考文献 249

第 1 章 绪 论

1.1 选题背景及研究意义

党的二十大报告提出,要"加强和完善现代金融监管,强化金融稳定保障体系,依法将各类金融活动全部纳入监管,守住不发生系统性风险底线"。在强化金融监管和推进监管转型的背景下,中国证券交易所在证券监管中扮演着越来越重要的角色。自 20 世纪 90 年代初期成立证券交易所起,我国逐步建立了较为完备的会计信息披露监管法律规则体系和纵深一体的信息披露监管机构,市场参与者普遍对监管机构寄予厚望。但上市公司会计信息质量却时常受到诟病,舞弊手段层出不穷,从早期的渝钛白、银广夏舞弊案例,到近年的乐视网、康得新、康美药业舞弊案例,其实质都涉及会计信息披露中存在大量的质量缺陷。这些缺陷不再仅仅是会计准则制定问题所导致的,更多是因为在会计准则执行中存在的问题。由于经济活动日益复杂化,"规则导向会计准则"与"原则导向会计准则"的理论争议在准则制定阶段就取得了较为一致的结论,国际会计准则及全球大多数国家的会计准则都在制定过程中采取了"原则导向",从而使得会计准则在执行过程中存在大量会计判断空间,上市公司会计信息质量差异更多是会计判断合理程度的差异所导致的。不同市场参与者在不同立场上可能给出差异巨大的判断,因此,证券市场中各类监管制度的监管效果和效率就变得更为重要。

本书从中国两大证券交易所的年报信息披露监管行为着手,多维度探讨基于资本市场自律监管制度的年报问询监管制度的机制设计及执行情况,在现有研究的基础上深入探讨上市公司年报问询监管的影响因素、年报问询监管制度影响企业会计信息披露质量的机制,以及该制度对市场各类参与者行为的影响,进而检验交易所年报问询监管制度影响资本市场效率的途径、方法及约束条件,并提出完善交易所年报问询监管制度的政策建议,以期实现保护资本市场投资者利益的研究目标。本书的研究内容主要基于如下背景提出:

(1) 证券交易所在资本市场中的轴心地位突显出对其展开研究的重要意

义,但鲜见聚焦交易所监管行为的会计文献。著名经济学家保罗·萨缪尔森(Paul Samuelson)在其著作《经济学》中将证券交易所描述为"市场经济的轴心"。证券交易所对上市公司年报实施监管是其履行监管职责的重要部分。在国内现有监管体系中,中国证监会及其派出机构、上海证券交易所(简称"上交所")、深圳证券交易所(简称"深交所")、中国注册会计师协会等机构从不同角度对上市公司会计信息披露质量进行监督,其职责范围和执法力度均有差异。国外主流文献在证券监管研究方面,大多以美国证券交易委员会(SEC)的执法行为作为研究对象(Feroz et al. ,1991;Nourayi,1994;Dechow et al. ,1996;Karpoff et al. ,2008)。现有针对中国背景的证券监管研究则多将中国证监会的处罚与交易所的处罚混同考察(伍利娜和高强,2002;Chen et al. ,2005;陈工孟和高宁,2005;杨玉凤等,2008),也有比较两种监管处罚市场反应差异的研究(Firth et al. ,2009),以及专门针对证监会监管效果的研究(吴溪和张俊生,2014),但鲜见专注于深入研究交易所监管行为的会计文献。作为信息披露监管机构中的重要一员,交易所的年报问询监管制度具有典型的自律监管特征和一线监管特征,其监管效果和效率都是值得深入研究的问题。

(2) 交易所年报问询监管制度具有软监管特征,现有文献多关注涉及处罚的强监管行为,对不涉及处罚的软监管行为关注较少。现有针对中国上市公司的监管研究多从涉及明确违法违规证据的被处罚事件角度展开(伍利娜和高强,2002;Chen et al. ,2005; Firth et al. ,2009;吴溪和张俊生,2014),这些监管往往具有强监管的特征,且往往是有明确的违法违规证据,所涉事项性质或影响程度较严重时才会触发各类处罚事项,处理周期较长,具有明显的事后监管特征。交易所年报问询监管制度则具有明显的软监管特征,该制度主要针对年报中出现的信息披露不准确、不完整、不及时等问题,向上市公司发出年报审核问询函,要求公司回复问询、解释说明、补充披露、更正错误或修订年报。与处罚性监督所具有的事后监督性质不同,年报问询监管制度是对公开披露的年报进行及时审核问询,属于事中监督,具有防患于未然的特征,一般不涉及对上市公司的处罚。但此类事项的公开披露对上市公司具有明显影响(Cassell et al. ,2013)。自2015年起,沪深证券交易所开始在其网站公开披露年报问询函内容及上市公司的回复,以此提高年报问询监管制度的监管透明度。这一监管披露行为为科学、深入地探讨该制度的监管效率、监管效果提供了数据支撑,也是开展本书相关研究的前提。

(3) 年报问询监管制度存在中外差异,现有的国外研究结论不能在中国背景下简单适用,我国年报问询监管制度对会计信息质量的影响有待实证检验。第一,在执行机构上,年报问询监管制度在我国是由证券交易所完成的,接受证监会的领导;在美国则直接由其证监会完成。第二,在披露时点上,我国自2015年起在交易所网站实时披露年报问询函和公司回复函,投资者和上市公司可以在同一时间获取公司收到年报问询函的信息,交易所和投资者也可以在同一时间获取公司回复的信息;而美国证监会发出的年报问询函和公司回复只有在整个审核过程结束后,才会同时对外以追溯形式公开披露。基于上述制度差异,有必要以中国制度背景为基础对交易所年报问询监管制度展开深入研究。

1.2 交易所年报问询监管制度介绍

1.2.1 交易所年报问询监管制度变迁

《上市公司信息披露管理办法》中明确指出:"证券交易所应当对上市公司及其他信息披露义务人的信息披露行为进行监督,督促其依法及时、准确地披露信息……"在2013年之前,证券交易所对上市公司信息披露执行的是披露前的监管,即在信息披露前,监管机构对上市公司信息披露中存在的问题发放问询函,公司在回函后,再对外披露经交易所审核的信息。这种制度安排下的问询监管是在信息正式披露之前发生的,不需要对外公开披露。但这种信息披露监管制度安排既降低了上市公司信息披露的及时性,也使监管机构产生较大的时间压力,不利于提升市场的信息效率和发挥上市公司的主观能动性。因此,深交所和上交所分别于2013年1月和2013年2月正式出台了《深圳证券交易所上市公司信息披露直通车业务指引》和《上海证券交易所上市公司信息披露直通车业务指引》等相关文件,就上市公司信息披露方式进行了重大改革,推行了信息披露直通车制度。

信息披露直通车是交易所对信息披露监管模式的一项重大革新,指上市公司按照交易所相关规定,将公司公告直接提交给指定披露媒体,交易所再进行事后监管审核的一种信息披露方式。上交所和深交所分别于2013年7月1日和2014年1月13日正式开通了上市公司财务报告信息披露直通车。直通车开通前,上市公司的相关公告需要经交易所审核后才能发布,不符合要求的公告在修改后才能发布；直通车开通后，符合文件规定的公告不再需要进行事前审核，而是由公司直接披露，交易所后续再针对信息披露中存在的问题进行问询监管，并直接对公众披露问询函内容和公司回函内容。伴随着信息披露直通车制度的推行，交易所对信息披露的问询监管过程开始直接对社会公众披露。

问询监管制度随后成为交易所对上市公司信息披露内容真实性和充分性进行事后监管的主要途径之一。深交所和上交所分别于2014年年底开始在其网站的"监管信息公开"一栏中，公布上市公司问询函件的发函时间和函件内容。交易所对信息披露的问询监管涉及上市公司的各类信息披露行为，但沪深交易所网站2014年披露的仅有对重组事项的问询监管。

2014年全国证券期货监管工作会议再次明确要求"证券交易所全面负责上市公司定期报告、临时公告等信息披露的一线监管，树立信息披露监管权威，加强自律管理"，沪深交易所于2015年起开始对外披露上市公司年报问询函。由于上市公司的年报是上市公司信息披露的重要组成部分，也是市场参与者重点关注的信息，因此公开披露年报问询监管的内容及过程受到了社会公众和媒体的广泛关注，这又进一步强化了交易所和上市公司对年报问询监管制度的重视。2018年实施的《证券交易所管理办法》再次确立并强化了证券交易所在我国证券市场中"一线监管"的地位，交易所年报问询监管也开始逐渐成为针对上市公司年报信息披露的重要监管手段。

1.2.2 交易所年报问询监管制度的中美比较

交易所年报问询监管制度并非我国独有。SEC早在《2002年萨班斯法案》(SOX)出台后就开始使用问询函(Comment Letter)的监管形式。SEC的审核分为三个层次：对文件进行全面审核、对财务报告进行审核及对文件中的具体问题进行审核。在2004年8月1日之前，SEC对上市公司发出的问询函内容是保密的，后来为了提高信息披露的透明度和准确性，SEC决定在双方就问询事项沟通处理结束之后再对外公开披露问询内容。相比之下，我国沪深交易所实施年报问询监管的时间较晚，但从2015年起开始实时对外公开披露其向上市公司发送的问询函以及上市公司的回函内容。

与美国SEC问询函制度相比，我国交易所年报问询监管制度存在以下差异：

(1) 问询监管主体差异。美国的年报问询监管主要由其证券监督管理机构

SEC 直接实施。在我国,负责证券监督管理工作的证监会一般不直接针对上市公司展开问询监管,而是由证监会下属的证监局和交易所针对上市公司的信息披露行为发放问询函,且其中绝大多数的问询函是由沪深交易所发出的。

(2) 问询监管频率差异。SOX 408 号规定了 SEC 要实施定期常规审核,需要每三年至少对每家上市公司的财务年报文件审核一次并发放问询函,以确保揭露公司存在的会计违规或信息披露不足的问题。从 2013—2014 年沪深交易所开通信息披露直通车起,沪深交易所开始对上市公司进行问询监管,并从 2015 年开始在网站披露向上市公司发出的年报问询函。相比较而言,我国交易所的问询监管是不定期审核,审查人员对上市公司年报信息披露进行事后审核,对信息披露存在疑问时就会向有关公司发出问询函。

(3) 披露及时性差异。美国 SEC 的问询发函和公司回函内容都不要求及时披露,从监管审核结束到信息公开需要较长的时间间隔(一般为 20 天),信息披露具有一定的滞后性;而我国交易所年报问询监管制度对发函及回函都要求及时披露,对问询监管信息的披露更为及时和透明,时效性更强,投资者能够及时获取有关监管问询的信息。

(4) 后续监管措施差异。我国交易所通常要求被问询公司及时书面回复问询所涉及的所有问题,部分问题还需要独立董事及中介机构(如会计师事务所、律师事务所、资产评估公司、财务顾问或保荐机构等)出具审查意见和专业意见。此外,根据问询函回函情况,还可能伴随现场调查、证监会立案等后续监管手段。而美国 SEC 在实施问询监管时更倾向于内部监管沟通,较少对外披露后续监管手段。

1.2.3 交易所年报问询监管制度的实施现状

自 2015 年沪深交易所在其网站公开披露实施年报问询监管制度情况至 2023 年年底,沪深交易所总共披露了 3 939 份年报问询函。我们从年报问询函涉及的年度分布、公司行业分布、公司所有制属性、审计意见类型、交易所关注的内容要点等五个方面展开,分析我国交易所年报问询监管制度的实施现状,前四个方面的问询情况见表 1-1。

表 1-1　交易所年报问询监管数量统计表（2015—2023 年网站披露数）

统计口径分类(四种情况)	2015年	2016年	2017年	2018年	2019年	2020年	2021年	2022年	2023年	合计
一、问询函年度分布										
各年度收函数量	114	190	356	463	654	726	506	488	442	3 939
二、所属行业问询情况										
农林牧渔业	4	9	14	13	12	17	14	10	9	102
采矿业	3	6	10	18	15	18	12	12	7	101
制造业	71	117	222	306	434	502	346	312	298	2 608
电力、热力、燃气及水生产和供应业	4	2	4	7	6	4	4	8	3	42
建筑业	5	1	13	6	12	21	9	9	13	89
批发和零售业	6	11	25	28	48	32	18	19	16	203
交通运输、仓储和邮政业		1	5	8	14	12	1	1	3	45
社会服务业	3	2	3	4	3	2	4	3	4	28
信息传输、软件和信息技术服务业	12	20	21	22	49	51	46	54	41	316
金融、保险业			2	2	4	2				10
房地产业	4	13	27	30	29	29	25	32	19	208
租赁和商务服务业		3	4	6	8	9	9	6	3	48
科技研发行业		1	1	6	7	9	6	7	8	42
水利、环境和公共设施管理业	2	1	1	2	4	3	3	5	10	31
教育业						1	1	1		3
卫生和社会工作						1				1
文化、体育和娱乐业		3	1	4	8	13	8	7	7	51
综合			3	1	1	3		2	1	11
三、所有制性质问询情况										
国有控股上市公司	30	46	126	125	124	123	63	56	51	744
民营控股上市公司	77	128	208	298	478	544	408	391	358	2 890
其他	7	16	22	40	52	59	35	41	33	305
四、不同审计意见类型问询情况										
无保留意见加事项段	15	26	43	45	60	66	64	70	60	449
标准无保留意见	93	145	284	368	488	517	331	317	301	2 844
保留意见	5	15	21	31	69	111	90	79	68	489
无法发表意见	1	4	8	19	37	32	21	22	13	157

资料来源：上交所网站和深交所网站(下同)。

从年度分布情况来看，自上交所和深交所相继开通上市公司信息披露直通车以来，证券交易所年报问询函数量总体上呈现逐年上升的态势。尤其是2019年和2020年，各年的年报问询函总数均超过600份。截至2020年年底，沪深交易所针对年报信息披露问题公开的问询函当年累计达到726份。可见，证券交易所年报问询逐步成为年报信息披露日常监管的重要部分。此外,2021—2023年受疫情影响交易所发出的问询函数量虽然略有下降,但仍然较稳定地维持在每年 400 份以上的较高水平。具体如图 1-1 所示。

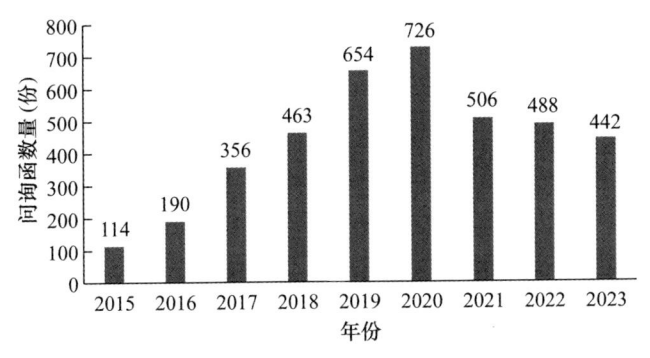

图 1-1 交易所年报问询监管的年度趋势

从行业分布情况来看,被问询公司主要集中在制造业,信息传输、软件和信息技术服务业,房地产业,批发和零售业这四个板块。在证监会一级行业分类中,制造业企业收到年报问询函最多(2 608 份),占比为 66.21%,接近问询函总数量的三分之二。其次是信息传输、软件和信息技术服务业(316 份),占比为 8.02%,房地产业(208 份)与批发和零售业(203 份)各占比 5% 左右,其余行业占比均较小,相差不大。具体如表 1-2 所示。

表 1-2 被问询公司的一级行业分布

一级行业代码	行业名称	问询函数量	占比
A	农林牧渔业	102	2.59%
B	采矿业	101	2.56%
C	制造业	2 608	66.21%
D	电力、热力、燃气及水生产和供应业	42	1.07%
E	建筑业	89	2.26%
F	批发和零售业	203	5.15%
G	交通运输、仓储和邮政业	45	1.14%
H	社会服务业	28	0.71%
I	信息传输、软件和信息技术服务业	316	8.02%
J	金融、保险业	10	0.25%
K	房地产业	208	5.28%
L	租赁和商务服务业	48	1.22%

(续表)

一级行业代码	行业名称	问询函数量	占比
M	科技研发行业	42	1.07%
N	水利、环境和公共设施管理业	31	0.79%
O	教育业	3	0.08%
Q	卫生和社会工作	1	0.03%
R	文化、体育和娱乐业	51	1.29%
S	综合	11	0.28%
	总计	3 939	100.00%

从不同行业的问询函年度变化趋势来看，大部分行业在不同年度被问询的概率较为稳定，2018—2019年问询函收函数量有所增加，后续几年波动幅度较小。制造业作为最高频被问询的热门行业，从2015年到2020年，受到的交易所监管关注越来越多，在2020年最受关注，当年收到的年报问询函数量达到峰值（502份），如图1-2所示。

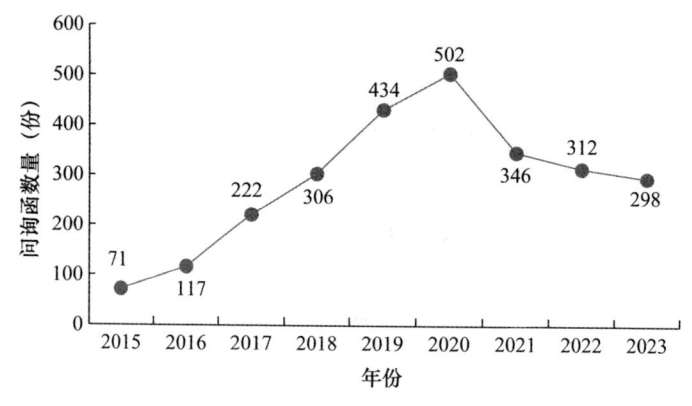

图1-2 制造业收函的年度变化趋势

进一步细分到二级行业层面，具体在制造业内部，如表1-3所示，计算机、通信和其他电子设备制造业（388份）、化学原料及化学制品制造业（306份）、专用设备制造业（270份）、电气机械及器材制造业（239份）这四个行业收到交易所年报问询函较多，占比达到制造业问询函收函总数的46%，接近一半。总体上看，制造业与高新技术产业收到年报问询函数量较其他行业明显偏多。

表 1-3 被问询公司的二级行业分布(以制造业为例)

二级行业名称	收函数量	二级行业名称	收函数量
计算机、通信和其他电子设备制造业	388	金属制品业	52
		酒、饮料和精制茶制造业	47
化学原料及化学制品制造业	306	仪器仪表制造业	38
专用设备制造业	270	食品制造业	38
电气机械及器材制造业	239	化学纤维制造业	35
医药制造业	190	石油加工、炼焦及核燃料加工业	32
通用设备制造业	185	造纸及纸制品业	32
非金属矿物制品业	106	铁路、船舶、航空航天和其他运输设备制造业	24
橡胶和塑料制品业	102		
汽车制造业	95	木材加工及木、竹、藤、棕、草制品业	18
纺织业	80	文教、工美、体育和娱乐用品制造业	16
农副食品加工业	69	黑色金属冶炼及压延加工业	18
其他制造业	69	家具制造业	14
有色金属冶炼及压延加工业	68	印刷和记录媒介复制业	11
纺织服装、服饰业	55	皮革、毛皮、羽毛及其制品和制鞋业	11

从收函公司的所有制属性来看,年报问询函的主要关注对象为民营控股上市公司。基于统计期间 2015—2023 年交易所发出的年报问询函件总数分析,国有控股上市公司共收到问询函 744 份,占 18.89%;民营控股上市公司共收到 2 890 份,占比 73.37%,如图 1-3 所示。

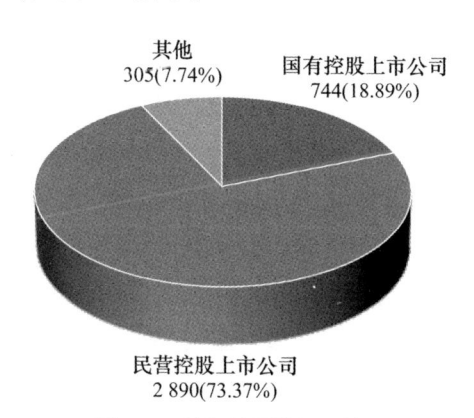

图 1-3 所有制属性问询情况

从收函公司的审计意见类型来看,交易所等监管机构持续关注上市公司规范自身信息披露工作。统计期间内,交易所发出的年报问询函共有 3 939 份。其中,被出具标准无保留意见的上市公司问询函数量为 2 844 份(占 72.20%),

被出具带强调事项段的无保留意见的上市公司问询函数量为 449 份(占 11.40%),被出具保留意见的上市公司问询函数量为 489 份(占 12.41%),被出具无法表示意见的上市公司问询函数量为 157 份(占 3.99%)。具体如图 1-4 所示。

图 1-4 不同审计意见类型的问询情况

交易所年报问询监管内容涉及的范围较为广泛,主要针对会计处理、重要财务指标和企业经营等问题。表 1-4 列示了交易所年报问询监管的高频关注要点。

表 1-4 年报问询函的高频关注内容

问询函提及的关注内容	问询函数量(份)	所占比例
1. 业绩下滑、亏损	1 749	44%
2. 毛利率问题	2 494	63%
3. 应收账款或预付账款	2 840	72%
4. 收入确认问题	1 615	41%
5. 商誉减值问题	1 352	34%
6. 持续经营能力	1 090	28%
7. 偿债能力	691	18%

从年报问询函的具体内容来看,交易所关注的高频要点主要为业绩下滑亏损、毛利率问题、应收账款与预付账款等,持续经营能力、偿债能力等方面的问询问题也高频出现。业绩降幅大的公司是监管层重点关注的对象,1 749 份(占 44%)年报问询函中提到了公司业绩下滑、亏损;2 494 份问询函(占 63%)提及了毛利率问题;2 840 份(占 72%)问询函关注了应收账款、预付账款及其变化幅度;1 615 份(占 41%)问询函提及了收入确认问题;1 352 份(占 34%)问询函提

及了大额商誉计提的合理性问题;同时,也有大量问询函对上市公司的持续经营能力和偿债能力给予了重点关注。

总的来看,近年来,沪深交易所加强监管力度,发出的年报问询函的数量稳步上升,问询的内容和关注点也越来越丰富,这有助于促进公司经营管理水平的提升和信息披露质量的改善,还能提醒投资者关注市场风险,对于维护资本市场的良好秩序发挥了重要作用。

1.3 研究内容与研究创新

1.3.1 研究内容

本书的研究内容依据"提出问题——分析问题——解决问题""理论认知——理论反思——理论实现"两条主线展开。首先,通过制度背景分析与文献分析提出本书要研究的主要问题,明确本书研究内容,即以交易所年报问询监管为切入点,结合中国资本市场特征,在现有文献和理论研究的基础上对年报问询监管的影响因素和经济后果进行拓展分析,以此确定交易所年报问询这一软监管的信息效应与功能效应,并分析揭示年报问询监管影响资本市场效率的途径、方法及改善机制。具体地,本书的研究内容如下:在年报问询监管影响因素的研究方面,拓展探讨了上市公司关键少数人行为和审计师行为对年报问询监管的影响,具体包括控股股东的质押行为、高管财务任职经历及关键审计事项披露对年报问询监管的影响;在年报问询监管经济后果的研究方面,拓展探讨了年报问询监管对市场中介和企业行为的影响,具体包括年报问询监管对分析师行为、企业主体信用评级、企业研发行为的影响,以及年报问询监管对信息披露质量的直接效应及溢出效应。具体的研究内容框架如图 1-5 所示。

1.3.2 研究创新

本书的特色与创新之处如下:

(1) 本书从上市公司关键少数人行为角度识别了影响年报问询监管的新因素。控股股东和核心高管的行为是影响上市公司年报信息披露质量的重要因素,本书探讨了控股股东的股权质押行为和核心高管的财务任职经历对年报问询监管的影响,从两类上市公司关键少数人角度识别了影响年报问询监管的新

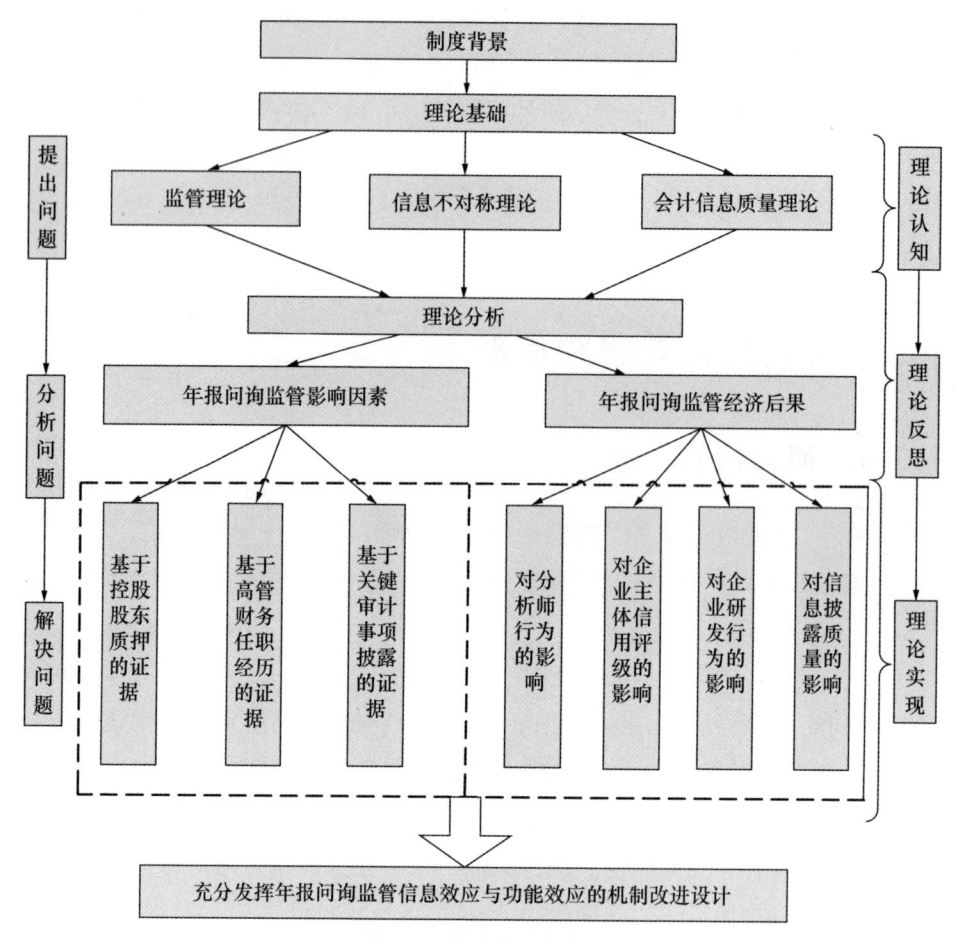

图 1-5 研究内容框架

因素,为后续完善该制度的监管效应提供方向。

(2) 本书从审计报告改革角度识别了审计师行为影响年报问询监管的新因素。2016 年 12 月,财政部印发《中国注册会计师审计准则第 1504 号——在审计报告中沟通关键审计事项》等 12 项中国注册会计师审计准则(简称"新审计报告准则"),审计报告改革的重大变化是引入了对关键审计事项段的披露。审计报告改革对交易所年报问询监管影响的研究是较为稀少的,本书从审计报告改革视角切入,检验了审计师的关键审计事项披露行为对年报问询监管的影响,探讨了审计师年报审计行为与证券交易所监管行为的交互关系,丰富了对多层次证券市场监督机制的研究。

(3) 本书从市场信息中介与企业行为角度识别了年报问询监管具有的功能

效应。与以往研究年报问询监管市场反应不同,本书从会计信息质量提升视角,从市场信息中介(分析师)与企业行为角度,将对年报问询监管的信息效应研究延伸到市场功能效应研究,这能从自律性的软监管作用机理角度深化"功能效率市场"与监管理论的研究。

(4) 本书从债券市场角度对年报问询监管的信息效应与功能效应进行分析,一方面丰富了现有相关文献,另一方面也对债权人与股东之间的利益冲突问题进行了阐述。国内外文献主要从股票市场角度分析了年报问询监管的信息效应与功能效应,然而得到的结论并不一致。本书则从债券市场角度分析年报问询监管对主体信用评级的影响,从而为年报问询监管的信息效应与功能效应的证实提供了新的视角。同时,本书通过分析年报问询监管对债券市场的影响,也为阐述债权人与股东之间的委托代理问题提供了新的检验场景。

(5) 本书利用传染模型分析了年报问询监管的溢出效应,从而为市场信息效率假说提供了独特的证据。年报问询监管能够改善具体被监管公司的会计信息质量,然而这种会计信息质量的改善是否具有传染效应、是否可以扩展改善整个市场的信息环境是需要深入检验的实证问题。本书将通过被同一会计师事务所审计的客户间以及同行业间的关系来检验该传染溢出效应的存在性,从这个方面进一步丰富信息效率与功能效率市场理论。

第 2 章 文 献 综 述

2.1 交易所年报问询监管影响因素的文献综述

2.1.1 国外相关文献研究现状

国外现有的关于交易所年报问询监管影响因素的研究大多基于美国 SEC 问询监管制度。由于年报问询监管主要针对年报信息披露内容展开,因此对其影响因素的研究主要围绕企业特征、审计师特征、管理层特征、监管部门特征等四个方面展开。

（1）企业特征对于年报问询监管概率的影响。年报信息披露质量受企业特征的影响。Dechow et al. (1996)调查了因涉嫌违反会计准则而被 SEC 采取监管行动的公司,研究发现公司治理结构较差的公司更有可能操纵利润,从而更可能受到监管。Cassell et al. (2013)以针对 10-K 文件的问询函为样本,研究发现盈利水平低、经营业务复杂、会计信息质量差的公司,更有可能收到 SEC 的问询函,并且问询函提出的问题数量更多,修正成本更大。另外,企业与证监会的距离也会影响年报被问询的概率。由于预算和时间的限制,SEC 更有可能审查那些在地理上接近其办公室的公司,而不是那些距离遥远的公司(Kedia and Rajgopal,2011),以降低调查成本。Ettredge et al. (2011)指出当内部控制更弱、公司治理水平更低时,公司更易收到问询函。Quan et al. (2021)的研究表明:具有财务专业知识的董事会秘书能显著降低公司收到年报问询函的可能性、频率和内容复杂性,也降低了公司延迟回复问询函的可能性,尤其是在非国有企业、治理环境较差的企业以及董事会秘书组织地位较高的企业中。机制检验结果表明,财务专家型董事会秘书可以减少应计项目收益管理。这一发现强调了内部治理结构在监管回应中的重要性。Chen and Johnston(2008)发现财务报告重述的公司、小规模公司和成立时间长的公司更有可能受到问询监管。根据 SOX 的规定,SEC 负责审查上市公司的财务报告,并对有疑问或不明确的会计处理提出质疑。Boone et al. (2013)考察了会计准则特征与被问询概率、持续时间之间的相关关系,发现会计估计和基于规则的GAAP(一般公认会计原则)标准增加了收到SEC问询函的可能性,并且会计估计与解决这些问题的持续时间有正相关关系。Cassell et al. (2019)研究了公司对SEC问询函的初步回函的可读性是否与审查产生不利结果的可能性有关,结果显示公司对外报告或者受到问询后回函的可读性较差,可能表明公司有意隐瞒不利信息,这会增大其后续继续被问询的概率。Leventis et al. (2018)强调了SEC的执法概率,这个执法概率受公司总部的地理位置(即重要商业决策的中心位置)的影响。Kubick et al. (2016)探讨了企业在与税务相关的问询函发出之前和发出之后的避税行为,研究发现避税程度越高的公司,越容易收到问询函。避税行为会对企业声誉造成影响,使得投资者对企业形象的认知发生改变,对收到与税收相关的SEC问询函的公司的估值较低,但收函公司会在后期减少它们的避税行为。Kryzanowski and Mohebshahedin(2020)发现,上市公司董事会的会议次数越多,其信息披露的咨询费用就越低,收到SEC问询函的可能性就越小。

(2) 审计师特征对于年报问询监管概率的影响。Cassell et al. (2013)发现公司的审计师特征与收到问询函的概率存在显著的相关关系。具体地,被声誉越高的会计师事务所审计,公司被问询的概率越低;即使被问询,该公司也能很快地进行回复。Lawrence et al. (2010)从监督互补的角度对问询函的影响因素进行探讨,发现非四大审计的公司更容易收到问询函。另外,也有部分文献研究了审计师地理位置对于年报被问询概率的影响。Jha and Chen(2015)发现审计人员认为SEC对离总部办公室更近公司的更深入调查会增加审计业务的风险,他们可能会投入更多的时间,从而要求更高的审计费用。

(3) 管理层特征对于年报问询监管概率的影响。Correia(2014)考察了通过捐款和游说建立长期政治联系的公司和高管是否会因SEC的监管而付出较低的成本,研究发现企业的政治关联会降低SEC采取执法行动的概率和处罚程度,这个结论与Yu and Yu(2011)的研究结论一致。但是,Heese et al. (2017)认为政治关联企业的企业信息质量较差,所以政治关联企业的年报更容易被SEC问询。Chen et al. (2020)基于2013—2016年中国市场的研究也发现,具有政治关联的企业更容易收到问询函,这可能与该期间我国采取的大规模反腐行动有一定关联。Christensen et al. (2020)发现媒体负面评价增多,也会增加公司受到监管问询的可能性。Ertimur and Nondorf(2006)以首次公开募股(IPO)公司的问询函为样本,发现上市公司首席财务官(CFO)的工作经验越丰富,公司被问询的可能性越小。这是因为管理层的管理经验将在上市过程或财务报告公布之前对监督和审查过程产生积极影响。同时,如果被问询,这类公司也将以更有效和更低成本的方式处理问询函。

(4)监管部门特征对于年报问询监管概率的影响。一方面是监管资源限制的影响。Naughton et al. (2018)认为来自异国上市公司母国的监管可以减少来自本国的问询,这种交叉监管所体现的替代作用使得本国监管机构可以将监管资源投向风险更大的公司。Gunny and Hermis(2020)研究发现在忙季时,监管机构会削减其监管问询的力度,将有限的资源集中到风险更大的领域,但这种资源的限制也可能会降低问询函的质量。IPO和收购交易的文件数量激增,会限制交易所的监管资源分配,从而会减少问询函的发放次数(Gunny and Hermis, 2020)。另一方面是监管人员特征的影响。Baugh et al. (2022)发现,有关部门监管人员的专业知识、性别、职位、薪酬等个人特征会对问询的问题、频率、轮数、天数等产生重要的影响。Ege et al. (2020)研究探讨了SEC在审查交易性文件时是否因资源限制而意外改变对定期报告问询函的发放概率和质量。SOX规定SEC需每三年至少审查一次定期报告(如10-K)。但SEC还需要处理不可预测且频发的交易申请(如IPO和收购)。研究指出,交易申报异常高峰期,定期报告问询函的发放概率和质量有所下降。此外,高、低异常交易申报期发布的问询函均加剧了公司信息不对称,削弱了盈余反应系数。该研究表明,美国现行监管制度存在一定缺陷,交易申请审查和问询函之间存在监管重叠,SEC因意外资源约束影响了对定期报告的监管质量。Do and Zhang(2022)基于SEC问询函数据探讨了SEC员工在工作中是否展现了独特的个人风格,以及这对于问询监管概率和强度的影响。研究发现SEC员工存在显著的个人风格,且这些风格对问询过程具有影响。进一步分析表明,持有注册会计师(CPA)证书的SEC员工与较低的会计重述可能性相关;而员工与受询公司通信人员间较高的相似性则会导致较低的审查强度,从而减小该公司收函的概率。

综上所述,基于美国的SEC问询监管制度,交易所年报问询监管制度受到不同层面的诸多因素影响。这些研究为验证美国SEC监管功能的实际履行情况提供了强有力的证据,也为我国年报问询监管制度的探索和推进打下了基础。

2.1.2 国内相关文献研究现状

年报问询监管是监督上市公司信息披露的重要方式之一。我国沪深证券交易所从 2015 年开始在公开平台对上市公司年报的问询监管情况进行披露,因此国内关于年报问询监管的研究主要开始于 2015 年。国内已有文献主要从公司内部和外部两方面分析了交易所年报问询监管的影响因素。

1. 内部影响因素

(1) 信息披露特征对于年报问询监管概率的影响。交易所问询函具有精准的识别功能,能识别潜在的风险。李晓溪等(2019b)研究发现信息不对称程度较高、报告书信息披露质量较差的公司更可能收到年报问询函。刘柏和卢家锐(2019)基于年报问询函数据深入分析了问询函对上市公司盈余管理行为的风险识别能力。首先,检验发现收到问询函的概率会随着公司应计盈余管理程度的提高而增大,且收到的问询函在精确性和准确性上均表现出色,凸显了其精准识别的能力。其次,对于非国有企业、深交所上市公司,以及媒体关注度高、法治环境良好的企业来说,年报问询函在识别盈余管理方面的效果更为显著。最后,年报问询函还能有效识别较为隐蔽的真实盈余管理,并且它可以通过影响公司的会计绩效,促进公司真实价值的回归。

(2) 管理决策特征对于年报问询监管概率的影响。一方面,公司的治理环境会影响其被问的概率。上市公司内部控制质量越高、治理环境越好,公司内部的业务流程也就越规范,其收到交易所年报问询函的概率就会越小,且问询函的问题数量和字数也会越少(余明桂和卜诗卉,2020)。另一方面,公司的管理层能力和知识背景也会通过影响管理决策进而影响公司收到年报问询函的概率。王艳艳等(2020)基于交易所年报问询监管制度的背景,检验了管理层能力对上市公司收函概率以及回函可读性的影响,研究发现管理层能力与上市公司收函概率呈 U 形关系。高管能力较低时,由于价值创造效应较弱,可能存在隐瞒坏消息和预期管理的机会主义动机;高管能力较强时,可能会更喜欢追求自我职业理想,更偏好一些激进和高风险的企业决策。这两种情况都会导致公司被交易所问询概率的增大。并且高能力管理层的回函往往具有更强的可读性,可以更有效地缓解因被问询而产生的负面市场反应。全怡等(2022)揭示了董事会秘书的财务背景对监管问询的影响,发现具备财务背景的董事会秘书可以显著减少上市公司年报被问询的概率和次数以及问询函的字数,并降低延期回函的可能性。这一效应在非国有企业中尤为显著。此外,当公司的治理水平较差以及董事会秘书兼任 CFO 或早于 CFO 和首席执行官(CEO)上任时,董事会秘书财务背景的作用会更为突出；机制分析表明，具有财务背景的董事会秘书主要通过减少应计盈余管理行为来影响公司的被问询概率。

（3）股权特征对于年报问询监管概率的影响。黄健峤等（2024）基于年报问询监管制度，深入分析了股票市场开放背景下外资持股与交易所监管之间的内在关联。结果显示，外资持股显著减少了上市公司收到年报问询函的概率、轮次及数量，这一结论在排除内生性干扰后依然稳健，并且外资持股的影响在分析师关注度较高的企业、非国有企业及高股权制衡度的企业中尤为显著。进一步研究表明，外资持股公司更少收到需中介核查的函件，被问询问题数量更少，且延期回函的可能性和总回函数量也更低。这些影响主要体现在外资通过陆港通机制持股的公司中。连玉君和刘畅（2023）基于2014—2021年A股上市公司的样本，实证探讨了控股股东股权质押与交易所年报问询准确性之间的关系。研究发现股权质押的控股股东所属公司更容易被问询，且问询力度和话题的集中性更强，被问询话题主要包括关联交易、应计项目、研发及偿债能力等。进一步分析还发现年报问询在不影响公司绩效的情况下，抑制了公司的文本语调操纵行为，有利于盈余信息质量的提高。

2. 外部影响因素

对年报问询监管概率外部影响因素的研究，主要包括对审计师行为、分析师行为以及其他制度的影响分析。审计师行业专长、关键审计事项和会计师事务所受到的监管问询也可能影响其客户公司被交易所问询的概率。郝晓敏和王永海（2022）基于2014—2019年我国A股上市公司的数据，检验了审计师行业专长对公司收到年报问询函概率的影响。研究发现审计师行业专长显著降低了公司收到年报问询函的可能性。此外，对于内部治理水平较低的公司，这种关系更为显著。进一步地，聘请行业专长水平较低的会计师事务所的公司，在收到问询函后发生财务重述的可能性也会更大。审计师行业专长可以通过发挥其作为公司外部治理机制的有效性，降低公司被监管问询的风险。刘颖斐等（2023）基于2017—2020年我国A股上市公司数据，研究发现关键审计事项披露的数量与年报被问询概率显著正相关。审计师与交易所监管在治理机制上展现出的互补性，主要体现在非常规关键审计事项对交易所问询函内容的显著影响上。进一步分析发现，拥有行业专长和收取正向异常审计费用的审计师团队，其所披露的非常规关键审计事项能更有效地为交易所监管提供风险线索。特别地，在被监管企业盈余管理程度较高时,此类审计事项在监管中的效用尤为显著。鲁桂华等(2020)利用科创板这一特色背景,检验了非处罚性监管对会计师事务所的注册制 IPO 审核问询过程的影响作用。研究发现,会计师事务所受到的非处罚性监管的次数越多,其鉴证的财务报表信息包含的不确定性越大,这暗示了它的质量控制体系存在一定问题,因此它所服务的 IPO 客户也会收到更多的审核问询函和更多的问询问题,导致回函时间和审核时间延长,发行市盈率降低,且上市后股票收益的波动加剧。此外,张栋和张玉阳(2021)以 2015—2018 年深市 A 股上市公司为样本研究发现,2016 年启动的"深港通"交易机制显著降低了上市公司年报被交易所问询的概率和频次,并有效减轻了年报披露中存在问题的严重性,这可能是因为资本市场的开放有效改善了企业的信息披露质量。深入分析发现,分析师关注显著强化了"深港通"对年报问询函接收情况的抑制作用。针对深交所上市公司分板块的研究结果表明,"深港通"对中小板和创业板公司的影响更为显著。该研究表明,"深港通"机制在识别与防范上市公司信息披露问题中扮演着关键角色,可以减少公司收到年报问询函的数量,为资本市场后续相关的对外开放政策的实施提供了理论支撑。

2.2 交易所年报问询监管经济后果的文献综述

2.2.1 国外相关文献研究现状

针对交易所问询监管带来的经济后果,国外现有文献主要从年报问询监管的市场反应、年报问询监管对市场信息中介行为的影响、年报问询监管对企业行为的影响这三个角度进行了梳理。

(1) 对年报问询监管的市场反应的研究结论并不一致。国外已有研究中,一部分文献指出相关市场反应大多是负面的(Gietzmann and Isidro, 2013; Dechow et al., 2016)。但也有文献指出年报问询监管的市场反应并不显著(Ertimur and Nondorf, 2006),其原因是年报问询监管并不增加市场信息含量。Dechow et al. (2016)发现问询函的下载次数大约是相关的 10-K 报告下载量的 1%。问询函也没有被金融分析教科书所引用(Revsine et al., 2011)。但对投资者行为进行具体分析的相关文献发现,投资者可以依据问询函与回复函的内容来做投资决定(Dechow et al., 2016),在收到问询函时内部人存在显著的异常内幕交易，但是对股票长期收益的影响有限。Gietzmann and Isidro(2013)发现机构投资者们会减持收到问询函公司的股份。Ljungqvist and Qian(2014)发现公司收到问询函时往往会被卖空者识别和利用，从而实施卖空行为。

（2）年报问询监管与市场信息中介行为方面的研究显示，年报问询监管对于审计师声誉的影响使得审计师更有可能帮助企业解决问询函中比较复杂的问题。年报问询监管可能使审计师行为发生改变，Leventis et al. (2018)认为证券监督委员会问询函的发出使得审计师们从根本上改变了他们对客户风险的看法，同时也增加了审计费用。Johnston and Petacchi(2017)发现一旦公司被问询，该公司的分析师预测就会更加准确、预测离散程度更小，这表明问询函的内容能够提高分析师对公司盈余信息含量的理解。相反，年报问询监管的过程可能会揭示信息披露不足，这可能会被理解为经理们不愿直接与公众沟通，从而导致分析师跟踪人数的减少。

（3）年报问询监管与企业行为方面的研究显示，企业有动机规避证券监督委员会的问询监管。第一，公司需要花费大量的时间和成本来解决问询函中提出的问题(Cassell et al. , 2013)。第二，在问题解决之前，不确定性可能会分散管理层对正常运营的注意力。第三，收到问询函意味着企业财务报告和信息披露的整体状况较差(Ryans, 2021)，投资者可能据此调整对企业价值的判断。第四，关于问询函的信息披露，可能会引起 SEC 对其他实质性问题的关注(Francis, 2011)，投资者可能会对公司的其他信息发布产生反应(Johnson, 2015)，公司管理层会选择转向实施更隐蔽的真实盈余管理。并且，问询监管还可能导致公司高管的非正常变更(Cunningham et al. , 2020)。因此，在年报问询监管制度下，企业有动机调整其行为，以此减小被问询监管的概率。但现有研究并未就该问题展开深入研究。对受到问询监管后企业行为的研究显示其信息披露质量普遍提高。Hesarzadeh and Rajabalizadeh(2020)认为问询监管有益于财务报告信息披露，一定程度上降低了信息的复杂度。Anantharaman and He (2016)基于美国 SEC 问询函，研究发现与内部控制相关的问询函提高了公司未来内部控制缺陷的信息披露程度。Bozanic et al. (2013)通过文本分析研究发现在收到 SEC 的问询函后，公司提供了更容易阅读、乐观程度更低的信息，信息披露质量更高。Johnston and Petacchi(2017)研究发现被问询后，公司将提供更高质量的信息，以此改善信息环境。Chen and Johnston(2008)发现公司解决了问询函提出的问题后，公司的会计信息环境会显著改善，具体表现为盈余反应系数的增加、非正常收益波动性和非正常交易量的下降,这个结论也得到了 Johnston and Petacchi(2017)的支持,即在对 10-K/Q 问询函进行回复后,公司股票买卖价差下降。Brown et al. (2018)发现公司收到问询函存在信息溢出效应,其他有关联的公司会对自身的信息质量风险进行讨论。另外,公司收购行为可能会受到公司是否被问询以及问询回复函的影响(Bhushan,1989;Lang and Lundholm,1996)。

2.2.2 国内相关文献研究现状

对于交易所年报问询监管的经济后果,国内学术界持有不同的观点,相关研究主要围绕市场反应和治理效果两大方面展开。大多数研究认为,交易所年报问询监管传递了公司财务或经营方面存在缺陷的信号,会带来负面的市场反应。但是,交易所年报问询监管也可以规范公司的信息披露行为,改善公司的治理水平,提高盈余质量,降低公司股价崩盘风险。此外,在公司外部影响方面,交易所年报问询监管还能够改善机构投资者及分析师等的信息环境。

1. 交易所年报问询监管的市场反应研究

上市公司受到年报问询监管通常意味着其信息披露存在不规范之处,或者潜藏着一定的会计风险。张然等(2015)基于中概股危机的研究背景,分析美国 SEC 问询函对于预测中概股财务造假的效用。研究发现收到 SEC 问询函的公司更容易成为问题公司,并且 SEC 在问询函中提出的问题数量越多、问题的解决难度越大,相关在美上市的中概股公司越有可能成为问题公司。李琳等(2017)基于我国深交所年报问询函及公司回复函,考察了年报问询函件披露后公司回复期间的内部人减持情况及其市场反应。研究发现内部人存在利用回复期的信息优势进行交易的择时行为,同时也发现问询函会产生负面的市场反应,并且披露前发生内部人减持的公司的负面股价反应会更大,这表明问询函可能揭示了一些敏感信息,内部人会通过提前减持来规避未来股价下跌带来的损失。进一步研究发现,及时回复收到的年报问询函有利于公司向投资者澄清疑虑,无论是否伴随内部人减持的现象,未逾期回复公司的市场反应都优于逾期回复的公司。郭飞和周泳彤(2018)基于证券交易所的年报问询函,采用事件研究法分析年报问询函披露后产生的市场反应。研究结果显示,年报问询函披露后累计平均异常收益显著为负,这表明年报问询监管具有信息含量。进一步分析发现,收入问题集中度更高的问询函更易引发负面的市场反应,且其累计异常收益会更低。投资者关注度在这一关系中起到了调节作用,投资者关注度越高,收入问题集中度与负面市场反应的关联越强烈。杨海波和李建勇(2018)基于深交所2015年问询监管事件的样本,通过回归分析和事件研究法研究了交易所问询监管的市场反应。研究发现交易所年报问询监管显著影响了被问询公司的平均累计异常收益率,问询公告发布前其表现为负但不显著,问询公告发布后显著转正。陈运森等(2018a)聚焦于年报问询监管,研究发现市场对年报问询监管收函公告的反应显著为负,而对回函公告的反应显著为正,表明年报问询函具有一定的信息价值且在信息披露监管方面发挥了作用。此外,进一步分析发现市场反应的强度会受到上市公司及年报问询函的其他不同特征的异质性影响。这一结论表明,年报问询函在信息披露监管中作用显著,市场反应强烈,对于证券市场相关监管模式的创新具有重要指导价值。陶雄华和曹松威(2018)依据公开的交易所问询函数据,研究发现上市公司由于重大资产重组行为受到问询会产生正的公告效应,使上市公司在特定事件窗口内累计异常收益率显著达到约5%;而针对定期财务报告的问询会产生负的公告效应,导致累计异常收益率约为-3%。上述结果显示,不同问询类型带来的市场反应各异。进一步研究发现,当规模较大的公司受到问询时,其股价往往更容易受到显著的负面冲击。胡玮佳和张开元(2019)聚焦于2015—2017年沪深交易所发布的年报问询函,探究投资者关注对问询函公告日市场反应的影响。结果显示投资者关注度的提升削弱了市场对问询函事件的负面影响,主要作用机制可能是通过传递市场信息和价格压力两方面实现的。进一步研究发现,中国投资者的关注行为不仅能显著降低信息不对称水平,还能减少被问询公司的信息补救成本。赵丙艳和叶春明(2020)聚焦于证券交易所问询函与投资者的数量变动,分析问询函是否能为投资者提供增量信息,并检验投资者是否盲目对市场作出反应。研究发现问询函显著影响投资者的决策,尤其当问询项目多且要求中介机构发表核查意见时,市场负面反应更加强烈,投资者数量变动也更明显。2020年,上交所对上市公司的年报监管进行了模式创新,采取了监管问询函与监管工作函并行的监管模式,取代了以往单一的问询函方式,监管工作函的披露机制有所调整,公司无须即时对外披露收函,而是在回函时一并公布,此举旨在缩短收函至回函的时间,减少信息不对称导致的股价波动。陈邑早等(2023)利用A股上市公司的数据,检验了这一政策的效果,研究发现市场对工作函回函公告的负面反应小于对问询函收函公告的反应。进一步分析发现,市场对工作函回函公告日的累计市场反应与问询函收函、回函公告日附近的累计市场反应之和在总量上并没有显著差异。同时,监管工作函的并行实施并未增强问询函的市场反应。王思雨和范合君(2024)基于2015—2020年我国沪深A股上市公司发生的重大资产重组事件的数据,检验了问询函监管对股东并购决策的影响。研究发现公司收到并购重组问询函后,全体及中小股东的决策投票参与率均显著增加,而他们的赞同票比例则明显降低。通过调节效应发现,并购经验较少和产品市场竞争较弱的公司在收到问询函后,其股东的投票参与率更高;而当高管持股比例较低时,中小股东的投票参与率会上升,同时投赞同票的比例会下降。这些发现为理解问询函监管对股东行为的影响和市场反应提供了新视角。徐高彦等(2023)以年报问询函为视角,深入研究了非处罚性监管措施如何影响公司策略性的媒体披露管理行为。结果表明,被问询公司相较于未被问询公司,在回函期间获得了更多数量和更正向情感的报道,且这些报道多出自长期合作的媒体。进一步分析表明,这种策略性的媒体披露管理行为有助于缓解负面的市场反应,促进股价的稳步回升,其中重复披露正面报道和择时披露是主要策略。

总的来看,上述研究共同揭示了年报问询函披露对市场信心的负面影响,反映了市场对年报问询监管措施的敏感性。

2. 交易所年报问询监管的治理效果研究

交易所年报问询监管是交易所对上市公司实施非处罚性监管的重要方式,其直接作用主要在于信息改善方面,包括提升信息披露质量,提高信息透明度,改善信息披露环境和公司的治理情况(刘建勇和张雪琪,2020)。有关交易所年报问询监管治理效果的研究大都围绕公司内部和外部两方面展开。

(1) 对公司内部影响方面,收到问询函会改变公司的一系列行为。问询过程中披露的高质量会计信息有利于被问询公司抑制盈余管理行为,改善内部控制质量,提高会计稳健性和业绩预告的积极性,提高审计质量,降低股价崩盘风险、股价同步性以及大股东"掏空"等资本市场风险,降低产能过剩水平,影响其投融资行为。

在问询监管与盈余管理的相关研究中,陈运森等(2019)以沪深交易所的信息披露直通车改革为背景,研究上市公司收到财务报告问询函后的盈余管理行为。结果发现公司受到问询监管后会显著抑制其盈余管理行为,促进了资本市场的健康发展,并且问询函总数和同一财务报告被问询的次数越多,意味着监管力度越大,盈余管理程度的降低幅度也就越大。此外,问询函的问题分类和不同细分特征对盈余管理程度也有显著影响。深入分析发现,问询函的监管效果还受到产权性质和信息环境质量的影响,其对于国有企业和信息环境差企业的监管效果较弱。张岩(2020)基于我国 2015—2018 年交易所的问询函数据,分析了问询监管对上市公司真实盈余管理的影响。实证发现收到问询函的上市公司往往更倾向于实施真实盈余管理行为,并且在代理问题严重的公司中这一影响更加显著,而在审计师声誉较好的公司、上市时间较长的公司以及国有企业中这一影响不太明显。

在年报问询监管与公司内部控制和公司治理的相关研究中,研究结论证实了年报问询监管存在积极作用。聂萍等(2020)针对 2013—2017 年中国 A 股上市公司数据,验证了与内部控制相关的年报问询监管对公司内部控制质量的治理效应。研究发现此类监管显著改善了公司的内部控制质量,尤其在当年审计师就内部控制问题提供了专业核查意见时治理效果更为显著。从信息环境视角分析,该类问询监管在信息透明度较低的公司中,对内部控制质量的提升效果更为突出。进一步发现,问询的强度与内部控制质量的提升呈正相关关系,且这种正效应在同行业公司间存在一定的溢出效应。机制检验表明,这类问询监管对公司内部控制质量的积极作用更多地体现在涉及内部监督与控制活动的问询情境中。邓祎璐等(2020)以沪深两市 A 股上市公司为样本,从治理视角出发探讨了问询函的经济后果。研究显示,公司收到年报问询函后会加大对高管的监督力度,高管变更概率变大,并且问询函数量越多、问询次数越多、问询函中提及的问题越多,被问询公司的高管变更概率越大。根据问询函内容进一步细分,当问询函涉及中介机构发表意见、并购和关联交易等重大事项,延期回函或回复间隔时间较长时,高管变更概率会显著增大。横截面分析表明,这些效应在市场化程度高、公司治理环境良好的企业中更为显著。此外,交易所年报问询监管还会增大财务总监以及董事会秘书等职位的变更概率。姜永宏等(2023)基于 2015—2019 年沪深 A 股上市公司的数据,进一步证实了年报问询监管能显著提高被问询公司的会计稳健性,尤其是在负债率较高、内部控制水平较低的公司中,年报问询函的这一监管作用更为显著。此外,被问询频次高、问询函包含的问题数量多、需要中介机构发表意见及公司延期回函等因素均增强了监管效果。机制检验表明,年报问询监管主要通过减少信息不对称程度、增强独立董事独立性及提高投资者关注度等三个渠道来提升被问询公司的会计稳健性。

在年报问询监管与公司业绩预告和创新意愿的相关研究中,李晓溪等(2019a)实证检验了年报问询监管制度对公司业绩预告这一前瞻性信息的经济后果。研究证实了与未受问询的公司相比,受问询公司在接到年报问询函后,其业绩预告的积极性显著增强,预测精度有所提升,且文本信息质量得到优化。特别是当问询函的问题严重性和回函详细度提高时,这种效应更为显著。此外,当公司面临更高的法律风险或外部监督更为严格时,年报问询函的监督效应更为突出。这一研究结论表明,为应对年报问询监管带来的负面市场反应,公司倾向于提升业绩预告的质量,以改善市场预期。齐荻和许文瀚(2023)通过交易所研发相关问询函的实证研究,检验了其对上市公司创新意愿的影响和作用,研究发现与研发相关的问询监管能显著提升公司的创新意愿。进一步分析显示,需要会计师进一步回复的问询函强化了这一影响,而需要律师进一步回复的问询函则减弱了这一影响。并且,在国有企业、高科技企业及无研发操纵行为的企业中,这种提升效应更为显著。何如桢(2023)以 2015—2020 年我国 A 股非金融上市公司为样本,深入探讨了交易所发出的非研发类年报问询函对企业研发操纵产生的影响和作用。实证发现收到非研发类年报问询函的公司,其研发操纵偏好显著低于未收函公司。机制分析发现:非研发类年报问询监管主要通过加强媒体监督来有效约束被问询公司的寻租行为,从而削弱公司的研发操纵偏好程度。此外,在市场化水平较低和分析师覆盖度低的地区,该类年报问询监管的治理效果更为显著,并且问询次数、问询函中问题的数量以及回函时长等因素均与治理效果呈正相关关系。

在年报问询函监管对审计质量的影响的相关研究中,陈运森等(2018a,2018b)发现,财务报告问询监管具有信息含量且市场非常认可财务报告问询函在信息披露方面的非处罚性监管作用,因此它能改进审计质量。耀友福和林恺(2020)基于 2017—2018 年我国 A 股上市公司的样本,从审计师角度(包括事务所、总分所和审计项目团队等三个层面)探讨了年报问询监管对关键审计事项判断的影响。研究发现,年报问询监管显著提升了未来关键审计事项的信息量。具体而言,在总分所层面,分所受到的问询监管对关键审计事项信息量的提升作用更为显著;而在审计项目团队层面,特别是在"低成本型"专长的审计项目团队中,年报问询监管对关键审计事项信息量的决策效用尤为明显。同时,年报问询监管通过增加关键审计事项信息量,还进一步提升了新审计报告的稳健性。此外,具有风险特质的问询事项和问询力度对关键审计事项信息量的正面影响更为显著。这一研究完善和拓展了精准问询政策的经济效应。陶雄华和曹松威(2019)基于2015—2017年A股上市公司数据,基于中介效应研究发现年报问询监管可以显著降低审计报告的激进程度,并且该效应不仅限于被年报问询函直接提及的会计师事务所。进一步分析表明,年报问询监管主要通过信息效应和监督效应来提升审计质量,其中监督效应发挥着主导作用。

在年报问询监管与股价崩盘风险和股价同步性的相关研究中,问询函具有风险信号传递作用,能够识别和降低资本市场的潜在风险。张俊生等(2018)基于交易所年报问询函,探讨了预防性监管对金融市场风险的影响。研究发现交易所年报问询函发挥了预防性的监管效果,通过减少公司坏消息的积累,进一步有效降低了公司股价崩盘风险,而且在信息透明度较低的公司中这一影响更为显著。袁蓉丽等(2022)基于2015—2018年中国A股上市公司的数据,探究了年报问询监管对股价同步性的影响。研究表明年报问询监管显著降低了被问询公司的股价同步性。进一步分析表明,机构投资者持股和产品市场竞争对这一效应存在削弱作用。同时,当问询函提及问题数量更多或者需中介机构发表核查意见时,年报问询监管对股价同步性的降低效果更为显著,并且主要通过减轻信息不对称程度来实现上述效应。

在年报问询监管与大股东"掏空"风险的相关研究中,聂萍和潘再珍(2019)以中国A股上市公司2013—2017年的年报问询函为样本,探究了沪深交易所年报问询监管对大股东"掏空"行为的治理作用。结果显示,该监管机制有效遏制了大股东的"掏空"行为。对问询函内容进一步细分,发现包含"掏空"关键事项的问询函在抑制大股东"掏空"行为上效果更为显著。从动机角度看,在内部控制较差的公司中,包含"掏空"关键事项的问询函对大股东"掏空"行为的抑制作用更为显著。而从实现的客观条件看,在法治水平较低的地区,该类问询函对"掏空"行为的治理效应更加突出。该研究为理解年报问询监管的治理效果提供了新视角。

在年报问询监管对公司投融资行为影响的相关研究中,林慧婷等(2021)以非金融行业上市公司为研究对象,探讨公司在收到财务报告问询函后是否会在金融化方面作出改变。研究发现问询监管会促使上市公司产生金融化的意愿、提升金融资产配置,并且短期内金融资产的增长更为显著。当问询函内容涉及金融资产时,公司依然会提升其金融化水平。此外,研究认为公司金融化的真实动机在于金融资产的"蓄水池"功能,融资约束在其中起到部分中介作用。进一步研究表明,被问询公司如果"盲目"金融化,那么将不能真正改善整体业绩,反而会对公司主营业务的未来业绩表现造成损害。这一研究为公司金融化视角下的非处罚性监管产生的经济后果和市场反应提供了新的见解。

在年报问询监管与公司去产能的相关研究中,李晓溪和饶品贵(2022)检验了年报问询监管制度在推动公司去产能方面的作用、机制和经济影响。结果显示,与未受到问询的公司相比,受问询公司在收到年报问询函后产能过剩水平明显降低。进一步分析发现,该效应在媒体负面报道频繁及地方政府治理高效的地区更为显著。这表明年报问询监管能降低公司、市场与政府三者之间的信息不对称程度,从而促使市场和政府发挥治理作用,有效推动公司实现去产能。机制分析发现,年报问询监管主要通过减少代理问题和优化资源配置来实现去产能。在问询函的经济影响方面,研究发现收到年报问询函的公司的经营业绩和生产效率也有所提升。

然而,年报问询监管也是一把"双刃剑"。上市公司收到交易所的问询函后,也可能会对其经营行为产生不利的影响。在不利经济后果的研究方面,张月玲和唐正(2022)基于2016—2020年A股上市公司的数据,检验了年报问询监管对审计师定价决策的作用机制,研究发现上市公司收到年报问询函后,通过强化非控股大股东退出威胁的可信度和程度,使审计费用显著提升,并且这一影响是通过发挥非控股股东退出威胁的中介效应实现的。根据问询函特征分析,非控股大股东退出威胁的中介效应在被问询频次更高与回函更详细的情况下更加显著。从内外部监督角度来看,该中介效应在缺乏行业专长的会计师事务所和董事会独立性较低的上市公司中更为显著。进一步研究发现,审计费用增加归因于对高质量审计服务的购买,而非对审计意见的购买。米莉等(2019)基于我国2015—2017年沪深A股上市公司的数据,也检验了交易所问询对审计费用产生的影响。结果显示,与未收到问询函的公司相比,收到问询函的上市公司审计费用水平明显更高。此外,如果上市公司在一段时间内被问询次数增多,审计师也会相应提高审计费用;当问询函涉及会计信息时,审计费用的提高会更为显著。蓝梦和夏宁(2022)利用我国2015—2019年A股上市公司的数据,研究了问询监管的低质量审计传染效应。结果显示,交易所年报问询函导致的低质量审计风险具有传染效应,严重扰乱了资本市场的信息披露秩序。由于风险审计联结企业的审计质量比非风险审计联结企业低,因此风险审计联结企业未来更容易受年报问询,这揭示了由收到年报问询函而引发的低质量审计具有横向层面和纵向层面的传染特性。进一步分析表明,"四大"会计师事务所审计和较好的内部控制质量能缓解这种传染效应,而当问询函问题数量更多、回函更详细或者提及专门意见时,低质量审计的传染效应会更强。如果公司选择次年更换审计师,则有助于抑制低质量审计的纵向传染。胡宁等(2020)从信息效应角度丰富了问询函经济后果的研究,基于沪深交易所年报问询函的证据,探讨了交易所问询函对公司债务成本的影响。研究发现,交易所的问询函及其公开披露会导致公司的债务资金成本显著增加,且影响程度与问题数量、第三方审核需求及问询函中风险事项的相关性呈正相关关系。问询函没有公开披露时,对债务资金成本不会产生显著影响。横截面研究发现,公司所在地的市场化水平越高,被问询公司债务资金成本提升越显著,而国有企业、银企关系背景企业及集团化经营企业中风险与债务成本的这种关联则会减弱。赵振洋等(2022)采用我国 2014—2018 年沪深 A 股上市公司数据,研究交易所问询函对公司投资效率的影响,发现收到问询函公司的投资效率普遍低于未收函公司,且问询次数与投资效率呈负相关关系。进一步通过中介效应分析发现,上市公司收到问询函会加剧融资约束,降低现金持有水平,进而抑制企业投资行为,降低其投资效率。翟淑萍等(2020a)也研究了交易所的财务报告问询函对公司融资约束的影响。结果显示,公司收到问询函后其融资约束会显著加剧。作用机制主要是问询函的公开披露会导致公司曝光度增加,坏消息迅速传播,进而损害公司声誉,引发股价波动上升和违规风险加剧,这些效应共同加剧了公司的融资约束。研究还表明,年报问询监管会提高公司的债务融资成本和股权融资成本。不同内容类型的问询函在加剧公司融资约束的程度上存在差异。胡耀丹和王稳华(2024)基于 2013—2021 年沪深两市 A 股上市公司的数据,检验了年报问询监管对股权融资成本的影响。研究发现,公司收到交易所年报问询函后,其股权融资成本会明显提高,且问询频率和包含的问题数量与股权融资成本的提高幅度显著正相关,这表明问询监管加强了投资者的风险感知能力,从而提高了公司的股权融资成本。并且,在交易风险更大、审计质量更差、市场化程度更低、投资者专业能力更强的情况下,投资者对风险感知更为敏感,交易所年报问询监管提高股权融资成本的效应更为显著。

(2)对公司外部影响方面,年报问询监管会对其他利益相关者具有一定的溢出效应。已有研究发现,年报问询监管不仅对被问询公司具有直接的监管作用,还可以通过警示效应提高审计师、分析师、独立董事等外部机构人员的勤勉性和履职独立性,增强会计信息的可比性,提高年报可读性,抑制本行业其他公司的盈余管理活动,并且还会对未收函的同行业公司、供应链上下游公司和具有联结关系的公司的债务融资成本、信息披露质量、审计质量、审计收费、管理层语调等方面产生影响,进一步起到一定的监督震慑效果。

江承鑫等(2024)研究了年报问询监管对会计师事务所审计的潜在溢出效应,并运用文本相似度分析提供了实证结果。研究显示,被问询公司的会计师事务所为其他客户出具的关键审计事项与问询函内容的相似度比未被问询公司的会计师事务所高出0.76%,且这一效应在"四大"会计师事务所、受证监会抽查的会计师事务所以及具有较强学习能力和需求动力的注册会计师中更为显著。进一步分析发现,此效应在审计团队和注册会计师层面尤为突出,且在问询函相较于财务报告披露时间晚或相较于关键审计事项披露早时更为显著。然而,当问询函与关键审计事项时间间隔超过两个会计年度后,此效应不再显著。此外,该效应还有助于降低其他客户收到年报问询函的可能性。这一研究证实了交易所年报问询函在会计师事务所治理中发挥的积极作用。范合君和王思雨(2022)基于2015—2018年沪深交易所的问询函数据探讨了年报问询监管对独立董事产生异议行为的影响。研究发现企业收到问询函后独立董事发表异议的倾向会显著增加。进一步研究发现,在机构投资者持股比例低、媒体负面情绪高和非国有企业环境中,年报问询监管更能激发独立董事发表异议的行为。何卓静等(2023)研究发现年报问询监管会对被问询公司的独立董事产生显著的警示作用,从而进一步提升其勤勉性与履职独立性,并且这种效应不仅影响独立董事在被问询公司的行为,还会改善其在兼任公司的履职表现。年报问询监管可以通过独立董事兼任的纽带,优化其兼任公司的治理效果,提高会计信息质量,减少关联交易,进而提升公司的长期市值。梅蓓蕾等(2021)从盈余管理视角出发探究年报问询监管的溢出效应。研究发现同行业公司受到年报问询监管将有效抑制本行业内其他未被问询监管公司的盈余管理行为。进一步研究发现,这种问询监管的行业溢出效应在领军公司受到问询且行业竞争更为激烈、法治环境更好和市场化程度更高、问询函内容直接关联盈余管理等情形中会更为显著。翟淑萍等(2020b)采用沪深A股上市公司样本探讨了年报问询监管在审计联结关系中是否能够产生溢出效应,发现上市公司被问询后,不仅其本身的年报可读性会有所提升,与之有审计联结关系的公司的年报可读性也会有所提升,并且这种监管溢出效应在投资者关注度高、媒体报道频繁、市场竞争激烈的公司样本中更为显著。王艳艳等(2019)基于手工收集的2014—2017年的A股上市公司的年报问询函数据,运用双重差分模型探讨了年报问询监管对审计质量的影响,研究发现交易所年报问询函作为一种非处罚性的监管手段,可以显著提高被问询公司审计师的审计质量。当问询函涉及问题更多,并要求出具专项核查意见时,审计质量的提升会更为显著。此外,产生的正向溢出效应还会显著提升被问询审计师同一团队的其他成员的审计质量。这一研究发现有助于发挥注册会计师行业的外部治理功能。王艳艳和杨小康(2022)基于 2013—2017 年的民营上市公司数据,探讨了年报问询监管对公司债务融资能力的影响、作用机制和溢出效应。结果显示,交易所互动问询通过提升信息披露质量和提高会计信息稳健性,强化了民营企业的债务融资能力。这一效应具体体现在其降低了民营企业的融资成本、扩大了民营企业的融资规模。此外,进一步研究发现,交易所的互动问询还会产生正向的溢出效应,可以提高未收函的同地区、同行业相关企业的债务融资能力。供应链上下游企业间在业务、资金及信息等方面紧密相连。交易所对某一企业的问询不仅影响其风险评估,还可能通过影响下游客户对其经营风险、发展稳定性及未来业绩的预期,影响下游客户管理层的语调。王海林和付文博(2022)检验了年报问询监管通过供应链传导的治理溢出效应,发现年报问询监管效应能沿供应链传递至下游客户,进而增强下游客户管理层语调的积极性。此外,年报问询监管还能缓解企业与下游客户的信息不对称情况,优化客户的信息环境,进而影响其管理层语调。同时,企业性质、客户在被问询企业的采购占比及客户的管理层自信程度的不同,将导致这种影响产生差异。李世辉等(2023)基于我国供应商企业前五名上市客户及其年报问询函数据,研究了年报问询函在供应链中的监管溢出效应,探讨了客户被问询是否会影响供应商的审计费用。研究结果显示,客户被问询监管所产生的负面效应会在供应链中引发显著的监管溢出效应,增加供应商感知的监管压力,从而迫使供应商提高其信息披露质量,这会进一步降低审计师对审计风险的评估,致使供应商的审计费用显著减少。进一步研究表明,交易所年报问询函的内容与回函特性也会影响这一溢出效应。当供应商为大型企业或国有企业、外部治理环境更好、供应链上下游关系更紧密、客户重要性更高时,该溢出效应会更为显著。这一研究从供应链关系视角丰富和深化了年报问询监管溢出效应的相关理论。

总的来说,交易所年报问询监管可以帮助监管部门及时发现和披露公司的违规行为,在公布后对资本市场参与者产生影响,具有一定的监管效果,但其最终监管效果的差异依赖于问询监管的具体特征以及被问询公司的特征。

2.3 国内外相关研究简要述评

通过对以往文献的整理,本书发现现有文献还存在以下不足:

第一,现有文献较少从高管财务任职经历角度分析年报被问询的影响因素。现有文献主要从高管的政治背景关联(Correia,2014;Heese et al.,2017;Yu and Yu,2011)、管理层能力和机会主义动机(王艳艳等,2020)等角度分析了交易所年报问询的影响因素。然而,目前从高管财务任职经历角度分析高管特征对于年报被问询的影响的实证研究相对较少。已有文献只检验了董事会秘书(全怡等,2022)以及CFO(Ertimur and Nondorf,2006)具备财务经历或财务背景对交易所年报问询的影响,但关于其他不同类型、不同职位的高管,如总经理、执行董事、法人、财务总监等的财务任职经历如何具体影响交易所年报问询监管尚缺少深入研究。高管的财务任职经历对于年报问询监管是一个重要的影响因素,它可能会影响高管对财务信息的理解和解读,从而影响年报信息披露的质量和准确性,进一步对上市公司受到交易所年报问询监管的风险产生不同的影响,但当前的研究尚未充分揭示这些差异。因此,有必要进一步实证分析不同类型、不同职位高管的财务任职经历对于年报被问询概率的影响,以此确定交易所年报问询监管的有效性。

第二,关于审计报告改革对交易所年报问询监管影响的研究尚不全面。随着经济的快速发展和审计工作的日益专业化,2016年12月,财政部印发了新审计报告准则。审计报告改革的重大变化是引入了对关键审计事项段的披露,即审计报告的内容和范围得到了扩展,审计报告提供了更多公司特质信息。独立审计制度和交易所年报问询监管制度都是以提高上市公司信息披露质量为目的的制度安排,但是独立审计制度由第三方独立中介机构实施,年报问询监管制度由证券交易所实施,实施主体的差异导致二者的侧重点存在差异。因此,审计报告改革对交易所年报问询监管的影响是需要展开实证检验的研究问题,有必要进一步从关键审计事项的不同披露特征角度进行研究,以丰富对问询监管影响因素的研究。

第三,现有文献较少从控股股东质押角度研究年报问询监管的影响因素。当前关于交易所年报问询监管的研究多从公司内部治理、外部监管机制、审计师特征、管理层特征等角度进行,较少关注控股股东股权质押这一因素。这种视角的局限性可能导致对年报问询监管影响因素的理解不够全面和深入。从控股股东股权质押角度出发研究其对问询监管的影响，能够对问询监管影响因素的研究作出有益补充。

第四，现有文献忽视了对年报问询监管溢出效应的研究。已有文献从信息披露视角分析了年报问询监管在股票市场中的反应，但仅检验了被问询公司的市场反应（Ertimur and Nondorf，2006）。然而，年报被问询可能导致会计师事务所声誉降低，从而影响事务所其他客户的年报信息披露质量。同时，由于年报披露了供应链的交易信息，年报问询监管对于年报信息的影响也可以在上下游企业中得到体现，因此，检验年报问询监管的溢出效应也能丰富对年报问询监管制度市场反应的研究。

第五，现有关于年报问询监管的研究仅局限在股票市场，对于债券市场影响的研究较为匮乏，尚无研究从企业主体信用评级角度分析年报问询监管的经济影响和治理效果。现有文献仅研究了年报问询监管对上市公司投融资行为的影响，而直接探讨年报问询监管对企业主体信用评级影响的研究非常稀少。本书深入探讨年报问询监管如何通过不同机制影响企业的信用评级，以及对不同行业和不同类型的企业在信用评级上的差异性影响，能为探讨如何利用年报问询监管信息来优化信用评级监管提供思路。

第六，目前绝大多数文献只分析了年报问询监管对资本市场信息传递行为的影响，部分研究也开始探讨年报问询监管对企业实体经济行为的影响，但是较少研究考虑年报问询监管对企业的研发效率、研发产出、研发决策等研发方面的影响。在摆脱传统经济增长方式、大力培育新质生产力的时代背景下，企业的研发行为对企业高质量发展具有至关重要的影响。因此，年报问询监管对企业创新行为的影响是需要进一步探讨的。

第七，关于年报问询监管对分析师行为影响的研究不够深入。现有文献关注了年报问询监管对审计师或分析师等市场中介行为的影响（Johnston and Petacchi，2017），但关于分析师的研究视角较为单一，主要集中在探讨年报问询监管对分析师盈余预测的影响（王丹，2021；宋力与张明尧，2022），对分析师实地调研行为、分析师关注度、分析师乐观偏差影响的研究相对较少。年报问询监管的具体内容和回复情况对分析师行为的影响机制也尚未得到充分探讨。因此，年报问询监管对分析师行为的影响也是需要进行补充研究的话题。

第 3 章 交易所年报问询监管的影响因素：基于控股股东质押的证据

3.1 问题提出和理论分析

自实施上市公司信息披露直通车制度以来，沪深证券交易所以日益成熟的问询监管制度实施了对上市公司信息披露的一线监管。现有研究一方面证实了问询监管的有效性，包括抑制盈余管理行为(陈运森等,2019)、提升管理层业绩预告的积极性和精确度(李晓溪等,2019a)、改善信息披露质量(Bozanic et al.,2017)等，另一方面发现了交易所会根据公司特征来选择问询对象，具有内部控制质量较差(余明桂和卜诗卉,2020;Ettredge et al.,2011)、盈余管理程度较高(刘柏和卢家锐,2019)、文本可读性较低(李晓溪等,2019b)等特征的公司会受到交易所的重点关注，这类公司收到问询函的概率更大。现有关注公司特征的研究主要围绕公司在治理水平、信息披露方面已经确实发生或存在的缺陷展开，较少探讨尚未对公司经营活动或者信息披露质量造成负面影响、具有预测性的前瞻性风险对交易所问询监管行为的影响。在强调提高监管效率、倡导精准监管和监管转型的背景下，问询监管行为是否会根据对风险的预研预判、对前瞻性风险的识别展开？效果又如何？这些都是值得深入探讨的问题。

控股股东作为决定公司治理水平的关键力量，其股权质押行为是影响公司运营的重要前瞻性风险因素。控股股东股权质押这一行为很大程度上反映出公司存在资金需求，不代表公司当前一定存在经营缺陷(艾大力和王斌,2012)。但是控股股东发生股权质押后，迫于维持股价的压力可能会对上市公司运营及信息披露产生不利影响，导致出现大股东"掏空"(郑国坚等,2014)、盈余操纵(王宇峰和刘颖,2019)、企业融资约束加剧(唐玮等,2019)等后果，甚至是出现信息披露、经营和交易上的违法违规行为(李瑞涛和酒莉莉,2018)，损害公司价值(郝项超和梁琪,2009;Almeida and Campello,2007)。现有关于控股股东股权质押的文献，也并未从其具有的前瞻性风险特征角度探讨该行为对相关监管行为的影响。本章拟从年报问询监管角度,探讨控股股东股权质押对年报问询监管的影响,并基于《股票质押式回购交易及登记结算业务办法(2018年修订)》的出台检验对股权质押行为的管制是否降低了交易所在信息披露监管方面的压力水平,从而检验不同监管制度之间存在的互补效应。

鉴于以上分析,本章利用2014—2019年沪深A股上市公司数据,研究控股股东股权质押对于公司问询函接收情况的影响。研究发现,存在控股股东股权质押的公司更容易收到问询函、被问询的问题更多、回函时间更长,并且股权质押比例越大,被监管问询的概率越大,此结论在PSM(倾向得分匹配)-DID(双重差分)等稳健性检验的情况下依然成立。进一步的机制研究发现,控股股东股权质押通过降低信息披露质量、增加公司违规风险,引起更多的监管关注,这种影响在非国有企业、股权集中度较高的企业中更加明显。而问询监管具有精确性,并且能有效减少质押公司的真实盈余管理行为,实现对风险预研、预判到降低的闭环。此外,上述办法的出台使得存量业务中公司整体质押比例较高的控股股东的股权质押行为受到更多的监管关注,而增量业务的被问询概率减小。

由于股权质押的实物成本低、审批简单快捷,尤其是对于控股股东而言,可以在不丧失控制权的前提下满足其资金需求,因此控股股东股权质押现象曾在一段时期内较为普遍。然而,在股权质押为控股股东提供融资便利的表象下却暗藏危机。现有研究显示,控股股东(或大股东)股权质押对于公司自身的影响主要集中在投融资、信息披露、企业创新等方面。在融资方面,控股股东进行股权质押的公司会面临更强的融资约束(唐玮等,2019),包括更高的银行贷款约束(翟胜宝等,2020)、更高的发债成本(张雪莹和王聪聪,2020)等;在投资方面,高质押比例的控股股东会进行更少的主营业务投资(柯艳蓉等,2019),而由于高融资约束等条件,企业的投资不足现象会更加严重(朱新蓉和熊礼慧,2020),对投资机会更加不敏感(柯艳蓉和李玉敏,2019);在信息披露方面,有学者发现控股股东在质押期间会进行更多的自愿性信息披露(田高良等,2021),但是也有学者发现股权质押期间公司信息披露质量较低,主要表现为进行应计盈余管理隐瞒不利信息(王宇峰和刘颖,2019)、采用隐蔽的真实盈余管理方式(谢德仁和廖珂,2018;王斌和宋春霞,2015)、降低年报可读性(逯东等,2020)、在交易日披露更多的好消息(李常青和幸伟,2017)等;在企业创新方面,控股股东股权质押会抑制企业创新,且对民营企业的抑制作用更为明显(李姝等,2020;高丽和张馨月,2020)。

综上可以发现,关于股权质押对于公司直接影响的研究结论多是负面的,也确实有很多学者得出控股股东股权质押有损公司价值的结论(郝项超和梁琪,2009),然而在控股股东股权质押潜在风险如此大的情况下,却鲜有研究探讨其作为前瞻性风险信号可能对年报问询监管产生的影响。目前关于问询函影响因素的研究主要集中在公司治理、信息披露等方面。具体而言,公司治理水平越差(Cassell et al.,2013)、盈余管理程度越高(刘柏和卢家锐,2019)、避税行为越多(Kubick et al.,2016)、报告书信息披露质量越差(李晓溪等,2019b),公司被问询的概率越大,而高质量内部控制可以减少公司收到问询函的情况(余明桂和卞诗卉,2020;Ettredge et al.,2011)。

理论上,控股股东股权质押行为可能通过信息披露质量、公司违规行为两种路径对交易所年报问询监管行为产生影响。

从信息披露质量机制看,由于被质押股权的价值取决于公司股价,有效市场假说认为公司股价受包括会计信息在内的各种信息影响,因此进行股权质押的控股股东有强烈的动机通过操控信息披露来维持股价稳定,以避免控制权转移等风险(谢德仁等,2016;王秀丽等,2020)。在我国"一股独大"较为普遍的股权结构下,控股股东有能力影响公司的信息披露,因此在股权质押期间,控股股东既有动机也有能力对企业的信息披露产生影响。相较于通过真实经营活动这种不确定性大、难度高的方式来提高业绩,控股股东通常选择盈余管理(谢德仁等,2016)、降低年报文本可读性(逯东等,2020)、选择性地释放好消息(李常青和幸伟,2017)等方式来"粉饰"业绩,从而降低了信息披露质量。同时,现有对问询影响因素的研究显示,企业若信息披露质量降低会受到交易所年报问询监管(李晓溪等,2019a),当企业盈余管理程度变高时,其受到交易所年报问询监管的概率就会变大(刘柏和卢家锐,2019)。因此,股权质押行为可能导致企业信息披露质量降低,进而导致企业受到交易所年报问询监管的概率增大、问询函涉及的问题更多。

从公司违规行为机制看,股权质押会通过弱化所有权的激励效应、强化侵占效应和降低公司内部控制质量,引发一系列违规问题,导致监管的关注。具体而言:第一,一方面股权质押可能是控股股东变相收回投资的方式,即控股股东通过股权质押获得一定比例的质押股权价值的现金;另一方面,股权质押期间,质权人有权收取质押物产生的利息,所以在本质上,被质押股权带来的现金流量不属于控股股东,这就进一步加剧了控制权和现金流权的分离,导致新的委托代理问题出现。上述两方面影响弱化了所有权的激励效应,强化了侵占效应(郝项超和梁琪,2009),更会引发一系列违规问题。大股东在其股权质押期间更容易发生占款、掏空行为(郑国坚等,2014),会利用自身信息优势临时控制股价崩盘风险(谢德仁等,2016),还会采取操纵公司股票停牌的不端行为(罗进辉等,2020)。第二,控股股东股权质押会降低企业的内部控制质量(高丽和张馨月,2020),从而引起或加剧占用公司资产、操纵股价、违规担保等经营和交易方面的违规。而大股东侵占、违规担保等违规行为是问询监管的重点(陈运森等,2019)。因此,控股股东股权质押可能导致企业违规概率增大,进而增大企业受到交易所年报问询监管的概率,增加问询的问题数量。

此外,控股股东股权质押会导致管理层和员工不作为、不遵守工作程序和规则等(方红星和陈作华,2015),从而可能导致公司内部工作运行效率低下,对于问询函难以进行及时回复,导致回函时间更长。

基于以上分析,本章提出以下研究假设:

假设 1 控股股东进行股权质押的公司收到问询函的概率更大。

假设 2 控股股东进行股权质押的公司收到问询函的问题数量更多。

假设 3 控股股东进行股权质押的公司收到问询函后的回函时长更长。

3.2 实证研究

3.2.1 样本选择与数据来源

本章以 2014—2019 年沪深 A 股上市公司作为研究样本,剔除金融保险业、处在 ST 状态、退市、研究变量数据缺失的年度观测。为减小极端值对结果的影响,本章对连续变量进行了上下 1% 的缩尾处理。本章的年报问询函数据来自对沪深交易所官网的手工收集整理,股权质押数据、机构投资者持股数据来自 Wind 数据库,其他财务数据来自 CSMAR 数据库。

3.2.2 实证模型与变量定义

为检验假设 1,本章借鉴李晓溪等(2019a)与钱爱民和张晨宇(2018)的做法,采用 Logit 回归构建了模型(3-1):

$$\text{ClDum}_{i,t} = \alpha_0 + \alpha_1 \text{Pledge}_{i,t} + \alpha_2 \text{Controls} + \text{Industry} + \text{Year} + \varepsilon_{i,t} \quad (3\text{-}1)$$

被解释变量 ClDum$_{i,t}$ 表示公司 i 是否收到针对 t 年的年报问询函。

为检验假设 2、假设 3,本章采用 OLS 回归分别构建了模型(3-2)、模型(3-3):

$$\text{ClNum}_{i,t} = \gamma_0 + \gamma_1 \text{Pledge}_{i,t} + \gamma_2 \text{Controls} + \text{Industry} + \text{Year} + \varepsilon_{i,t} \quad (3\text{-}2)$$

$$\text{ClDay}_{i,t} = \beta_0 + \beta_1 \text{Pledge}_{i,t} + \beta_2 \text{Controls} + \text{Industry} + \text{Year} + \varepsilon_{i,t} \quad (3\text{-}3)$$

模型(3-2)中,被解释变量 ClNum$_{i,t}$ 为公司 i 收到针对 t 年年报的第一次问询函涉及的问题数量加 1 取对数;模型(3-3)中,被解释变量 ClDay$_{i,t}$ 为公司 i 对针对 t 年年报的第一次问询函的回复时长(天数)加 1 取对数。

模型(3-1)至模型(3-3)中,解释变量 Pledge$_{i,t}$ 是股权质押的代理变量,有两个维度,分别是 PledgeDum$_{i,t}$,表示公司 i 在 t 年年末是否存在控股股东股权质押(是取值为 1,否则取值为 0),以及 PledgeRatio$_{i,t}$,表示公司 i 在 t 年年末的控股股东股权质押比例(控股股东股权质押股份/控股股东持有股份);参考王艳艳等(2020)、刘柏和卢家锐(2019)以及余明桂和卞诗卉(2020)等研究,选取的控制变量包括公司规模(Size)、负债水平(Lev)、公司年龄(Age)、成长性(Growth)、盈利能力(Roe)、证券交易所(Market)、独立董事比例(Indep)、两职合一(Dual)、四大审计(Big4)、产权性质(Soe)、审计意见类型(Audit)、审计师变更(AuditChange)、财务重述(Restate)、股权集中度(Top1)、机构投资者持股比例(InstRatio),并且控制了行业、年度固定效应,对所有回归进行了公司层面的聚类标准误处理。模型中各个变量的具体定义见表 3-1。

表 3-1 变量定义

变量符号	变量名称	变量定义
ClDum	是否被问询	公司收到针对 t 年年报的问询函取值为 1,否则取值为 0
ClNum	问题数量	公司收到针对 t 年年报的第一次问询函涉及的问题数量加 1 取对数
ClDay	回函时长	公司对针对 t 年年报的第一次问询函的回复时长(天数)加 1 取对数
PledgeDum	控股股东是否股权质押	控股股东年末存在股权质押余额取值为 1,否则取值为 0
PledgeRatio	控股股东股权质押比例	控股股东股权质押股份/控股股东持有股份
Size	公司规模	期末总资产的对数
Lev	负债水平	总负债/总资产
Age	公司年龄	上市年数
Growth	成长性	营业收入增长率

(续表)

变量符号	变量名称	变量定义
Roe	盈利能力	净利润/净资产
Market	证券交易所	公司在深交所上市取值为1,在上交所上市取值为0
Indep	独立董事比例	独立董事人数/董事会总人数
Dual	两职合一	董事长和总经理两职合一取值为1,否则取值为0
Big4	四大审计	公司为四大会计师事务所审计取值为1,否则取值为0
Soe	产权性质	上市公司为国有企业取值为1,否则取值为0
Audit	审计意见类型	审计意见类型为标准无保留意见取值为1,否则取值为0
AuditChange	审计师变更	公司发生审计师变更取值为1,否则取值为0
Restate	财务重述	公司当年发生了财务重述取值为1,否则取值为0
Top1	股权集中度	第一大股东持有股份/上市公司总股本
InstRatio	机构投资者持股比例	机构投资者持有股份/上市公司总股本
Industry	行业	行业虚拟变量
Year	年度	年度虚拟变量

3.2.3 描述性统计

表 3-2 列示的是主要变量的描述性统计和未被问询公司样本与被问询公司样本特征差异的 t 检验结果。未被问询公司样本与被问询公司样本特征存在显著差异,初步说明控制变量选取的有效性。被解释变量 ClDum 的均值为 0.118,意味着有 11.8% 的公司曾收到过年报问询函。解释变量中表示是否存在控股股东股权质押的虚拟变量 PledgeDum 的均值为 0.396,说明股权质押现象较为普遍。另外,在未被问询公司样本与被问询公司样本中 PledgeDum 的均值分别为 0.366、0.617,说明股权质押有可能影响公司被问询的概率。其他变量的分布均在正常范围内。

表 3-2 描述性统计与均值差异 t 检验

变量名称	总样本					未被问询公司均值	被问询公司均值	均值差异 t 检验
	样本量	均值	标准差	最小值	最大值			
ClDum	15 870	0.118	0.322	0.000	1.000			
ClNum	15 870	0.281	0.820	0.000	3.296			
ClDay	15 870	0.233	0.767	0.000	4.868			

(续表)

变量名称	总样本					未被问询公司均值	被问询公司均值	均值差异 t 检验
	样本量	均值	标准差	最小值	最大值			
PledgeDum	15 870	0.396	0.489	0.000	1.000	0.366	0.617	−0.251***
PledgeRatio	15 870	23.000	33.760	0.000	100.000	19.953	45.832	−25.879***
Size	15 870	22.290	1.281	19.920	26.210	22.319	22.108	0.212***
Lev	15 870	0.427	0.203	0.060	0.908	0.419	0.484	−0.065***
Growth	15 870	0.177	0.435	−0.570	2.783	0.183	0.131	0.052***
Roe	15 870	0.058	0.138	−0.732	0.357	0.075	−0.066	0.141***
Indep	15 870	0.376	0.053	0.333	0.571	0.375	0.383	−0.007***
Top1	15 870	33.820	14.520	8.600	73.190	34.437	29.190	5.247***
InstRatio	15 870	39.530	23.010	0.136	88.070	40.190	34.556	5.634***
Age	15 870	11.710	7.312	2.000	30.000	11.582	12.681	−1.099***
Market	15 870	0.620	0.485	0.000	1.000	0.607	0.721	−0.114***
Dual	15 870	0.279	0.449	0.000	1.000	0.276	0.306	−0.031***
Big4	15 870	0.056	0.230	0.000	1.000	0.061	0.020	0.040***
Soe	15 870	0.340	0.474	0.000	1.000	0.357	0.209	0.149***
Audit	15 870	0.964	0.186	0.000	1.000	0.985	0.806	0.179***
AuditChange	15 870	0.122	0.328	0.000	1.000	0.115	0.181	−0.067***
Restate	15 870	0.082	0.274	0.000	1.000	0.074	0.141	−0.067***

注：*** 代表1%的显著性水平。

表3-3描述了2014—2019年年报被问询的情况，自2014年以来，公司年报被问询的比例越来越高，从2014年的3.5%稳步上升至2019年的18.2%，表明交易所对于公司问询监管的力度不断增大。

表3-3 年报问询函样本分年度描述统计

年报年份	样本量	年报被问询	问询比例(均值)
2014	2 136	74	0.035
2015	2 241	185	0.083
2016	2 467	233	0.094
2017	2 654	304	0.115
2018	3 167	490	0.155
2019	3 205	584	0.182
合计	15 870	1 870	0.118

2013年5月,上交所和中国证券登记结算有限责任公司(简称"中证登")联合发布了《股票质押式回购交易及登记结算业务办法(试行)》,股权质押融资逐渐成了A股市场的常态。2014—2016年,分别有2536家、2774家和2990家公司进行了股权质押,分别占全部A股上市公司的97.84%、98.79%和98.55%。控股股东股权质押比例迅速提升,2014—2016年,分别有595家、825家和1 123家公司的控股股东进行了股权质押,分别占全部A股上市公司的22.96%、29.38%和37.01%。如表3-4所示。

表3-4　上市公司股权质押数据统计

	2014年	2015年	2016年
报告期截止日控股股东处于股权质押状态公司数	595	825	1 123
报告期截止日公司处于股权质押状态公司数	2 536	2 774	2 990
报告期截止日上市公司数	2 592	2 808	3 034
控股股东处于股权质押状态的比例	22.96%	29.38%	37.01%
公司处于股权质押状态的比例	97.84%	98.79%	98.55%

两个交易所股权质押率存在明显差异,深交所的上市公司不论是上市公司股权质押率还是控股股东股权质押率都要大于上交所的上市公司。其中2014—2016年,上交所控股股东股权质押率为15.21%、18.17%和23.83%,而深交所控股股东股权质押率达到了27.71%、36.31%和45.35%,如表3-5、表3-6所示。这种现象出现的可能原因是,国有控股企业在上交所的比例高于深交所,而国有控股企业股权质押的难度远高于非国有企业,从而造成了深交所股权质押率远大于上交所的现象。

表3-5　上交所上市公司股权质押数据统计

	2014年	2015年	2016年
报告期截止日控股股东处于股权质押状态公司数	150	195	280
报告期截止日公司处于股权质押状态公司数	959	1 059	1 155
报告期截止日上市公司数	986	1 073	1 175
控股股东处于股权质押状态的比例	15.21%	18.17%	23.83%
公司处于股权质押状态的比例	97.26%	98.70%	98.30%

表 3-6 深交所上市公司股权质押数据统计

	2014 年	2015 年	2016 年
报告期截止日控股股东处于股权质押状态公司数	445	630	843
报告期截止日公司处于股权质押状态公司数	1 577	1 715	1 835
报告期截止日上市公司数	1 606	1 735	1 859
控股股东处于股权质押状态的比例	27.71%	36.31%	45.35%
公司处于股权质押状态的比例	98.19%	98.85%	98.71%

3.2.4 基准回归结果

表 3-7 从左到右依次列示的是模型(3-1)、模型(3-2)、模型(3-3)的回归结果。从结果可以看出,PledgeDum 的系数分别为 0.507、0.104、0.099,均在 1% 的统计水平上显著,表明进行控股股东股权质押的公司被问询的概率更大、被问的问题更多、回复的时长更长。PledgeRatio 的系数分别为 0.011、0.003、0.003,也均在 1% 的统计水平上显著,说明控股股东股权质押比例越大,被问询的概率越大、被问的问题越多、回复的时长越长。

控制变量的回归结果也处于合理范围内。例如,对于模型(3-1),公司年龄(Age)、负债水平(Lev)、审计师变更(AuditChange)、财务重述(Restate)等的系数显著为正,说明上市时间更长、资产负债率更高、发生审计师变更、出现财务重述的企业更容易被问询;而产权性质(Soe)、四大审计(Big4)、审计意见类型(Audit)等的系数显著为负,说明为国有企业、被四大会计师事务所审计、被出具标准审计意见的公司更不容易被问询。

表 3-7 基准回归结果

变量	ClDum		ClNum		ClDay	
	(1)	(2)	(3)	(4)	(5)	(6)
PledgeDum	0.507***		0.104***		0.099***	
	(7.34)		(6.80)		(6.91)	
PledgeRatio		0.011***		0.003***		0.003***
		(11.60)		(10.58)		(10.80)
Size	−0.080**	−0.088**	0.001	−0.001	0.007	0.005
	(−2.17)	(−2.39)	(0.15)	(−0.13)	(0.88)	(0.61)
Age	0.030***	0.023***	0.010***	0.009***	0.010***	0.008***
	(5.25)	(3.99)	(7.85)	(6.72)	(7.82)	(6.69)

(续表)

变量	ClDum (1)	ClDum (2)	ClNum (3)	ClNum (4)	ClDay (5)	ClDay (6)
Soe	−0.536***	−0.316***	−0.159***	−0.109***	−0.156***	−0.106***
	(−5.12)	(−2.96)	(−7.76)	(−5.35)	(−7.92)	(−5.43)
Lev	1.038***	0.933***	0.218***	0.186***	0.138***	0.107**
	(4.77)	(4.32)	(4.21)	(3.63)	(2.73)	(2.14)
Growth	0.082	0.075	0.022	0.021	0.015	0.014
	(1.07)	(0.97)	(1.17)	(1.12)	(0.85)	(0.80)
Roe	−3.795***	−3.679***	−1.148***	−1.109***	−0.987***	−0.949***
	(−15.17)	(−14.74)	(−14.01)	(−13.54)	(−11.95)	(−11.55)
Top1	−0.008***	−0.007**	−0.001	−0.000	−0.000	0.000
	(−2.74)	(−2.37)	(−1.22)	(−0.92)	(−0.21)	(0.11)
Dual	−0.050	−0.041	−0.003	−0.001	−0.009	−0.007
	(−0.68)	(−0.56)	(−0.18)	(−0.06)	(−0.63)	(−0.51)
Indep	1.701***	1.618***	0.335**	0.320**	0.247**	0.231*
	(2.89)	(2.73)	(2.57)	(2.48)	(1.98)	(1.87)
InstRatio	−0.000	−0.001	−0.000	−0.000	0.000	0.000
	(−0.00)	(−0.30)	(−0.04)	(−0.23)	(0.40)	(0.20)
Big4	−0.661***	−0.626***	−0.077***	−0.065***	−0.061***	−0.049**
	(−3.40)	(−3.13)	(−3.14)	(−2.68)	(−2.67)	(−2.19)
Audit	−1.777***	−1.678***	−0.835***	−0.804***	−0.870***	−0.840***
	(−13.72)	(−12.84)	(−13.20)	(−12.88)	(−12.71)	(−12.42)
AuditChange	0.342***	0.323***	0.089***	0.085***	0.086***	0.081***
	(4.26)	(4.01)	(4.19)	(4.03)	(4.15)	(3.98)
Restate	0.401***	0.361***	0.070***	0.062**	0.049**	0.041*
	(4.68)	(4.16)	(2.78)	(2.47)	(2.06)	(1.73)
Market	0.373***	0.348***	0.008	0.000	0.047***	0.039***
	(5.01)	(4.69)	(0.50)	(0.03)	(3.26)	(2.79)
Constant	−0.737	−0.633	0.816***	0.833***	0.605***	0.623***
	(−0.90)	(−0.77)	(4.14)	(4.29)	(3.09)	(3.24)
Industry Fe	控制	控制	控制	控制	控制	控制
Year Fe	控制	控制	控制	控制	控制	控制
N	15 870	15 870	15 870	15 870	15 870	15 870
Pseudo R^2	0.211	0.221	0.096	0.098	0.117	0.123

注:括号内为经公司层面聚类稳健标准误调整的 t 值;*、**、***分别代表10%、5%、1%的显著性水平。

3.2.5 稳健性检验

1. 内生性检验

为了缓解可能存在的内生性问题,提高结论的稳健性,本章利用 PSM-DID 模型做进一步的验证。本章将样本期间内第一次发生股权质押的公司作为实验组,将样本期间内从未发生过股权质押的公司作为对照组,参考谢德仁等(2016)与谢德仁和廖珂(2018)的做法,进行多期 DID 设计。为了减少实验组和对照组样本的选择性偏差,对所选样本分年度、分行业进行 PSM。具体而言,根据实验组第一次发生股权质押行为前一年的公司规模、负债水平、盈利能力、产权性质等公司特征,采用 1∶1 有放回的近邻匹配法,得到同年、同行业、公司特征相似的对照组,然后将实验组、对照组所有年度的观测值纳入样本,最终得到实验组 6 462 个公司-年度样本、对照组 3 932 个公司-年度样本,并进行加权回归。

得到实验组和对照组后,本章构建以下模型进行 DID 检验:

$$\text{ClDum}_{i,t} = \alpha_0 + \alpha_1 \text{Treat}_{i,t} + \alpha_2 \text{Treat}_{i,t} \times \text{Post}_{i,t} + \alpha_3 \text{Post}_{i,t} + \alpha_4 \text{Controls} + \text{Industry} + \text{Year} + \varepsilon_{i,t} \tag{3-4}$$

$$\text{ClNum}_{i,t} = \gamma_0 + \gamma_1 \text{Treat}_{i,t} + \gamma_2 \text{Treat}_{i,t} \times \text{Post}_{i,t} + \gamma_3 \text{Post}_{i,t} + \gamma_4 \text{Controls} + \text{Industry} + \text{Year} + \varepsilon_{i,t} \tag{3-5}$$

$$\text{ClDay} = \beta_0 + \beta_1 \text{Treat}_{i,t} + \beta_2 \text{Treat}_{i,t} \times \text{Post}_{i,t} + \beta_3 \text{Post}_{i,t} + \beta_4 \text{Controls} + \text{Industry} + \text{Year} + \varepsilon_{i,t} \tag{3-6}$$

其中,Treat 是虚拟变量,当样本发生过控股股东股权质押时取值为 1,否则取值为 0;Post 是政策虚拟变量,实验组发生股权质押当年及以后年份取值为 1,否则取值为 0(对照组的赋值同与之对应的实验组)。Treat 和 Post 交乘项即股权质押的净影响。如果交乘项系数显著为正,那么表明股权质押导致了问询相关行为。其他变量的定义同主回归。

表 3-8 列示的是 DID 模型下的回归结果。从表 3-8 中可以看出,模型(3-4)、模型(3-5)、模型(3-6)中 Treat 和 Post 交乘项的系数均显著为正。这表明在 DID 模型下,相较于未发生股权质押的公司,存在控股股东股权质押的公司在股权质押之后更容易被问询,且问询的严重性更高、回复时长更长,因此,本章的假设依旧成立。

表 3-8　股权质押与交易所年报问询监管:PSM-DID

变量	ClDum (1)	ClNum (2)	ClDay (3)
Treat	0.059	0.018	0.005
	(0.28)	(0.69)	(0.24)
Post	−0.222	−0.059**	−0.044*
	(−0.98)	(−2.06)	(−1.77)
Treat×Post	0.729***	0.156***	0.147***
	(3.04)	(4.62)	(4.83)
Size	−0.175**	−0.011	0.001
	(−2.06)	(−0.66)	(0.07)
Age	0.038***	0.011***	0.009***
	(3.30)	(4.51)	(3.36)
Soe	−0.405**	−0.150***	−0.145***
	(−2.24)	(−4.47)	(−4.45)
Lev	0.935**	0.164*	0.094
	(2.31)	(1.73)	(1.13)
Growth	0.130	0.040	0.032
	(0.87)	(1.15)	(0.95)
Roe	−3.867***	−1.223***	−1.124***
	(−7.70)	(−8.39)	(−7.38)
Top1	−0.003	0.000	0.001
	(−0.65)	(0.21)	(1.15)
Dual	−0.104	−0.005	−0.013
	(−0.90)	(−0.20)	(−0.55)
Indep	2.160**	0.478**	0.406**
	(2.43)	(2.51)	(2.21)
InstRatio	0.003	0.000	0.000
	(0.95)	(1.02)	(0.76)
Big4	−0.547	−0.044	−0.059
	(−1.60)	(−0.69)	(−1.54)
Audit	−1.704***	−0.765***	−0.817***
	(−6.99)	(−7.65)	(−7.41)
AuditChange	0.315**	0.086**	0.071**
	(2.48)	(2.53)	(2.21)
Restate	0.515***	0.108***	0.086**
	(3.46)	(2.66)	(2.19)
Market	0.442***	0.028	0.085***
	(3.17)	(1.04)	(3.33)

(续表)

变量	ClDum (1)	ClNum (2)	ClDay (3)
Constant	0.768 (0.45)	0.953** (2.52)	0.750** (1.99)
Industry Fe	控制	控制	控制
Year Fe	控制	控制	控制
N	10 394	10 394	10 394
Adj. (Pseudo)R^2	0.194	0.155	0.166

注：括号内为经公司层面聚类稳健标准误调整的 t 值；*、**、*** 分别代表10%、5%、1%的显著性水平。

2. 其他稳健性检验

第一，剔除连续质押的样本。

为了排除连续质押样本对结果的影响，单独考虑发生股权质押行为对交易所年报问询监管的影响，借鉴钱爱民和张晨宇(2018)的做法，将连续进行股权质押的样本剔除，回归结果见表3-9，结论仍然稳健。

表3-9 股权质押与交易所年报问询监管：剔除连续质押样本

变量	ClDum		ClNum		ClDay	
	(1)	(2)	(3)	(4)	(5)	(6)
PledgeDum	0.378*** (4.29)		0.066*** (3.63)		0.063*** (3.70)	
PledgeRatio		0.008*** (5.72)		0.002*** (5.18)		0.002*** (5.36)
Size	−0.106** (−2.29)	−0.105** (−2.27)	−0.012 (−1.46)	−0.012 (−1.43)	−0.005 (−0.70)	−0.005 (−0.67)
Age	0.026*** (3.72)	0.023*** (3.22)	0.008*** (5.76)	0.007*** (5.30)	0.007*** (5.70)	0.006*** (5.19)
Soe	−0.403*** (−3.20)	−0.335*** (−2.63)	−0.110*** (−5.26)	−0.093*** (−4.46)	−0.097*** (−4.86)	−0.078*** (−3.95)
Lev	1.370*** (5.13)	1.335*** (5.01)	0.262*** (5.03)	0.249*** (4.81)	0.176*** (3.62)	0.163*** (3.35)

(续表)

变量	ClDum (1)	ClDum (2)	ClNum (3)	ClNum (4)	ClDay (5)	ClDay (6)
Growth	0.159*	0.150	0.051**	0.049**	0.048**	0.046**
	(1.69)	(1.60)	(2.56)	(2.46)	(2.41)	(2.34)
Roe	−3.434***	−3.426***	−1.062***	−1.056***	−0.837***	−0.831***
	(−10.63)	(−10.58)	(−10.60)	(−10.56)	(−8.52)	(−8.50)
Top1	−0.010***	−0.009***	−0.001	−0.001	−0.000	−0.000
	(−2.72)	(−2.63)	(−1.47)	(−1.40)	(−0.37)	(−0.31)
Dual	−0.071	−0.063	−0.004	−0.002	−0.004	−0.003
	(−0.74)	(−0.65)	(−0.24)	(−0.14)	(−0.29)	(−0.19)
Indep	1.495**	1.466*	0.245*	0.241*	0.187	0.183
	(1.97)	(1.93)	(1.85)	(1.82)	(1.50)	(1.47)
InstRatio	−0.001	−0.002	−0.000	−0.000	−0.000	−0.000
	(−0.65)	(−0.73)	(−0.29)	(−0.34)	(−0.28)	(−0.34)
Big4	−0.614***	−0.597***	−0.042*	−0.039*	−0.025	−0.022
	(−2.81)	(−2.75)	(−1.84)	(−1.71)	(−1.16)	(−1.01)
Audit	−1.706***	−1.682***	−0.731***	−0.724***	−0.694***	−0.686***
	(−9.31)	(−9.19)	(−8.85)	(−8.80)	(−8.30)	(−8.26)
AuditChange	0.279***	0.271***	0.048**	0.046**	0.050**	0.048**
	(2.71)	(2.63)	(2.29)	(2.22)	(2.48)	(2.40)
Restate	0.345***	0.331***	0.047*	0.045*	0.025	0.022
	(2.90)	(2.77)	(1.75)	(1.66)	(1.02)	(0.91)
Market	0.486***	0.482***	0.020	0.019	0.072***	0.071***
	(5.33)	(5.30)	(1.32)	(1.27)	(5.30)	(5.23)
Constant	−0.140	−0.180	1.017***	0.999***	0.756***	0.739***
	(−0.14)	(−0.18)	(5.12)	(5.05)	(3.85)	(3.78)
Industry Fe	控制	控制	控制	控制	控制	控制
Year Fe	控制	控制	控制	控制	控制	控制
N	11 695	11 695	11 695	11 695	11 695	11 695
Adj. (Pseudo)R^2	0.163	0.166	0.066	0.067	0.070	0.071

注：括号内为经公司层面聚类稳健标准误调整的 t 值；*、**、*** 分别代表 10%、5%、1% 的显著性水平。

第二，采用 Probit 模型。

借鉴张俊瑞等(2017)进行稳健性检验的做法，在模型(3-1)研究控股股东股权质押对于收函概率的影响时,采用 Probit 回归模型进行稳健性检验,结果见表 3-10。结论不变。

表 3-10　股权质押与交易所年报问询监管:Probit 模型

变量	ClDum (1)	ClDum (2)
PledgeDum	0.260***	
	(7.32)	
PledgeRatio		0.006***
		(11.71)
Size	−0.040**	−0.045**
	(−2.10)	(−2.37)
Age	0.016***	0.013***
	(5.48)	(4.31)
Soe	−0.280***	−0.171***
	(−5.37)	(−3.21)
Lev	0.552***	0.501***
	(4.93)	(4.50)
Growth	0.049	0.047
	(1.29)	(1.24)
Roe	−2.090***	−2.024***
	(−16.27)	(−15.79)
Top1	−0.004***	−0.004**
	(−2.76)	(−2.47)
Dual	−0.030	−0.026
	(−0.79)	(−0.68)
Indep	0.822***	0.779**
	(2.66)	(2.50)
InstRatio	−0.000	−0.000
	(−0.05)	(−0.31)
Big4	−0.299***	−0.275***
	(−3.26)	(−2.96)
Audit	−0.997***	−0.945***
	(−13.88)	(−13.13)

(续表)

变量	ClDum (1)	ClDum (2)
AuditChange	0.186***	0.175***
	(4.33)	(4.07)
Restate	0.213***	0.192***
	(4.51)	(4.03)
Market	0.185***	0.174***
	(4.94)	(4.65)
Constant	−0.360	−0.292
	(−0.85)	(−0.69)
Industry Fe	控制	控制
Year Fe	控制	控制
N	15 870	15 870
Pseudo R^2	0.211	0.221

注:括号内为经公司层面聚类稳健标准误调整的 t 值;**、*** 分别代表5%、1%的显著性水平。

第三,采用个体固定效应模型。

借鉴李晓溪等(2019a)的研究,在模型(3-2)和模型(3-3)中,控制年度固定效应(Year Fe)和公司固定效应(Firm Fe)进行稳健性检验,结果见表 3-11 第(3)—(6)列。结论不变。

表 3-11　股权质押与交易所年报问询监管:Probit 模型和年度-公司固定效应

变量	Probit 模型 ClDum (1)	Probit 模型 ClDum (2)	模型(3-2)个体固定效应 ClNum (3)	模型(3-2)个体固定效应 ClNum (4)	模型(3-3)个体固定效应 ClDay (5)	模型(3-3)个体固定效应 ClDay (6)
PledgeDum	0.260***		0.045**		0.053***	
	(7.32)		(2.07)		(2.60)	
PledgeRatio		0.006***		0.002***		0.002***
		(11.71)		(5.49)		(6.74)
Size	−0.040**	−0.045**	0.071***	0.066***	0.052***	0.047**
	(−2.10)	(−2.37)	(3.28)	(3.06)	(2.58)	(2.31)

(续表)

变量	Probit 模型 ClDum (1)	(2)	模型(3-2)个体固定效应 ClNum (3)	(4)	模型(3-3)个体固定效应 ClDay (5)	(6)
Age	0.016***	0.013***	0.042***	0.039***	0.048***	0.045***
	(5.48)	(4.31)	(8.05)	(7.54)	(9.73)	(9.12)
Soe	−0.280***	−0.171***	−0.122*	−0.099	−0.097	−0.071
	(−5.37)	(−3.21)	(−1.90)	(−1.55)	(−1.62)	(−1.19)
Lev	0.552***	0.501***	0.040	0.029	−0.034	−0.048
	(4.93)	(4.50)	(0.50)	(0.35)	(−0.46)	(−0.63)
Growth	0.049	0.047	−0.008	−0.006	−0.002	0.000
	(1.29)	(1.24)	(−0.50)	(−0.37)	(−0.16)	(0.00)
Roe	−2.090***	−2.024***	−0.899***	−0.891***	−0.825***	−0.816***
	(−16.27)	(−15.79)	(−14.71)	(−14.59)	(−14.47)	(−14.32)
Top1	−0.004***	−0.004**	−0.001	−0.001	0.001	0.001
	(−2.76)	(−2.47)	(−0.83)	(−0.91)	(0.70)	(0.61)
Dual	−0.030	−0.026	−0.046*	−0.045*	−0.038	−0.037
	(−0.79)	(−0.68)	(−1.87)	(−1.84)	(−1.64)	(−1.61)
Indep	0.822***	0.779**	0.200	0.178	0.193	0.169
	(2.66)	(2.50)	(0.93)	(0.83)	(0.97)	(0.85)
InstRatio	−0.000	−0.000	−0.000	−0.000	0.000	0.000
	(−0.05)	(−0.31)	(−0.60)	(−0.57)	(0.26)	(0.30)
Big4	−0.299***	−0.275***	−0.085	−0.080	−0.008	−0.003
	(−3.26)	(−2.96)	(−1.09)	(−1.03)	(−0.11)	(−0.04)
Audit	−0.997***	−0.945***	−0.738***	−0.726***	−0.819***	−0.806***
	(−13.88)	(−13.13)	(−17.55)	(−17.25)	(−20.89)	(−20.54)
AuditChange	0.186***	0.175***	0.056***	0.055***	0.066***	0.065***
	(4.33)	(4.07)	(2.69)	(2.64)	(3.38)	(3.33)
Restate	0.213***	0.192***	−0.004	−0.008	−0.004	−0.008
	(4.51)	(4.03)	(−0.19)	(−0.32)	(−0.20)	(−0.37)
Constant	−0.360	−0.292	−1.118**	−1.002**	−0.766*	−0.635
	(−0.85)	(−0.69)	(−2.44)	(−2.19)	(−1.79)	(−1.49)

(续表)

变量	Probit 模型 ClDum		模型(3-2)个体固定效应 ClNum		模型(3-3)个体固定效应 ClDay	
	(1)	(2)	(3)	(4)	(5)	(6)
Industry Fe	控制	控制	未控制	未控制	未控制	未控制
Year Fe	控制	控制	控制	控制	控制	控制
Firm Fe	未控制	未控制	控制	控制	控制	控制
N	15 870	15 870	15 870	15 870	15 870	15 870
Adj. (Pseudo)R^2	0.211	0.221	0.099	0.101	0.121	0.124

注：括号内为经公司层面聚类稳健标准误调整的 t 值；*、**、*** 分别代表 10％、5％、1％ 的显著性水平。

3.2.6 中介检验

如前所述，控股股东股权质押会导致信息披露质量下降，由此引致交易所年报问询监管，因此，本章尝试检验信息披露质量是否有传导机制。借鉴温忠麟和叶宝娟(2014)的做法，在模型(3-1)的基础上构建模型(3-7)、模型(3-8)，其中 M 是中介变量，其余变量的定义同主回归模型(3-1)。

$$M_{i,t} = \theta_0 + \theta_1 \text{PledgeDum}_{i,t} + \theta_2 \text{Controls} + \text{Industry} + \text{Year} + \varepsilon_{i,t} \quad (3\text{-}7)$$

$$\text{ClDum}_{i,t} = \varphi_0 + \varphi_1 \text{PledgeDum}_{i,t} + \varphi_2 M_{i,t} + \varphi_3 \text{Controls} + \text{Industry} + \text{Year} + \varepsilon_{i,t} \quad (3\text{-}8)$$

表 3-12 列出了以信息披露质量作为中介的回归结果，这里的 M 是以深交所信息披露评级衡量的信息披露质量 Disclosure，信息披露评级为合格和不合格取值为 1，优秀和良好取值为 0，因此 Disclosure 为 1 代表公司信息披露质量较差。由于只有深交所的数据，因此样本数量减少为 9 841 个。从回归结果可以看出，模型(3-7)中 PledgeDum 和模型(3-8)中 Disclosure、PledgeDum 的系数均显著为正，信息披露质量起到了部分中介效应。

表 3-12 控股股东股权质押的中介检验

变量	信息披露质量:Disclosure			公司违规:Violated		
	模型(3-6) ClDum (1)	模型(3-7) Disclosure (2)	模型(3-8) ClDum (3)	模型(3-6) ClDum (4)	模型(3-7) Violated (5)	模型(3-8) ClDum (6)
M(Disclosure 或 Violated)			1.998*** (22.47)			0.827*** (10.66)
PledgeDum	0.446*** (5.04)	0.544*** (6.08)	0.303*** (3.29)	0.507*** (7.34)	0.372*** (5.89)	0.472*** (6.85)
Size	−0.164*** (−3.03)	−0.255*** (−4.66)	−0.095* (−1.73)	−0.080** (−2.17)	−0.047 (−1.60)	−0.076** (−2.06)
Age	0.026*** (3.15)	0.041*** (5.10)	0.016* (1.90)	0.030*** (5.25)	0.025*** (5.19)	0.028*** (4.93)
Soe	−0.456*** (−3.08)	−0.758*** (−4.93)	−0.256* (−1.76)	−0.536*** (−5.12)	−0.238*** (−2.78)	−0.520*** (−5.01)
Lev	1.209*** (4.08)	1.417*** (5.16)	0.838*** (2.73)	1.038*** (4.77)	1.433*** (7.53)	0.922*** (4.26)
Growth	0.167* (1.70)	0.039 (0.45)	0.171* (1.75)	0.082 (1.07)	−0.208*** (−2.72)	0.105 (1.39)
Roe	−5.425*** (−14.02)	−4.210*** (−12.75)	−4.350*** (−12.06)	−3.795*** (−15.17)	−1.173*** (−6.49)	−3.676*** (−14.68)
Top1	−0.012*** (−3.30)	−0.006* (−1.71)	−0.012*** (−3.10)	−0.008*** (−2.74)	−0.008*** (−3.50)	−0.007** (−2.46)
Dual	−0.027 (−0.30)	0.071 (0.80)	−0.064 (−0.69)	−0.050 (−0.68)	0.146** (2.30)	−0.065 (−0.89)
Indep	2.636*** (3.59)	1.474** (2.09)	2.231*** (2.83)	1.701*** (2.89)	−0.708 (−1.34)	1.776*** (3.05)
InstRatio	0.002 (0.88)	−0.001 (−0.38)	0.002 (0.77)	−0.000 (−0.00)	−0.002 (−1.23)	0.000 (0.04)
Big4	−0.875** (−2.47)	−0.011 (−0.04)	−0.966** (−2.35)	−0.661*** (−3.40)	−0.269* (−1.71)	−0.656*** (−3.29)
Audit	−2.627*** (−13.73)	−3.015*** (−14.79)	−1.679*** (−8.17)	−1.777*** (−13.72)	−0.626*** (−5.31)	−1.707*** (−12.90)
AuditChange	0.357*** (3.51)	0.482*** (4.90)	0.218** (1.96)	0.342*** (4.26)	0.254*** (3.35)	0.315*** (3.89)

(续表)

变量	信息披露质量:Disclosure			公司违规:Violated		
	模型(3-6) ClDum (1)	模型(3-7) Disclosure (2)	模型(3-8) ClDum (3)	模型(3-6) ClDum (4)	模型(3-7) Violated (5)	模型(3-8) ClDum (6)
Restate	0.528***	0.742***	0.312***	0.401***	0.910***	0.293***
	(5.20)	(7.33)	(2.83)	(4.68)	(11.96)	(3.33)
Market				0.373***	−0.132**	0.392***
				(5.01)	(−2.02)	(5.25)
Constant	2.507**	5.197***	0.002	−0.737	−0.701	−1.021
	(2.11)	(4.22)	(0.00)	(−0.90)	(−1.07)	(−1.25)
Industry Fe	控制	控制	控制	控制	控制	控制
Year Fe	控制	控制	控制	控制	控制	控制
N	9 841	9 841	9 841	15 870	15 870	15 870
Adj. (Pseudo)R^2	0.270	0.239	0.340	0.211	0.082	0.221

注:括号内为经公司层面聚类稳健标准误调整的 t 值;*、**、*** 分别代表10%、5%、1%的显著性水平。

表3-12 后三列列出了以公司违规作为中介的回归结果,这里的 M 为公司违规的虚拟变量 Violated,公司存在违规取值为1,否则取值为0。从回归结果可以看出,模型(3-7)中的 PledgeDum 和模型(3-8)中的 Violated、PledgeDum 的系数都显著为正,说明公司违规起到了部分中介效应。

3.2.7 调节效应

1. 产权性质

公司不同的产权性质下,控股股东进行股权质押引起的交易所年报问询监管后果是有差异的。首先,相较于非国有企业,国有企业的控股股东由于具有天然的政治保护,面临更低的融资约束,当公司股价降至警戒线时,也更容易进行融资来追加担保或偿还。其次,即使公司股价降至平仓线,由于国有企业股权转让严格的政策限制,被质押的股权也不会被直接强制平仓(曹丰和李珂,2019)。因此,国有企业控股股东面临的股权质押风险较小,通过机会主义行为、违法违规行为来降低崩盘风险的动机、可能性较低,也较少引起监管机构的关注。表3-13 第(1)、(2)列展示的是在模型(3-1)基础上加入 Pledge 和 Soe 交乘项的回归结果。结果显示,PledgeDum 和 Soe 交乘项的系数显著为负,PledgeRatio 和 Soe 交乘项的系数虽然为负,但并不显著。因此,与非国有企业相比,国有企业控股股东股权质押引致的交易所年报问询监管较少、质押比例影响较小。

表 3-13 控股股东股权质押与交易所年报问询监管:调节效应

变量	ClDum 产权性质 (1)	产权性质 (2)	股权集中度 (3)	股权集中度 (4)
PledgeDum	0.561*** (7.17)		0.395*** (4.58)	
PledgeRatio		0.012*** (11.24)		0.009*** (8.22)
Soe	−0.448*** (−3.71)	−0.253** (−2.11)		
Pledge×Soe	−0.312* (−1.79)	−0.004 (−1.63)		
High			−0.509*** (−3.52)	−0.548*** (−3.92)
Pledge×High			0.316** (2.38)	0.006*** (3.23)
Size	−0.081** (−2.19)	−0.088** (−2.39)	−0.076** (−2.06)	−0.085** (−2.31)
Age	0.030*** (5.19)	0.022*** (3.89)	0.029*** (5.16)	0.022*** (3.83)
Soe			−0.512*** (−4.93)	−0.280*** (−2.64)
Lev	1.031*** (4.74)	0.928*** (4.30)	1.019*** (4.69)	0.901*** (4.17)
Growth	0.081 (1.05)	0.074 (0.95)	0.079 (1.03)	0.075 (0.97)
Roe	−3.798*** (−15.15)	−3.681*** (−14.74)	−3.790*** (−15.10)	−3.676*** (−14.69)
Top1	−0.008*** (−2.82)	−0.007** (−2.44)	0.002 (0.41)	0.003 (0.69)
Dual	−0.049 (−0.67)	−0.039 (−0.54)	−0.051 (−0.70)	−0.040 (−0.55)
Indep	1.699*** (2.89)	1.618*** (2.72)	1.712*** (2.91)	1.636*** (2.76)

(续表)

变量	ClDum			
	产权性质		股权集中度	
	(1)	(2)	(3)	(4)
InstRatio	−0.000	−0.001	−0.000	−0.001
	(−0.02)	(−0.33)	(−0.06)	(−0.33)
Big4	−0.665***	−0.625***	−0.668***	−0.630***
	(−3.43)	(−3.13)	(−3.43)	(−3.15)
Audit	−1.775***	−1.675***	−1.782***	−1.681***
	(−13.69)	(−12.80)	(−13.74)	(−12.84)
AuditChange	0.341***	0.320***	0.340***	0.322***
	(4.25)	(3.98)	(4.23)	(4.01)
Restate	0.399***	0.359***	0.405***	0.361***
	(4.64)	(4.13)	(4.71)	(4.17)
Market	0.369***	0.347***	0.359***	0.333***
	(4.95)	(4.67)	(4.83)	(4.48)
Constant	−0.757	−0.650	−0.930	−0.789
	(−0.92)	(−0.79)	(−1.14)	(−0.96)
Industry Fe	控制	控制	控制	控制
Year Fe	控制	控制	控制	控制
N	15 870	15 870	15 870	15 870
Adj. (Pseudo)R^2	0.212	0.221	0.213	0.223

注:括号内为经公司层面聚类稳健标准误调整的 t 值;*、**、*** 分别代表10%、5%、1%的显著性水平。

2. 股权集中度

所有权结构的安排对于公司治理有着至关重要的作用,对股东行为会产生重要影响(李增泉等,2004)。高度集中的所有权安排增强了大股东对公司的绝对控制,使之在股权质押期间更有能力通过信息操纵、违规经营等行为操纵股价,进行机会主义行为。为了检验股权集中度对股权质押和问询概率之间关系的影响,在模型(3-1)的基础上加入股权集中度的虚拟变量 High,第一大股东持股比例超过年度中位数时取值为1,否则取值为0,并加入 High 和 Pledge 的交乘项,回归结果见表 3-13 第(3)、(4)列。可以发现,PledgeDum 与 PledgeRatio 和 High 交乘项的系数均显著为正。因此,较高的股权集中度会增大控股股东股权质押被监管问询的概率。但是,这一结论在国有企业子样本中并不成立,结果可见表 3-14。在股权集中度高的民营企业中,控股股东进行股权质押更容易引发大股东代理问题。而国有企业虽然股权集中度高,但是控股股东面临的平仓风险小,进行机会主义行为的动机较小,大股东在这方面的委托代理问题相对较少,也侧面支持了表 3-13 中产权性质的调节结果。

表 3-14 控股股东股权质押与交易所年报问询监管:股权集中度的分样本检验结果

变量	ClDum			
	民营企业子样本		国有企业子样本	
	(1)	(2)	(3)	(4)
PledgeDum	0.446***		0.207	
	(4.49)		(0.93)	
PledgeRatio		0.010***		0.007**
		(7.66)		(2.08)
High	−0.491**	−0.542***	−0.513**	−0.518**
	(−2.57)	(−3.01)	(−2.29)	(−2.33)
Pledge×High	0.350**	0.006***	0.028	−0.000
	(2.10)	(2.94)	(0.09)	(−0.04)
Size	−0.067	−0.080*	−0.109*	−0.113*
	(−1.49)	(−1.77)	(−1.67)	(−1.74)
Age	0.042***	0.033***	−0.017	−0.016
	(6.34)	(4.86)	(−1.62)	(−1.58)
Lev	0.571**	0.419*	2.169***	2.167***
	(2.28)	(1.69)	(4.90)	(4.92)
Growth	0.133	0.128	−0.090	−0.084
	(1.60)	(1.54)	(−0.45)	(−0.42)
Roe	−4.017***	−3.845***	−2.992***	−2.954***
	(−12.90)	(−12.51)	(−6.92)	(−6.81)
Top1	0.002	0.004	0.004	0.005
	(0.44)	(0.64)	(0.56)	(0.68)
Dual	−0.052	−0.036	−0.065	−0.079
	(−0.65)	(−0.46)	(−0.34)	(−0.40)
Indep	2.153***	2.064***	0.409	0.410
	(3.20)	(3.05)	(0.35)	(0.35)

(续表)

变量	ClDum				
	民营企业子样本		国有企业子样本	
	(1)	(2)	(3)	(4)
InstRatio	0.000	−0.000	−0.008**	−0.008**
	(0.15)	(−0.01)	(−2.01)	(−1.97)
Big4	−0.780***	−0.714**	−0.444*	−0.447*
	(−2.79)	(−2.45)	(−1.67)	(−1.68)
Audit	−1.758***	−1.644***	−1.708***	−1.692***
	(−11.90)	(−11.05)	(−6.05)	(−5.99)
AuditChange	0.401***	0.377***	0.144	0.144
	(4.31)	(4.04)	(0.89)	(0.89)
Restate	0.428***	0.374***	0.299	0.295
	(4.37)	(3.78)	(1.57)	(1.55)
Market	0.361***	0.329***	0.370***	0.366***
	(3.95)	(3.63)	(2.84)	(2.81)
Constant	−1.387	−1.093	0.018	0.060
	(−1.35)	(−1.05)	(0.01)	(0.04)
Industry Fe	控制	控制	控制	控制
Year Fe	控制	控制	控制	控制
N	10 479	10 479	5 391	5 391
Adj. (Pseudo)R^2	0.220	0.233	0.174	0.176

注：括号内为经公司层面聚类稳健标准误调整的 t 值；*、**、*** 分别代表10%、5%、1%的显著性水平。

3.2.8 质押新规的影响

为了规范股票质押回购业务，防范相关交易风险，防止资金"脱实向虚"，2018年1月12日，上交所和中证登发布《股票质押式回购交易及登记结算业务办法(2018年修订)》(简称"质押新规")，于同年3月12日正式实施，并实行"新老划断"的原则。质押新规要求个股的整体质押比例不得超过50%，从质押门槛、融资用途等方面对股权质押进行了更加严格的规定，包括对质押率进行动态化、差异化管理，资金用途跟踪等多项措施。

1. 质押新规对存量业务的影响

本章将2018年之前已经存在的控股股东股权质押合约定义为存量业务,将样本期间内(2014—2019年)首次控股股东股权质押发生在2018年及之后年份的定义为增量业务。为了排除干扰,本部分研究将2018年之前存在控股股东股权质押,且2018年及之后再次发生控股股东股权质押的样本剔除。

鉴于质押新规采取"新老划断"的原则,即质押新规仅适用于新增的股权质押合约,此前已经存在的合约按照原有规定执行,因此质押新规对于大部分存量业务影响不大,但是质押比例50%的上限要求将对存量业务中公司整体质押比例较高的大股东产生影响:50%的质押比例上限将在一定程度上限制大股东的流动性,当高质押比例尤其是当前公司整体质押比例已经超过50%的公司出现股价下跌时,由于个股整体质押比例的限制,控股股东无法发起新的股权质押,将面临违约或者无法追加质押的风险,平仓风险提高。为了降低股价崩盘风险,控股股东短期内可能会增加机会主义行为,从而使得监管机构关注的概率增大。

为了检验质押新规对于存量业务的影响,进行PSM-DID设计,并构建模型(3-9):

$$\text{ClDum}_{i,t} = \alpha_0 + \alpha_1 \text{Treat}_{i,t} + \alpha_2 \text{Treat}_{i,t} \times \text{After}_{i,t} + \alpha_3 \text{After}_{i,t} + \alpha_4 \text{Controls} + \text{Industry} + \text{Year} + \varepsilon_{i,t} \quad (3-9)$$

首先,进行PSM。因为存量业务中受2018年质押新规影响较大的是公司整体质押比例大于50%的公司,所以将2017年年底公司整体质押比例大于50%的公司作为实验组(Treat=1),根据2017年的公司规模、负债水平、盈利能力、产权性质等公司特征,采用1:1无放回的近邻匹配法,从2017年年底公司整体质押比例小于等于50%的公司中得到特征相似的对照组(Treat=0),匹配效果良好。After是政策虚拟变量,2018年质押新规实施当年及之后年度取值为1,否则取值为0,其他变量的定义同主回归模型。交乘项Treat×After的系数用来检验质押新规的出台对于控股股东股权质押引起的问询监管的调节效应。回归结果见表3-15第(1)列。从表3-15第(1)列中可以看出,交乘项Treat×After的系数为正,且在5%的统计水平上显著,说明质押新规出台后,存量业务中受质押新规影响的(公司整体质押比例大于50%的)公司控股股东股权质押会引起更多的监管关注。

表3-15 控股股东股权质押与交易所年报问询监管:质押新规的影响

变量	ClDum 存量业务 (1)	ClDum 增量业务 (2)
Treat	−0.109	0.331
	(−0.39)	(1.09)
After	1.958***	0.624**
	(3.93)	(2.27)
Treat×After	0.870**	−0.714**
	(2.29)	(−2.18)
Size	0.001	−0.120**
	(0.01)	(−2.14)
Age	0.023	0.036***
	(1.39)	(4.00)
Soe	0.482	−0.609***
	(0.97)	(−3.66)
Lev	0.072	0.574*
	(0.12)	(1.70)
Growth	0.207	0.082
	(1.03)	(0.70)
Roe	−3.977***	−4.463***
	(−4.78)	(−10.74)
Top1	0.012	−0.011**
	(1.37)	(−2.52)
Dual	−0.317	0.064
	(−1.39)	(0.63)
Indep	5.496***	1.316
	(3.19)	(1.59)
InstRatio	−0.004	0.004
	(−0.67)	(1.34)
Big4	−0.978	−0.786*
	(−1.62)	(−1.95)
Audit	−1.880***	−1.845***
	(−5.49)	(−9.34)
AuditChange	0.389	0.429***
	(1.52)	(3.76)

(续表)

变量	ClDum 存量业务 (1)	ClDum 增量业务 (2)
Restate	0.047	0.496***
	(0.17)	(4.17)
Market	0.646**	0.494***
	(2.47)	(4.14)
Constant	−5.689**	−0.273
	(−2.21)	(−0.21)
Industry Fe	控制	控制
Year Fe	控制	控制
N	994	6 803
Pseudo R^2	0.275	0.229

注:括号内为经公司层面聚类稳健标准误调整的 t 值;*、**、*** 分别代表 10%、5%、1%的显著性水平。

2. 质押新规对增量业务的影响

相较于存量业务,质押新规对于增量业务有着更为广泛的影响。首先,单只股票 50%的质押比例上限、60%的市场整体质押率上限能够降低增量业务的爆仓风险。其次,质押新规对于融入资金的用途进行了严格的规定,防止资金"脱实向虚",可以在一定程度上减少大股东的"掏空行为",如股价高位质押、违规担保等。最后,质押新规对于持股 5%以上大股东股权质押的信息披露也进行了严格的规定。因此,相较于存量业务,更为严格的准入标准和监管会降低增量业务质押市场的风险,降低控股股东的平仓风险,从而引致更少的交易所年报问询监管。

为了检验质押新规对于增量业务的影响,本章在模型(3-9)的基础上,将样本仅限于样本期间(2014—2019 年)存在(过)控股股东股权质押的公司,若公司 2018 年及之后首次存在控股股东股权质押,则 Treat 取值为 1,否则取值为 0。After 是时间虚拟变量,发生股权质押当期及以后年份取值为 1,否则取值为 0。交乘项 Treat×After 用来检验质押新规出台后发生控股股东股权质押相较于出台前发生控股股东股权质押的变化情况。回归结果见表 3-15 第(2)列。

从表 3-15 第(2)列中可以看出,交乘项 Treat×After 的系数为负,且在 5%

的统计水平上显著,说明质押新规出台后,新发生控股股东股权质押引致的交易所年报问询监管减少。而且 Treat 的系数均不显著,说明两组样本在被问询的可能性方面不存在显著差异,存在较高的可比性,且通过了平行趋势检验,增强了结果的可靠性。

关于质押新规对于增量业务被问询的影响,可能是新规对新增股权质押业务在质押率、资金用途等方面进行了更为严格的管控,从前端进行风险把控,导致控股股东面临的平仓风险降低,机会主义行为减少,进而使引致的交易所年报问询监管减少。为了验证上述猜想,本部分将模型(3-9)中的被解释变量替换成前文检验的机制——公司违规 Violated、信息披露质量 Disclosure,分别进行回归,结果见表 3-16。可以发现,交乘项 Treat×After 的系数均显著为负,说明质押新规出台后新发生控股股东股权质押的公司违规行为、信息披露质量都有显著改善,且都通过了平行趋势检验,在一定程度上验证了质押新规的实施效果,也体现出有效的制度设置分担了交易所的监管压力。

表 3-16 质押新规对于增量业务公司违规风险、信息披露质量的影响

变量	Violated (1)	Disclosure (2)
Treat	−0.059	0.235
	(−0.30)	(0.84)
After	0.252*	0.556**
	(1.65)	(2.45)
Treat×After	−0.667***	−0.886***
	(−2.59)	(−2.67)
Size	−0.033	−0.257***
	(−0.71)	(−2.93)
Age	0.020**	0.037***
	(2.26)	(2.83)
Soe	−0.164	−0.886***
	(−1.09)	(−3.39)
Lev	1.710***	1.302***
	(5.65)	(3.26)
Growth	−0.176*	0.060
	(−1.67)	(0.46)

(续表)

变量	Violated (1)	Disclosure (2)
Roe	−1.034***	−4.422***
	(−3.78)	(−9.93)
Top1	−0.008**	−0.010*
	(−2.06)	(−1.92)
Dual	0.239***	0.113
	(2.78)	(0.95)
Indep	−1.499*	0.694
	(−1.92)	(0.67)
InstRatio	−0.003	0.003
	(−1.10)	(0.92)
Big4	0.308	0.293
	(1.31)	(0.81)
Audit	−0.645***	−3.266***
	(−3.87)	(−10.47)
AuditChange	0.331***	0.724***
	(3.00)	(5.40)
Restate	0.961***	0.695***
	(9.07)	(4.98)
Market	−0.176	
	(−1.61)	
Constant	−0.602	5.567***
	(−0.55)	(2.75)
Industry Fe	控制	控制
Year Fe	控制	控制
N	6 798	5 008
Pseudo R^2	0.093	0.244

注:括号内为经公司层面聚类稳健标准误调整的 t 值;*、**、*** 分别代表10%、5%、1%的显著性水平。

3.2.9 问询监管的精确性与风险管理闭环

前文研究发现,控股股东股权质押会引起监管的关注,那么交易所年报问询监管的精确性如何? 对于这种前瞻性风险的预研预判又是否会有效果?

为了研究交易所年报问询监管的精确性,本章在模型(3-1)的基础上,以是否收到关于控股股东股权质押相关的问询函虚拟变量 ClDumPledge 作为被解释变量,探究问询监管是否会关注与控股股东股权质押相关的问题。回归结果见表 3-17,证实了问询监管的精确性。

表 3-17 交易所年报问询监管的精确性检验

变量	ClDumPledge	
	(1)	(2)
PledgeDum	0.982***	
	(5.31)	
PledgeRatio		0.019***
		(7.14)
Size	0.019	0.002
	(0.23)	(0.02)
Age	0.057***	0.045***
	(4.61)	(3.59)
Soe	−0.878***	−0.431
	(−3.38)	(−1.56)
Lev	0.533	0.367
	(1.09)	(0.76)
Growth	−0.055	−0.063
	(−0.27)	(−0.33)
Roe	−1.499***	−1.325***
	(−3.50)	(−3.09)
Top1	−0.009	−0.007
	(−1.39)	(−1.04)
Dual	−0.054	−0.033
	(−0.30)	(−0.18)
Indep	2.944**	2.686**
	(2.42)	(2.16)
InstRatio	0.005	0.004
	(1.09)	(0.96)
Big4	−2.047**	−2.023*
	(−1.99)	(−1.95)

(续表)

变量	ClDumPledge (1)	ClDumPledge (2)
Audit	−1.453***	−1.227***
	(−5.55)	(−4.73)
AuditChange	0.516**	0.458**
	(2.52)	(2.20)
Restate	0.264	0.199
	(1.16)	(0.87)
Market	0.780***	0.760***
	(3.83)	(3.71)
Constant	−6.852***	−6.728***
	(−3.86)	(−3.63)
Industry Fe	控制	控制
Year Fe	控制	控制
N	15 655	15 655
Pseudo R^2	0.199	0.221

注：括号内为经公司层面聚类稳健标准误调整的 t 值；*、**、*** 分别代表10%、5%、1%的显著性水平。

但是问询监管缺乏处罚性，对于控股股东股权质押公司是否会有监管效果呢？由于存在控股股东股权质押的公司多会以隐蔽的真实盈余管理手段进行股价操纵等（谢德仁和廖珂，2018；谢德仁等，2016），本章参考刘柏和卢家锐（2019）的研究，以真实盈余管理变化值 d_REM 为被解释变量、以滞后一期的问询 L_ClDum 为解释变量，构建 OLS 模型（3-10），并将样本分为股权质押组（样本期间内发生第一次控股股东股权质押及之后的样本）和从未发生股权质押组（样本期间内未发生过控股股东股权质押的样本）两组进行分组回归，探究交易所年报问询监管是否会对控股股东股权质押公司起到实质性震慑作用，缓解预知的风险。

$$\text{d\_REM}_{i,t} = \varphi_0 + \varphi_1 \text{L\_ClDum}_{i,t} + \varphi_2 \text{Controls} + \text{Industry} + \text{Year} + \varepsilon_{i,t}$$

(3-10)

模型（3-10）中，借鉴张岩（2020）的研究，控制变量包括公司规模（Size）、公司年龄（Age）、产权性质（Soe）、负债水平（Lev）、成长性（Growth）、盈利能力（Roe）、股权集中度（Top1）、四大审计（Big4）、应计盈余管理程度（DA）。

表 3-18 第(1)、(3)列显示,对存在控股股东股权质押的公司进行问询后,控股股东股权质押公司的真实盈余管理行为显著减少,从未发生股权质押组并没有这种效果。因此,问询监管虽然缺乏处罚性,但是基于对控股股东股权质押前瞻性风险的预研预判、精准监管,有效减少了被监管的股权质押公司的真实盈余管理行为,实现了对前瞻性风险预研、预判到降低的闭环。

为了缓解内生性的影响,本章利用 PSM-DID 模型(3-11)对两组样本分别进行验证。以股权质押组为例,以第一次被问询的样本作为实验组,以从未被问询的样本作为对照组,以成长性、四大审计、产权性质、内部控制缺陷、财务重述等作为匹配变量,分年进行 1∶1 有放回的近邻匹配,其他处理类比稳健性检验。从未发生股权质押组处理方法相同。回归结果见表 3-18 第(2)、(4)列,结论不变。

$$d\_REM_{i,t} = \alpha_0 + \alpha_1 Treat_{i,t} + \alpha_2 Treat_{i,t} \times Post_{i,t} + \alpha_3 Post_{i,t} + \alpha_4 Controls + Industry + Year + \varepsilon_{i,t} \tag{3-11}$$

表 3-18 交易所年报问询监管经济后果比较

变量	d_REM			
	股权质押组		从未发生股权质押组	
	(1)	(2)	(3)	(4)
L_ClDum	−0.052***		−0.004	
	(−2.74)		(−0.23)	
Treat		0.012		−0.018
		(1.10)		(−1.49)
Post		−0.002		−0.000
		(−0.13)		(−0.03)
Treat×Post		−0.051**		0.012
		(−2.32)		(0.66)
Size	0.018***	0.020***	0.011***	0.004
	(4.76)	(4.58)	(3.58)	(1.14)
Age	−0.001	0.000	−0.001**	0.000
	(−1.17)	(0.35)	(−1.97)	(0.44)
Soe	−0.003	−0.007	−0.003	−0.000
	(−0.38)	(−0.53)	(−0.52)	(−0.01)

(续表)

变量	d_REM			
	股权质押组		从未发生股权质押组	
	(1)	(2)	(3)	(4)
Lev	−0.093***	−0.102***	−0.074***	−0.084***
	(−4.26)	(−3.88)	(−3.90)	(−3.70)
Growth	−0.063**	−0.071**	−0.097***	−0.047
	(−2.20)	(−2.11)	(−2.82)	(−1.26)
Roe	−0.114*	−0.076	−0.069	−0.096**
	(−1.83)	(−1.14)	(−1.58)	(−2.21)
Top1	0.000	0.000	0.000	−0.001
	(1.04)	(1.11)	(0.33)	(−1.43)
Dual	0.004	0.002	−0.008	−0.013
	(0.43)	(0.21)	(−0.81)	(−0.93)
InstRatio	−0.000	−0.000	0.000	0.000
	(−0.42)	(−1.07)	(0.91)	(1.61)
Big4	−0.024	−0.031	−0.010	0.020
	(−1.14)	(−0.80)	(−1.26)	(1.49)
DA	0.249	0.432*	0.690***	0.420**
	(0.98)	(1.81)	(3.89)	(2.32)
Constant	−0.385***	−0.443***	−0.215***	−0.069
	(−4.23)	(−4.00)	(−3.03)	(−0.76)
Industry Fe	控制	控制	控制	控制
Year Fe	控制	控制	控制	控制
N	5 355	4 152	4 625	2 184
Adj. (Pseudo)R^2	0.047	0.062	0.102	0.063

注:括号内为经公司层面聚类稳健标准误调整的 t 值;*、**、*** 分别代表10%、5%、1%的显著性水平。

3.3 结论与启示

基于控股股东股权质押会对公司运营活动和信息披露质量产生重要影响，是一种前瞻性风险指标，本章研究了控股股东股权质押这种前瞻性风险对于年报问询监管的影响。实证结果表明，控股股东股权质押极易引起监管机构的关注，随着控股股东股权质押行为的发生、质押比例的提高，公司的信息披露质量会降低、违规风险会提高，因此收到年报问询函的概率增大，被问询的严重性增加，回函时长更长。进一步研究发现，这一影响在非国有企业、股权集中度较高的企业中更加显著。而问询监管具有精确性，能够有效减少控股股东股权质押公司的真实盈余管理行为，实现对风险从预判到降低的闭环。此外，2018年质押新规的出台使得交易所对存量业务中公司整体质押比例较高的控股股东股权质押的监管更加严格，而增量业务的被问询概率减小。

本章的研究不仅丰富了对交易所年报问询监管影响因素的相关研究，也拓展了股权质押经济后果的研究视角，还证实了相关监管机构设置、制度运行的有效性，即交易所能够识别控股股东股权质押过程中的负面行为，并产生威慑和治理的作用。2018年出台的质押新规有助于降低增量质押业务风险、缓解交易所针对股权质押的监管压力。本章研究对于促进监管向精准监管、分类监管的方向改革具有重要指导意义。

第一，本章研究控股股东股权质押作为监管过程中更早期的风险信号，从前瞻性风险识别角度丰富了年报问询监管影响因素的相关研究，对问询监管的有效实施具有借鉴意义。不同于以往研究关注的公司治理水平、已发生的信息披露风险等影响因素，本章验证了前瞻性风险信号——控股股东股权质押对交易所问询监管行为的影响，发现存在控股股东股权质押的公司更可能降低信息披露质量、提高违规概率从而受到交易所年报问询监管，验证了控股股东股权质押作为前瞻性风险信号对于监管部门的风险预警作用，有助于监管部门考虑将股权质押特征纳入监管资源分配指标，根据是否存在控股股东股权质押及质押比例等实施差异化监管安排，提升监管工作的精准性和效率，促使监管向分类监管和精准监管转型。

第二，本章从交易所信息披露监管角度拓展了控股股东股权质押经济后果的相关研究，发现不当的控股股东股权质押行为会导致问询监管关注。目前，股权质押经济后果的研究多为对公司自身的直接影响(翟胜宝等,2017),主要涉及企业价值(郑国坚等,2014)、市值管理(谢德仁和廖珂,2018)、创新投入(李常青等,2018),以及对于质押信息使用者的影响,包括审计师(徐会超等,2019)和投资者(谢德仁等,2016)。不同于以往研究视角,本章从监管机构的视角出发,探析控股股东股权质押引起的监管后果,增进了对股权质押经济后果的认识和理解。

第三,本章为规范股权质押、完善相关监管提供了理论依据和经验支持。基于股权质押带来负面经济后果的研究,很多学者呼吁完善对股权质押的监管(谢德仁和廖珂,2018;吴先聪等,2020)。本章的研究不仅检验了我国交易所问询监管对于股权质押存在风险的精准识别,从理论和实证层面剖析了作用机制,还验证了2018年质押新规对于股权质押风险的缓解效果以及对于交易所监管压力的分担作用,从制度层面为股权质押监管提供了方向指引,如交易所等相关机构制定更为严格的股票质押交易制度,加强对于此类公司的信息披露规范和指引。

本章的研究表明,我国上市公司的控股股东进行股权质押后,因为担心控制权转移,可能会通过选择性信息披露或盈余管理操作等方式进行市值管理,降低财务报告信息披露质量,从而引起监管机构的关注。这说明虽然股权质押融资存在众多优点,但其中蕴含的风险因素需要被监管机构、投资者和金融中介机构关注,要警惕控股股东股权质押后侵害中小股东的行为;年报问询监管制度能够揭示股权质押的潜在风险,保护投资者的利益不受损害,说明交易所通过年报问询监管制度进行信息披露质量监督是有意义的。基于研究结论,本章对完善股权质押制度和年报问询监管制度的政策建议主要有:

在完善股权质押制度方面,虽然我国监管部门规定上市公司主要股东进行股权质押后需要进行披露,但现有的披露制度较为粗糙,股权质押信息无法满足投资者的需求。目前,上市公司披露的股权质押公告仅包括质权人、质押股权比例以及质押起止日等基本信息,而股权质押所获贷款金额及具体用于什么项目等关键信息并未披露。这些未披露信息对投资者评估投资风险、作出投资决策至关重要。特别是在股权质押后,控股股东因为担心控制权转移,会通过选择性信息披露或盈余管理操作等方式进行市值管理,从而存在降低财务报告信息披露质量的可能。因此,监管部门需要制定相关法律法规,要求股东在股权质押后对质押情况进行详细披露,接受市场监督,以提供投资者决策有用的信息。

在完善年报问询监管制度方面,交易所问询监管制度需要以服务投资者为导向,指出上市公司财务报告中存在披露不全面、不及时、不规范以及信息错误等问题,帮助投资者了解公司存在的问题,进而为其提供决策有用的信息。同时证券交易所需要密切关注市场热点问题,如本章研究的股权质押。热点问题由于其发展时间短,投资者对其认识不充分,往往会在事后造成重大的经济损失,因此证券交易所需要花更多精力在热点问题查处上。证券交易所需要持续关注被问询上市公司,监督其信息披露质量。实证检验的部分结果显示上市公司收到年报问询函后整体信息披露质量得到了提高,但在现实中,我国法律体系不完善、犯错成本较低等因素可能导致上市公司的不规范信息披露事件在被问询监管后并未得到更正。例如,本章样本中东方锆业于2014—2016年连续三年被深交所问询,说明上市公司依旧存在对自身信息披露问题视而不见的现象。因此,证券交易所需要在加强对问询公司的信息披露督导的同时,尝试将问询函与处罚措施相结合,监督上市公司的信息披露行为,规范我国资本市场上的信息披露制度,保护投资者的合法权益。

第4章 交易所年报问询监管的影响因素：基于高管财务任职经历的证据

4.1 问题提出和理论分析

在监管资源有限的情况下，监管层如何对公司年报质量进行有效的识别，进而提高年报问询监管效率？这一问题颇受实务界和学术界的关注。现有研究主要从公司治理(Cassell et al.,2013;Ettredge et al.,2011)、财务报告重述(Chen and Johnston,2008)、会计信息质量(Cassell et al.,2013)与审计师特征(Cassell et al.,2013)等方面分析了影响年报被问询的因素，鲜有文献从高管角度分析高管个人特征对交易所年报问询监管的影响。然而，行为金融学认为，公司高管作为一个有限理性人，其个人特征和个人经历将会影响公司的各类决策及日常运营行为。因此，本章将从高管个人特征角度，分析高管财务任职经历对交易所年报问询概率的影响程度。

从高管财务任职经历角度展开分析主要存在以下三个方面原因：第一，理论上，Hambrick and Mason(1984)提出的高层梯队理论认为，高管作为有限理性的人，其决策行为受到自身认知能力和价值取向的影响，这些影响因素与自身特征、工作经历有着重要关系。因此，高管的财务任职经历会影响高管在经营活动中的相关决策，进而影响年报信息披露质量。第二，越来越多的国内外公司更倾向于选择具有财务任职经历的人担任 CEO(姜付秀等,2012)。Durfee(2005)研究发现在研究时点前的十年中，美国的全球 100 强企业的 CEO 有财务任职经历的比例从 12% 上涨到 20%；另外，我国国内公司有财务任职经历的 CEO 比例也在不断增加(姜付秀和黄继承,2013)。随着财务任职经历 CEO 比例的不断增加，研究高管财务任职经历对年报信息披露质量的影响也具有明显的现实意义。第三，现有研究证实监管层对年报实施问询监管的原因主要是企业年报信息披露质量较差(盈余管理程度较高)。探讨具有财务任职经历的高管是否更有能力影响公司年报信息披露质量，从而影响年报被问询概率的问题，将有助于监管层在监管资源约束下从高管经历方面获取监管线索,辨识可能存在的信息披露风险,进一步提高监管效率。

为了分析高管财务任职经历与年报被问询之间的关系,本章利用沪深交易所 2014—2017 年年报问询函数据,采用 Logit 模型、PSM 方法、Heckman 两阶段估计法以及工具变量方法,分析高管财务任职经历对年报被问询概率的影响。结果表明:第一,拥有财务任职经历高管所在公司的年报更容易被交易所问询,具体地,高管财务任职经历变量每提高一个均值单位,年报被问询的概率提高 1.3%。另外,在进行 PSM、Heckman 两阶段估计、工具变量回归后,发现上述结论仍然成立。进一步回归发现,此类公司年报被问询后,问询函的问题数量更多,要求审计师发表意见以及回函的概率更大。第二,本章通过机制分析发现,具有盈余管理能力是高管财务任职经历影响年报被问询的一个部分中介,即拥有财务任职经历高管所在的公司进行了较多的盈余管理,从而使得年报被问询的概率增大。第三,进一步考虑高管盈余管理偏好差异影响时,本章发现在业绩压力较大与外部监督较弱时,有财务任职经历的高管进行盈余管理的动机更强,从而会增大年报被问询的概率;当有财务任职经历的高管是男性、无学术经历、有政治关联以及有财会专业教育背景时,其任职公司进行盈余管理的概率更大,因此也增大了年报被问询的概率。

本章的研究贡献主要有以下两个方面:第一,首次分析了高管财务任职经历对年报被问询概率的影响。虽然已有文献分析了高管政治经历对年报被问询的影响,但是结论并不一致(Correia,2014;Heese et al.,2017)。本章的研究将丰富高层梯队理论以及年报问询影响因素的研究。第二,现阶段,随着国内外公司雇用有财务任职经历高管的比例不断提高,姜付秀等(2016b)认为高管财务任职经历有利于降低企业盈余管理程度,拓宽融资渠道,降低企业融资成本,从而提高企业价值。然而,本章的研究则表明高管财务任职经历也可能使得高管通过操纵盈余质量进行较多的自利行为,从而损害企业价值。

传统的新古典主义观点认为管理层是同质的,不同公司的管理层在面对环境变化时都会作出理性的决策(Bertrand and Schoar,2003;Ge et al.,2011),因此公司的政策制定不受管理层特征的影响。然而,高层梯队理论则强调了管理层异质性对于公司行为的影响。该理论认为,管理层的个性、背景和经验(年龄、社会经济学背景、正规教育和职业轨迹)可以部分影响他们的决策(Hambrick and Mason,1984)。自高层梯队理论发展以来,大量的研究实证检验了不同管

第 4 章　交易所年报问询监管的影响因素：基于高管财务任职经历的证据

理者的具体特征与公司决策之间的关系，并提供了与理论一致的结果。以往的实证研究表明，管理层异质性对公司决策和绩效具有显著的解释力（Graham et al.，2013；Malmendier and Tate，2005；Malmendier and Tate，2008）。近期研究则进一步考察了高管任职经历的影响。Custódio et al.（2013）研究发现具有行业专长的高管在并购交易谈判中表现得更好，即为目标公司支付的溢价更低。

就高管的财务任职经历而言，职业道德约束假说认为财务工作除了对财务专业性的要求较高，对职业道德的要求也较高。由于会计信息在产生过程中存在大量专业判断问题，会计实务界一直强调对从业者的职业道德进行要求，制定专门的会计从业人员职业道德规范。同时，谨慎性原则是重要的会计信息质量要求，在职业培训及职业经验的累积中，谨慎性原则会影响财务人员的信息披露决策。已有实证研究证实了高管对会计政策选择的影响。Bamber et al.（2010）认为高管的特质差异在公司自愿信息披露选择中扮演着重要角色，拥有财务与会计背景的高管在信息披露方面往往更为保守。Jiang et al.（2013）利用中国上市公司数据发现，财务经验丰富的高管降低了企业盈余管理程度，从而提供了更高质量的收益信息。因此，在高层梯队理论下，基于职业道德约束，高管财务任职经历使得高管有着较高的谨慎性，选择更加保守的会计政策，这将降低企业盈余管理程度，从而减小年报被问询的概率。

基于专业能力假说，财务任职经历也会使得高管更熟悉会计政策与公司运营方式，Custódio and Metzger（2014）发现高管的财务任职经历会影响公司的财务政策，如现金持有、杠杆水平和支付政策。由于信息不对称，高管凭借着对公司私有信息的掌握优势较容易对公司进行盈余管理，且这种盈余管理较难被投资者发现。同时，具有财务任职经历的高管更有能力对公司财务数据进行操纵以及对会计政策进行选择，从而提高公司的盈余管理程度。监管层对公司年报进行问询的主要原因在于年报信息披露质量较差，即公司盈余管理活动较多。Cassell et al.（2013）以 10-K 文件的问询函为样本，发现盈利水平低、经营业务复杂、会计信息质量差的公司更有可能收到 SEC 的问询函，并且问询函提出的问题数量更多、修正成本更大。因此，在高层梯队理论下，基于专业能力假说，具有财务任职经历的高管更有能力进行较多的盈余管理活动，从而降低年报信息披露质量，增大年报被问询的概率。

同时，基于自利性动机假说，受高管薪酬与公司业绩挂钩的激励机制设计的影响，为实现私有利益最大化，高管有动机操纵公司业绩。与美国等发达国家的资本市场相比,中国资本市场的监管机制还不完善,市场机制的约束作用有限(谢贵春,2018)。目前形成的多头监管机制使得监管存在盲点与空白点,公司可以通过这些盲点与空白点进行投机(钟辉勇等,2017)。在监管机制不完善的背景下,公司进行盈余管理的成本降低,盈余管理可能给公司带来更高收益(逯东等,2015;林晚发等,2018),因此高管从事盈余管理活动的动机更强。同时,当下中国资本市场上还存在着管理层声誉机制不完善以及薪酬激励以业绩为导向的问题,这也进一步触发了管理层通过盈余管理来实现自身最大利益的动机(贾凡胜等,2017),现有研究证实中国上市公司进行盈余管理的比例与程度都比较高(陆瑶等,2017)。因此,在中国资本市场监管机制不完善、声誉机制约束不足以及高管激励机制不健全的背景下,基于自利性动机假说,高管进行盈余管理的动机更强。

综上,在目前中国资本市场环境下,职业道德约束假说对具有财务任职经历高管行为的约束力有限,而基于专业能力假说和自利性动机假说,具有财务任职经历的高管更可能通过盈余管理活动实现自身收益最大化,从而导致年报被问询概率增大。因此,本章提出如下研究假设:

假设 1 在高层梯队理论下,基于专业能力假说和自利性动机假说,高管财务任职经历将增大年报被问询的概率。

根据高层梯队理论,高管的其他个体特征也会影响高管的行为决策。具体地,本章将从高管性别、学术经历、政治关联及财会专业教育背景四个特征进行深入的分析。相关文献认为相较于男性高管,女性高管的风险承担水平更低,相应地其行为更保守(Martin et al.,2009;李小荣和刘行,2012;Francis et al.,2015)。具体地,Martin et al.(2009)等发现女性CEO风险厌恶程度较高,雇用女性CEO能够降低企业的风险。所以,拥有女性CEO的公司,其会计报告更加稳健(Francis et al.,2015),经营风险以及财务风险更低,公司股价崩盘风险更低(李小荣和刘行,2012)。女性高管的谨慎性能够减少高管的自利行为,从而使得年报被问询的概率减小。因此,本章提出如下研究假设:

假设 2a 相较于其他类型高管,具有财务任职经历的女性高管能够减小年报被问询的概率。

现有研究也发现高管的学术经历能够影响高管的决策行为(Kaplan et al.,2012;Bernile et al.,2017),公司雇用有学术经历的高管能降低企业的债务融资成本水平(周楷唐等,2017)。一方面,学术经历使得高管具有较高的道德情操与自律性,更为关注自身声誉,能够保持一定的独立性(Cho et al.,2017);另一方面,学术经历也使得高管具有严谨的逻辑推断能力,能够对公司进行更全面的判断与分析,体现出更多的谨慎性特征(Francis et al.,2015)。因为具有学术经历的高管更关注与维护自身声誉,决策行为更为谨慎,所以他们进行盈余管理活动的动机将会降低,从而使得年报被问询的概率减小。因此,本章提出如下研究假设:

假设 2b 相较于其他类型高管,有财务任职经历且有学术经历的高管能够减小年报被问询的概率。

现有研究发现政治关联对于企业发挥着隐性担保的作用,能够降低企业面临的监管风险(吴文锋等,2009)。但政治关联企业的业绩在 IPO 之后会发生反转,其原因在于政治关联企业的盈余管理程度更大(逯东等,2015;林晚发等,2018),而盈余管理的提高会显著增大年报被问询的概率。Heese et al. (2017)发现政治关联企业的年报更容易被 SEC 问询。那么当高管财务任职经历与政治关联叠加在一起时,这两种高管特征可能会增大企业年报被问询的概率。因此,本章提出如下研究假设:

假设 2c 相较于其他类型高管,有财务任职经历且有政治关联高管所在企业的年报被问询概率更大。

高管的财务工作能力可能是在财会专业教育背景中形成的,也可能是在"师傅-徒弟"的传承关系中通过实践形成的。对于前者,财会专业毕业的高管可能具有更全面的专业知识和更宽广的视野,对盈余管理操作方式有着更深的了解,更有能力对企业进行盈余管理。另外,在现有高管声誉机制不健全以及高管违规处罚力度不大的背景下,依靠会计职业道德约束来减少财会专业教育背景高管盈余管理行为的作用较小。因此,本章提出如下研究假设:

假设 2d 相较于其他类型高管,有财务任职经历且有财会专业教育背景高管所在企业的年报被问询概率更大。

4.2 实证研究

4.2.1 样本选择与数据来源

本章选择年报被监管层问询的公司为研究对象,分析高管财务任职经历对于年报被问询概率的影响,以及确定高管财务任职经历影响年报问询概率的机制。基于上述研究目的,本章采用 Logit 模型、PSM 方法、Heckman 两阶段估计法以及工具变量方法进行分析。由于年报问询信息于 2015 年开始大量被公开披露,因此本章选择 2014—2017 年年报问询数据进行分析,在剔除金融行业公司以及 ST 公司后,本章涉及的被问询公司初始样本为 721 个。剔除部分未公开披露问询函的公司后,最终被问询的公司样本为 582 个。表 4-1 给出了年报被问询公司的样本筛选过程。

表 4-1　被问询样本选择过程　　　　　　　　　　　单位:个

初始样本量	721
减:未公开披露的问询函[①]	139
其中上交所 2014 年年报问询函	114
上交所 2015 年年报问询函	25
最终样本观测数	582

年报问询数据主要从交易所网站及巨潮资讯网手工收集获得,高管特征数据则来自 CSMAR 与 CNRDS 数据库,相关财务数据均来自 Wind 数据库与 CSMAR 数据库;同时,财务数据等连续变量均进行了 1% 与 99% 的缩尾处理。

4.2.2　模型与变量定义

为了分析高管财务任职经历对年报问询概率的影响,本章借鉴 Correia(2014)和 Heese et al. (2017)的模型设计,构建模型(4-1)进行检验。

$$\text{ClDum}_{i,t+1} = \beta_0 + \beta_1 \text{FAcc}_{i,t} + \beta_2 \text{Controls}_{i,t} + \\ \text{Industry} + \text{Year} + \text{Province} + \varepsilon_{i,t+1} \quad (4\text{-}1)$$

其中,被解释变量为 ClDum,表示企业年报是否被问询,当年报被问询时,ClDum=1,否则 ClDum=0。FAcc 为解释变量,表示高管财务任职经历,当董事长或者总经理以往有财务工作经历或者在会计师事务所的工作经历时,FAcc=1,否则 FAcc=0。Controls 为控制变量,本章借鉴 Correia(2014)、Heese et al. (2017)以及 Bozanic et al. (2017)对控制变量进行设置,具体如表 4-2 所示。

---

① 其中沪市未公开部分数据来源于上交所内部,有巨潮资讯网披露的回函佐证交易所发函。

表 4-2 控制变量定义

变量符号	变量名称	变量定义
Size	企业规模	企业期末总资产的对数
Lev	负债水平	企业期末总负债与总资产的比值
Z-Altman	企业预警 Z 指数	$Z=1.2X_1+1.4X_2+3.3X_3+0.6X_4+0.99X_5$。其中,$X_1$=营运资本/资产总额,$X_2$=留存收益/资产总额,$X_3$=息税前利润/资产总额,$X_4$=股东权益的市场价值总额/负债总额,$X_5$=销售收入/资产总额。按照定义,$Z$ 值越大,企业的违约风险越小
Big4	四大审计	虚拟变量,年报被四大会计师事务所审计则取值为 1,否则取值为 0
Roe	盈利能力	净资产收益率=净利润/净资产总额
Growth	成长性	企业营业收入增长率=(本年营业收入−上一年营业收入)/上一年营业收入
Loss	企业亏损	虚拟变量,企业净利润为负则取值为 1,否则取值为 0
Age	企业年龄	企业存续年限
InstRatio	机构投资者持股比例	机构投资者持股与总股本的比值
Vol	股票波动	股票收益率的年化波动率
Soe	股权性质	国有企业取值为 1,民营企业取值为 0
Dual	两职合一	董事长与总经理两职合一时取值为 1,否则取值为 0
Indep	独立董事比例	独立董事人数与董事会总人数的比值
Tang	固定资产比例	固定资产与总资产的比值
RoaRisk	盈利波动	前三年 Roa 的方差
SSDum	诉讼风险	企业存在诉讼风险则取值为 1,否则取值为 0,数据来自 CSMAR,具体包括欠款纠纷、贷款纠纷、股权纠纷、债权纠纷等一系列纠纷
RLDum	关联交易	企业存在关联交易则取值为 1,否则取值为 0,数据来自 CSMAR
Female	性别	当高管中存在女性时取值为 1,否则取值为 0
Academic	学术背景	当高管有高校或科研部门工作经历时取值为 1,否则取值为 0
PC	政治关联	当高管曾在政府部门工作或者曾任政协委员、人大代表时取值为 1,否则取值为 0
AF	财会专业教育背景	当高管有财会专业教育背景时取值为 1,否则取值为 0
Industry	行业固定效应	行业虚拟变量,按照证监会 2001 年编码,制造业取前 4 位代码,其他行业取首字母
Year	年度固定效应	年份虚拟变量
Province	省份固定效应	省份虚拟变量

4.2.3 描述性统计

表 4-3 给出了本章主要变量的描述性统计结果。从 Panel A 部分结果中我们可以得到,ClDum 变量的均值为 0.075,这说明样本中 7.5% 的企业被问询。FAcc 变量的均值为 0.248,这说明样本中 24.8% 的企业的高管有财务任职经历。对于控制变量,企业规模(Size)、负债水平(Lev)、盈利能力(Roe)、机构投资者持股比例(InstRatio)、企业预警 Z 指数(Z-Altman)与成长性(Growth)的均值分别为 22.2、42.7%、6.58、40.1%、8.54 与 −19.8%。同时,样本中 9.1% 的企业存在亏损,35.2% 的企业为国有企业,25.8% 的企业董事长与总经理两职合一,5.7% 的企业被四大会计师事务所审计,16.0% 的企业存在诉讼风险,71.1% 的企业存在关联交易,企业平均年限为 11.5 年。另外,对于高管其他特征,17.7% 的企业存在女性高管,42.8% 的高管有学术背景,54.3% 的高管存在政治关联以及 20.3% 的高管有财会专业教育背景。

表 4-3 描述性统计分析

Panel A:全样本						
变量	样本量	均值	标准差	1/4 分位点	中位数	3/4 分位点
ClDum	6 391	0.075	0.263	0.000	0.000	0.000
FAcc	6 391	0.248	0.432	0.000	0.000	0.000
Size	6 391	22.200	1.210	21.300	22.100	22.900
Z-Altman	6 391	8.540	11.500	2.370	4.650	9.420
InstRatio	6 391	0.401	0.226	0.217	0.411	0.576
Vol	6 391	0.561	0.243	0.382	0.498	0.695
Roe	6 391	6.580	10.300	2.580	6.510	11.300
Growth	6 391	−0.198	3.690	−0.264	0.122	0.532
Lev	6 391	0.427	0.207	0.260	0.414	0.584
Loss	6 391	0.091	0.288	0.000	0.000	0.000
Big4	6 391	0.057	0.231	0.000	0.000	0.000
Soe	6 391	0.352	0.478	0.000	0.000	1.000
Age	6 391	11.500	6.760	5.000	10.000	18.000
Dual	6 391	0.258	0.438	0.000	0.000	1.000
Indep	6 391	0.375	0.055	0.333	0.353	0.429
SSDum	6 391	0.160	0.367	0.000	0.000	0.000
RLDum	6 391	0.711	0.453	0.000	1.000	1.000
Female	6 347	0.177	0.382	0.000	0.000	0.000
Academic	6 391	0.428	0.495	0.000	0.000	1.000
PC	6 391	0.543	0.498	0.000	1.000	1.000
AF	6 391	0.203	0.402	0.000	0.000	0.000

(续表)

Panel B: 样本差异性检验						
	均值检验			中位数检验		
变量	FAcc=0(0)	FAcc=1(1)	(0)−(1)	FAcc=0(0)	FAcc=1(1)	(0)−(1)
ClDum	0.066	0.101	−0.035***	0.000	0.000	20.872***
Size	22.151	22.382	−0.231***	21.998	22.227	41.389***
Z-Altman	9.185	6.578	2.606***	5.048	3.522	115.813***
InstRatio	38.862	44.029	−5.168***	39.409	45.483	37.043***
Vol	56.687	54.251	2.437***	50.111	48.449	4.077**
Roe	6.863	5.743	1.120***	6.619	6.156	2.992*
Growth	−12.826	−40.939	28.113***	13.248	9.282	5.066**
Lev	0.407	0.489	−0.082***	0.392	0.496	116.133***
Loss	0.082	0.118	−0.036***	0.000	0.000	18.431***
Big4	0.059	0.050	0.009	0.000	0.000	1.879
Soe	0.300	0.508	−0.207***	0.000	1.000	224.431***
Age	10.280	15.320	−5.040***	8.000	17.000	558.612***
Dual	0.300	0.131	0.169***	0.000	0.000	178.861***
Indep	0.376	0.371	0.004***	0.357	0.333	0.473
SSDum	0.141	0.219	−0.077***	0.000	0.000	53.021***
RLDum	0.694	0.763	−0.068***	1.000	1.000	0.000

注：***、**与*分别表示1%、5%与10%的显著性水平。

Panel B 部分分析了企业相关特征变量是否受到高管财务任职经历的影响。对于 ClDum 变量，我们发现无论是均值还是中位数，具有财务任职经历高管所在的企业受到年报问询的概率较大，这初步证实了我们的假设1，即高管财务任职经历使得高管有能力进行盈余管理，进而增大年报被问询的概率。

4.2.4 高管财务任职经历与年报被问询概率

描述性统计分析显示高管财务任职经历增大了年报被问询的概率，为了进一步证实这一点，本章通过实证方法分析高管财务任职经历与年报被问询之间的关系。表4-4给出了相应的回归结果，从中我们发现，解释变量 FAcc 的系数为正，且都在5%的统计水平上显著。该结果表明企业雇用有财务任职经历的高管会使年报被问询的概率变大。另外，通过第(4)列边际效应回归得到 FAcc

的边际效应系数为 0.013($t=2.23$),在 5% 的统计水平上显著,这说明 FAcc 每提高一个均值单位,年报被问询的概率提高 1.3%。基于上述分析,高管财务任职经历的确增大了年报被问询的概率。上述结论支持假设 1,也就是说高管有财务任职经历的企业,其年报被问询的概率更大。

对于控制变量,企业规模更大、机构持股比例更高、盈利能力更强、杠杆率更低、成立年限更短的企业,无诉讼风险、无关联交易的国有企业,其年报被问询的概率更小,这符合本章的预期。

表 4-4 高管财务任职经历与年报被问询

变量	ClDum (1)	(2)	(3)	(4)
FAcc	0.461***	0.233**	0.263**	0.013**
	(4.38)	(2.07)	(2.17)	(2.23)
Size		−0.161***	−0.233***	−0.011***
		(−2.67)	(−3.97)	(−3.98)
Z-Altman		0.014***	0.011**	0.001**
		(2.91)	(2.15)	(2.12)
InstRatio		−0.007***	−0.007***	−0.001***
		(−3.12)	(−3.04)	(−3.09)
Vol		0.005**	0.002	0.001
		(2.21)	(0.80)	(0.81)
Roe		−0.018***	−0.017**	−0.001**
		(−2.70)	(−2.54)	(−2.58)
Growth		0.000	0.000	0.000
		(0.45)	(0.29)	(0.29)
Lev		1.316***	1.622***	0.080***
		(3.99)	(4.70)	(4.40)
Loss		0.525***	0.548**	0.027**
		(2.67)	(2.52)	(2.51)
Big4		−0.086	−0.006	−0.001
		(−0.24)	(−0.02)	(−0.02)
Soe		−0.598***	−0.616***	−0.031***
		(−4.62)	(−4.48)	(−4.45)
Age		0.042***	0.035***	0.002***
		(4.33)	(3.60)	(3.83)

(续表)

变量	ClDum			
	(1)	(2)	(3)	(4)
Dual		0.044	0.036	0.002
		(0.37)	(0.29)	(0.29)
Indep		1.409	1.049	0.052
		(1.53)	(1.13)	(1.12)
SSDum		0.605***	0.470***	0.023***
		(5.11)	(4.19)	(4.18)
RLDum		0.598***	0.505***	0.025***
		(4.98)	(4.11)	(4.39)
Constant	−2.650***	−1.153	0.858	
	(−28.83)	(−0.78)	(0.59)	
Industry Fe	未控制	未控制	控制	控制
Year Fe	未控制	未控制	控制	控制
Province Fe	未控制	未控制	控制	控制
N	6 391	6 391	6 391	6 391
Pseudo R^2	0.006	0.084	0.118	

注：括号内为行业-年份层面经聚类稳健标准误调整的 t 值；*、**、*** 分别代表10％、5％、1％的显著性水平。

4.2.5 内生性考虑

1. PSM 方法

模型(4-1)回归可能存在以下两个问题：第一，由于被问询样本只占总样本的7.5％，因此样本的分布可能影响相关结论。第二，模型(4-1)可能还存在一定的遗漏变量问题。因此，本章采用 PSM 方法，按照控制变量同行业同年度进行 1∶1 配对得到相应的配对样本，通过配对样本回归减少上述问题对于结论的干扰。表 4-5 第(1)列给出了配对样本的回归结果①，我们发现 FAcc 的系数

---

① 本章省略了配对样本的描述性统计分析结果，从配对样本描述性统计分析结果来看，本章的配对效果较好，实验组与对照组除企业年龄存在一定的差异外，其他控制变量不存在显著差异。如果需要此结果，可向作者索取。

仍然在 1% 的统计水平上显著，即高管财务任职经历的确增大了年报被问询的概率。

2. 工具变量方法

为了进一步减小遗漏变量对结论的影响，本章进行了相应的工具变量回归。本章构建了两个工具变量：一是行业年度企业高管财务任职经历的均值（MFAcc）。理论上，这个均值与企业高管是否拥有财务任职经历高度相关，但是并不会影响年报被问询。二是，按照杜勇等(2019)的设计，采用企业与距离企业最近的开设财务专业的 985、211 高校之间的距离(简称"最近财务高校距离")作为高管财务任职经历的工具变量(Distance)。理论上，最近财务高校距离与高管财务任职经历正相关，高校在其所在地区的认可度和就业度往往较高，财务专业的学生就近找工作的概率很大，企业也更习惯录用地理位置最近的 985、211 高校的毕业生。另外，这个变量本身并不影响年报问询。第一阶段回归得到，Distance 的系数为 0.024，所以行业高管财务任职经历的均值与最近财务高校距离显著影响了高管财务任职经历。表 4-5 第(3)列给出了工具变量的回归结果，我们发现 FAcc 的系数仍然显著为正，证明了本章结论的稳健性。

3. Heckman 两阶段估计法

为了控制样本的选择性偏差，本章也采用了 Heckman 两阶段估计法对模型进行估计。相似地，MFAcc 与 Distance 作为两阶段的工具变量，第一阶段的结果显示 MFAcc 与 Distance 的系数为 0.879 与 0.160，这表示行业高管财务任职经历的均值与最近财务高校距离显著影响了高管财务任职经历。表 4-5 第(5)列给出了加入 IMR(Inverse Mills Ratio)的回归结果，不难发现 FAcc 的系数仍然显著为正，进一步证明了本章结论的稳健性。

第 4 章 交易所年报问询监管的影响因素:基于高管财务任职经历的证据

表 4-5 内生性控制

变量	PSM 方法 ClDum (1)	工具变量回归 FAcc (2)	工具变量回归 ClDum (3)	Heckman 两阶段估计 FAcc (4)	Heckman 两阶段估计 ClDum (5)
FAcc	0.567***		1.680***		0.291**
	(3.08)		(2.59)		(2.14)
MFAcc		0.126		0.879*	
		(1.11)		(1.85)	
Distance		0.024***		0.160***	
		(4.31)		(4.55)	
Size	−0.338***	−0.028***	−0.064	−0.146***	−0.246***
	(−4.65)	(−3.33)	(−1.15)	(−2.87)	(−3.01)
Z-Altman	0.008	0.000	0.003	0.000	0.008
	(0.92)	(0.61)	(1.02)	(0.05)	(1.42)
InstRatio	−0.016***	0.000	−0.003**	0.001	−0.007***
	(−4.61)	(0.44)	(−2.10)	(0.77)	(−3.05)
Vol	0.003	0.000	0.001	0.000	0.002
	(0.61)	(0.40)	(0.46)	(0.26)	(0.80)
Roe	−0.012	0.000	−0.006*	−0.000	−0.014*
	(−1.38)	(0.08)	(−1.84)	(−0.04)	(−1.94)
Growth	−0.000	−0.000*	0.000	−0.000	0.000
	(−0.14)	(−1.68)	(1.19)	(−1.62)	(0.63)
Lev	1.840***	0.164***	0.361	0.966***	1.415***
	(3.41)	(5.87)	(1.18)	(5.37)	(3.36)
Loss	0.276	−0.018	0.298**	−0.109	0.642**
	(0.77)	(−0.64)	(2.30)	(−0.65)	(2.57)
Big4	0.284	−0.108***	0.222	−0.711***	0.087
	(0.52)	(−4.82)	(1.30)	(−4.95)	(0.18)
Soe	−0.569***	0.049***	−0.318***	0.249***	−0.634***
	(−3.15)	(2.95)	(−3.82)	(2.79)	(−3.35)
Age	0.051***	0.016***	−0.012	0.094***	0.030
	(3.09)	(12.23)	(−0.74)	(11.93)	(0.90)
Dual	−0.361*	−0.093***	0.163**	−0.754***	0.078
	(−1.68)	(−7.19)	(1.99)	(−8.02)	(0.28)
Indep	0.898	0.088	0.089	0.600	0.488
	(0.65)	(1.03)	(0.22)	(1.02)	(0.50)

(续表)

变量	PSM 方法 ClDum (1)	工具变量回归 FAcc (2)	工具变量回归 ClDum (3)	Heckman 两阶段估计 FAcc (4)	Heckman 两阶段估计 ClDum (5)
SSDum	0.430**	0.051**	0.116	0.299**	0.468***
	(2.39)	(2.19)	(0.94)	(2.27)	(3.23)
RLDum	0.310*	−0.001	0.208**	0.024	0.540***
	(1.89)	(−0.06)	(2.56)	(0.29)	(3.52)
IMR					−0.056
					(−0.15)
Constant	3.064*	0.438**	−0.145	−0.847	2.905*
	(1.81)	(2.12)	(−0.15)	(−0.69)	(1.81)
Industry Fe	控制	控制	控制	控制	控制
Year Fe	控制	控制	控制	控制	控制
Province Fe	控制	控制	控制	控制	控制
N	2 694	5 169	5 169	5 169	5 169
Pseudo R^2	0.185			0.166	0.119

注:括号内为行业-年份层面经聚类稳健标准误调整的 t 值;*、**、*** 分别代表 10%、5%、1%的显著性水平。

4.2.6 财务任职经历高管其他特征的影响

为了进一步检验假设 2 中的一系列假设,本章按照高管的四个特征进行分组检验,相应的回归结果见表 4-6。表 4-6 结果显示,FAcc 的系数在男性高管组、非学术经历组、有政治关联组以及有财务专业教育背景组中显著为正,而在其他组中不显著。这个结果表明,当高管为男性、无学术背景、有政治关联以及有财会专业教育背景时,高管财务任职经历更能增大年报被问询概率。因此,上述结论支持了假设 2a、假设 2b、假设 2c 与假设 2d。

第4章　交易所年报问询监管的影响因素：基于高管财务任职经历的证据

表 4-6　高管其他特征：高管财务任职经历与年报被问询

变量	男性高管	女性高管	非学术经历	学术经历	无政治关联	有政治关联	无财务专业教育背景	有财务专业教育背景
				CIDum				
FAcc	0.395***	−0.138	0.473***	−0.152	0.238	0.338**	0.188	0.554**
	(2.79)	(−0.48)	(3.04)	(−0.85)	(1.06)	(2.33)	(1.23)	(2.13)
Size	−0.283***	−0.082	−0.191**	−0.243**	−0.348***	−0.210***	−0.239***	−0.268**
	(−3.70)	(−0.52)	(−2.27)	(−2.11)	(−2.63)	(−2.67)	(−3.51)	(−2.20)
Z-Altman	0.010*	0.018	0.015*	0.016**	0.016*	0.009	0.011*	0.006
	(1.72)	(1.36)	(1.89)	(2.26)	(1.95)	(1.21)	(1.93)	(0.50)
InstRatio	−0.006**	−0.011*	−0.009***	−0.005	−0.008*	−0.005*	−0.004	−0.019***
	(−2.38)	(−1.66)	(−2.59)	(−1.27)	(−1.87)	(−1.70)	(−1.60)	(−2.62)
Vol	0.004	−0.008	0.007**	−0.004	0.005	−0.000	0.002	0.005
	(1.24)	(−0.89)	(2.14)	(−0.90)	(1.28)	(−0.01)	(0.54)	(0.94)
Roe	−0.017**	−0.017	−0.010	−0.037***	−0.022**	−0.018**	−0.016**	−0.018
	(−2.43)	(−0.89)	(−1.10)	(−3.05)	(−2.19)	(−2.07)	(−2.07)	(−1.14)
Growth	−0.000	0.001	−0.000	0.000	−0.000	0.000	0.000	−0.000
	(−0.33)	(1.27)	(−0.09)	(0.98)	(−0.68)	(0.81)	(0.40)	(−0.27)
Lev	1.482***	2.700***	1.724***	1.914***	2.176***	1.351***	1.767***	0.861
	(3.22)	(3.94)	(3.72)	(3.03)	(3.30)	(3.32)	(4.67)	(0.90)
Loss	0.552**	0.795*	0.625**	0.466	0.264	0.687**	0.646**	0.250
	(2.34)	(1.71)	(1.99)	(1.49)	(0.76)	(2.34)	(2.24)	(0.70)
Big4	0.175	−0.847	−0.443	0.380	0.441	−0.294	−0.142	0.837
	(0.44)	(−0.97)	(−0.90)	(0.72)	(0.79)	(−0.81)	(−0.35)	(1.59)

(续表)

变量	男性高管	女性高管	非学术经历	学术经历	无政治关联	有政治关联	无财务专业教育背景	有财务专业教育背景
					CIDum			
Soe	−0.448***	−1.079***	−0.622***	−0.473**	−0.812***	−0.416***	−0.580***	−0.869***
	(−3.07)	(−3.23)	(−3.72)	(−2.09)	(−3.24)	(−2.68)	(−3.54)	(−2.58)
Age	0.030***	0.029	0.039***	0.035**	0.056***	0.021	0.033***	0.038
	(2.62)	(1.18)	(2.95)	(2.39)	(3.19)	(1.63)	(3.24)	(1.32)
Dual	0.067	−0.148	−0.036	0.143	−0.077	0.117	0.039	0.054
	(0.41)	(−0.45)	(−0.20)	(0.79)	(−0.41)	(0.71)	(0.26)	(0.19)
Indep	1.813	−2.414	−1.500	4.036**	−0.893	2.126*	0.966	2.846
	(1.58)	(−1.25)	(−1.21)	(2.45)	(−0.50)	(1.88)	(0.91)	(1.05)
SSDum	0.431***	0.842***	0.473***	0.549***	0.406**	0.553***	0.697***	−0.673**
	(3.04)	(3.48)	(2.81)	(2.78)	(2.32)	(3.70)	(6.04)	(−2.17)
RLDum	0.549***	0.433	0.371**	0.683***	0.386	0.559***	0.463***	0.676**
	(3.85)	(1.57)	(2.34)	(3.51)	(1.52)	(3.11)	(3.09)	(2.10)
Constant	1.354	−0.801	0.507	0.054	3.490	0.182	1.753	3.867
	(0.74)	(−0.23)	(0.24)	(0.02)	(1.29)	(0.09)	(1.03)	(1.16)
Industry Fe	控制	控制	控制	控制	控制	控制	控制	控制
Year Fe	控制	控制	控制	控制	控制	控制	控制	控制
Province Fe	控制	控制	控制	控制	控制	控制	控制	控制
N	5 209	1 076	3 657	2 635	2 402	3 953	4 958	1 293
Pseudo R^2	0.115	0.226	0.146	0.146	0.160	0.132	0.128	0.180

注:括号内为行业-年份层面经聚类稳健标准误调整的 t 值; *、**、*** 分别代表10%、5%、1%的显著性水平。

4.2.7 相关机制分析

在理论分析中,我们认为高管财务任职经历使得高管有能力对企业进行盈余管理,继而实现个人或者相关利益者利益。而企业的盈余管理水平又会影响企业年报被问询的概率。为检验盈余管理是否是高管财务任职经历影响年报被问询的传导机制,本章采用修正的琼斯模型分行业分年度回归得到的残差绝对值度量企业的应计盈余管理水平(AEM),以此进行相应的中介效应分析,并对中介效应进行检验(Sobel,1982),表 4-7 给出了相应回归结果。从第(1)列中可以看到 FAcc 的系数显著为正,这说明高管财务任职经历提高了企业的盈余管理水平;第(2)列的结果与表 4-4 第(3)列的结果一致;第(3)列是同时加入 FAcc 与 AEM 的结果,可以得到企业应计盈余管理程度越大,年报被问询的概率越大,同时 FAcc 的系数以及显著性都在降低,表明盈余管理是高管财务任职经历影响年报被问询的一个部分中介。

表 4-7 机制检验

变量	AEM (1)	ClDum (2)	ClDum (3)
AEM			2.773***
			(3.70)
FAcc	0.004***	0.263**	0.250**
	(2.74)	(2.17)	(2.02)
Size	−0.003***	−0.233***	−0.224***
	(−3.91)	(−3.97)	(−3.81)
Z-Altman	−0.000	0.011**	0.011**
	(−0.21)	(2.15)	(2.11)
InstRatio	−0.000	−0.007***	−0.007***
	(−1.39)	(−3.04)	(−3.03)
Vol	0.000	0.002	0.002
	(1.66)	(0.80)	(0.78)
Roe	0.001***	−0.017**	−0.016**
	(4.86)	(−2.54)	(−2.50)
Growth	0.000	0.000	0.000
	(0.74)	(0.29)	(0.21)

(续表)

变量	AEM (1)	ClDum (2)	ClDum (3)
Lev	0.035***	1.622***	1.519***
	(5.63)	(4.70)	(4.35)
Loss	0.027***	0.548**	0.501**
	(6.94)	(2.52)	(2.26)
Big4	−0.004	−0.006	0.004
	(−1.47)	(−0.02)	(0.01)
Soe	−0.009***	−0.616***	−0.581***
	(−4.39)	(−4.48)	(−4.16)
Age	0.001***	0.035***	0.034***
	(4.12)	(3.60)	(3.49)
Dual	0.002	0.036	0.033
	(1.32)	(0.29)	(0.27)
Indep	0.034***	1.049	0.988
	(2.68)	(1.13)	(1.07)
SSDum	0.002	0.470***	0.473***
	(1.06)	(4.19)	(4.31)
RLDum	0.002	0.505***	0.496***
	(1.02)	(4.11)	(4.06)
Constant	0.106***	1.963	1.588
	(5.04)	(1.32)	(1.08)
Industry Fe	控制	控制	控制
Year Fe	控制	控制	控制
Province Fe	控制	控制	控制
N	6 391	6 391	6 391
Adj. (Pseudo)R^2	0.073	0.118	0.122

注:括号内为行业-年份层面经聚类稳健标准误调整的 t 值;**、*** 分别代表 5%、1%的显著性水平。

4.2.8 基于高管盈余管理偏好的考虑

财务任职经历使得高管有能力进行盈余管理,但是高管进行盈余管理一旦被发现,就会受到相应的惩罚以及承担相应的声誉损失。因此,受到相关条件的影响,有财务任职经历的高管进行盈余管理时也会进行权衡,表现出不同的盈余管理偏好。

1. 业绩压力的影响

由于高管的薪酬受企业业绩的影响,因此在企业业绩较差时,高管的薪酬将会大幅度减少。在业绩压力下,高管更有动机通过盈余管理来调高(平滑)企业业绩,以此保证自身收入最大化。因此,本章借鉴叶建芳等(2009)与戴亦一等(2017)对业绩压力的度量方法,把样本分为有业绩压力企业(企业盈利能力 Roe 小于年度行业均值以及企业净利润小于年度行业均值)和无业绩压力企业。按照上述分组对模型(4-1)进行回归分析,相应结果见表4-8。结果显示,在有业绩压力企业组中,FAcc 的系数显著为正;在无业绩压力企业组中,FAcc 的系数不显著。这说明,有业绩压力的企业高管更有意愿进行盈余管理,这时高管财务任职经历将进一步导致年报被问询的概率增大。

表 4-8 业绩压力下:高管财务任职经历与年报被问询

变量	ClDum			
	Roe<均值 (1)	Roe>均值 (2)	净利润<均值 (3)	净利润>均值 (4)
FAcc	0.344***	0.119	0.356***	−0.153
	(2.59)	(0.53)	(2.99)	(−0.42)
Size	−0.206***	−0.178	−0.137*	−0.404**
	(−2.93)	(−1.59)	(−1.95)	(−2.33)
Z-Altman	0.009	0.023***	0.011**	0.024*
	(1.50)	(2.95)	(2.01)	(1.83)
InstRatio	−0.004	−0.012***	−0.006**	−0.009
	(−1.31)	(−2.89)	(−2.36)	(−1.29)
Vol	0.002	0.001	0.005	−0.015*
	(0.51)	(0.26)	(1.59)	(−1.71)
Roe	−0.014	0.035**	−0.021***	0.042*
	(−1.64)	(2.24)	(−2.89)	(1.93)
Growth	−0.000	0.001*	0.000	0.001
	(−0.45)	(1.74)	(0.16)	(0.85)
Lev	1.364***	2.100***	1.570***	2.047
	(3.85)	(2.95)	(4.79)	(1.39)

(续表)

变量	ClDum			
	Roe<均值	Roe>均值	净利润<均值	净利润>均值
	(1)	(2)	(3)	(4)
Loss	0.388*	1.061***	0.448**	1.148***
	(1.77)	(2.60)	(2.00)	(3.80)
Big4	−0.078	0.109	−0.138	0.323
	(−0.15)	(0.23)	(−0.26)	(0.56)
Soe	−0.773***	−0.322	−0.779***	−0.016
	(−4.67)	(−1.53)	(−4.92)	(−0.08)
Age	0.017	0.049***	0.037***	0.020
	(1.34)	(2.89)	(3.35)	(0.64)
Dual	0.083	−0.143	0.008	0.129
	(0.54)	(−0.74)	(0.05)	(0.55)
Indep	1.123	0.283	0.747	3.277
	(0.84)	(0.13)	(0.71)	(1.18)
SSDum	0.375***	0.570***	0.506***	0.474
	(2.62)	(2.83)	(4.51)	(1.10)
RLDum	0.366***	0.711***	0.476***	0.968***
	(2.59)	(3.29)	(3.54)	(2.79)
Constant	0.642	−1.014	−1.303	3.020
	(0.41)	(−0.35)	(−0.83)	(0.78)
Industry Fe	控制	控制	控制	控制
Year Fe	控制	控制	控制	控制
Province Fe	控制	控制	控制	控制
N	3 047	3 305	4 748	1 358
Pseudo R^2	0.111	0.168	0.122	0.184

注:括号内为行业-年份层面经聚类稳健标准误调整的 t 值;*、**、*** 分别代表10%、5%、1%的显著性水平。

2. 外部监督的影响

良好的外部监督能够减少管理层与股东之间的委托代理问题。外部监督越强,管理层进行自利行为的成本越大,从事自利行为的收益越小,进行盈余管理的动机越小,从而年报被问询的概率越小。现有文献证实机构投资者持股比例越大,机构投资者参与公司治理的程度越高,越能抑制公司盈余管理行为(Balsam et al.,2002;程书强,2006)。同时,分析师追踪人数越多的公司,外部监督压力越大。因此,本章将机构投资者持股比例大于行业年度均值以及分析师跟踪人数大于行业年度均值的样本界定为外部监督强的企业,否则为外部监督弱的企业。按照上述分组对模型(4-1)进行回归分析,相应的结果见表4-9。结果显示,在外部监督弱的企业组中,FAcc的系数显著为正;在外部监督强的企业组中,FAcc的系数不显著。这说明,外部监督弱的企业高管更有机会进行盈余管理,这时高管财务任职经历将进一步导致年报被问询的概率增大。

表 4-9 外部监督下:高管财务任职经历与年报被问询

变量	机构持股<均值 (1)	机构持股>均值 (2)	分析师人数<均值 (3)	分析师人数>均值 (4)
FAcc	0.465***	0.055	0.315***	−0.172
	(2.58)	(0.36)	(2.60)	(−0.56)
Size	−0.230***	−0.250***	−0.197***	−0.135
	(−2.78)	(−2.71)	(−2.98)	(−0.66)
Z-Altman	0.006	0.025***	0.008	0.024*
	(0.88)	(3.32)	(1.49)	(1.91)
InstRatio	0.002	−0.020***	−0.003	−0.012
	(0.37)	(−2.97)	(−1.31)	(−1.56)
Vol	0.004	0.000	0.003	−0.001
	(1.12)	(0.09)	(0.92)	(−0.23)
Roe	−0.025***	−0.009	−0.010	−0.023
	(−2.64)	(−0.78)	(−1.28)	(−1.11)
Growth	0.000	−0.000	−0.000	0.001
	(0.37)	(−0.10)	(−0.35)	(1.10)
Lev	1.232***	2.471***	1.423***	2.775**
	(2.68)	(4.37)	(4.64)	(2.01)
Loss	0.575**	0.396	0.541**	0.959*
	(2.18)	(1.12)	(2.19)	(1.92)
Big4	−0.370	0.216	0.030	−0.039
	(−0.66)	(0.54)	(0.06)	(−0.09)
Soe	−0.761***	−0.538***	−0.691***	−0.749**
	(−4.09)	(−2.86)	(−5.10)	(−2.15)

(续表)

变量	ClDum			
	机构持股<均值	机构持股>均值	分析师人数<均值	分析师人数>均值
	(1)	(2)	(3)	(4)
Age	0.032***	0.024*	0.024**	0.064***
	(2.76)	(1.85)	(2.11)	(3.01)
Dual	0.079	−0.017	0.070	−0.095
	(0.46)	(−0.08)	(0.55)	(−0.33)
Indep	−0.787	2.749*	0.563	2.003
	(−0.64)	(1.89)	(0.55)	(1.01)
SSDum	0.455***	0.442**	0.345***	0.698***
	(3.24)	(2.57)	(2.84)	(2.93)
RLDum	0.550***	0.470**	0.504***	0.444
	(3.39)	(2.47)	(3.78)	(1.31)
Constant	1.569	1.027	1.481	−0.313
	(0.84)	(0.47)	(1.00)	(−0.07)
Industry Fe	控制	控制	控制	控制
Year Fe	控制	控制	控制	控制
Province Fe	控制	控制	控制	控制
N	3 109	3 270	3 928	2 257
Pseudo R^2	0.141	0.129	0.125	0.143

注:括号内为行业-年份层面经聚类稳健标准误调整的 t 值;*、**、*** 分别代表10%、5%、1%的显著性水平。

4.2.9 高管财务任职经历与年报问询函特征

为了更清楚地说明高管财务任职经历对于年报被问询概率的影响,本章构建了模型(4-2)进一步分析高管财务任职经历对年报问询函特征的影响。

$$\text{ClC}_{i,t+1} = \beta_0 + \beta_1 \text{FAcc}_{i,t} + \beta_2 \text{Controls}_{i,t} +$$
$$\text{Industry} + \text{Year} + \text{Province} + \varepsilon_{i,t+1} \quad (4\text{-}2)$$

其中,ClC 为年报问询函特征,本章选择三个特征来表示年报问询的强弱:一是是否要求审计师回复并发表意见,二是是否要求企业对年报问询问题进行回函,三是年报问询函中涉及问题的数量。其他控制变量与模型(4-1)一致,相应的回归结果如表 4-10 所示。结果显示,高管财务任职经历使得年报问询要求审计师发表意见的概率与要求回函的概率增大,同时年报问询函中涉及

第4章 交易所年报问询监管的影响因素:基于高管财务任职经历的证据

问题的数量也更多,这个结果也间接说明拥有财务任职经历高管所在企业的年报质量更低。

表 4-10 高管财务任职经历与年报问询函特征

变量	ClC 要求审计师回复 (1)	ClC 要求回函 (2)	ClC 问题数量 (3)
FAcc	0.351***	0.279**	0.243**
	(2.79)	(2.36)	(2.38)
Size	−0.294***	−0.227***	−0.205***
	(−4.22)	(−3.69)	(−3.74)
Z-Altman	0.001	0.011**	0.014***
	(0.08)	(2.06)	(3.03)
InstRatio	−0.005	−0.007***	−0.003*
	(−1.57)	(−2.77)	(−1.76)
Vol	0.002	0.003	0.000
	(0.51)	(0.91)	(0.09)
Roe	−0.011	−0.017**	−0.020***
	(−1.45)	(−2.50)	(−3.06)
Growth	−0.000	0.000	0.000**
	(−0.18)	(0.31)	(2.47)
Lev	2.002***	1.565***	1.856***
	(4.87)	(4.49)	(5.15)
Loss	0.595**	0.556**	0.917***
	(2.04)	(2.53)	(3.22)
Big4	−0.327	−0.027	0.320
	(−0.87)	(−0.07)	(1.27)
Soe	−0.498***	−0.598***	−0.408***
	(−3.25)	(−4.30)	(−3.84)
Age	0.049***	0.036***	0.033***
	(4.08)	(3.69)	(3.67)
Dual	−0.101	0.076	0.092
	(−0.74)	(0.61)	(1.33)
Indep	0.923	0.829	0.274
	(0.71)	(0.90)	(0.37)

(续表)

变量	ClC		
	要求审计师回复	要求回函	问题数量
	(1)	(2)	(3)
SSDum	0.472***	0.460***	0.515***
	(4.10)	(3.98)	(4.52)
RLDum	0.382**	0.473***	0.246***
	(2.48)	(3.97)	(3.68)
Constant	2.779	1.878	4.721***
	(1.55)	(1.20)	(3.50)
Industry Fe	控制	控制	控制
Year Fe	控制	控制	控制
Province Fe	控制	控制	控制
N	6 391	6 391	6 391
Adj. (Pseudo)R^2	0.157	0.117	0.072

注:括号内为行业-年份层面经聚类稳健标准误调整的 t 值;*、**、***分别代表 10%、5%、1%的显著性水平。

4.2.10 其他稳健性检验

本章还进行了其他稳健性检验。第一,本章进行了相关随机实验分析。这里的随机实验是一个反事实检验,在本章 6 000 多个样本中,随机抽取 582 个样本,把这 582 个样本作为被问询的样本,实际上这 582 个样本并不是本章被问询样本。通过上述研究设计对模型(4-1)进行回归得到 FAcc 变量的统计量,并重复上述程序 300 次,得到 300 个 FAcc 的系数与标准误,最后统计相关显著性,结果见表 4-11 第(1)列。我们发现 FAcc 的系数不显著,反事实检验排除了其他可能解释,继而间接证实了本章结论的稳健性,即高管财务任职经历会增大年报被问询概率。第二,本章也对高管的其他特征(性别、学术背景、政治关联以及高管年龄)进行了控制,发现 FAcc 的系数仍然显著,如表 4-11 第(2)列所示。第三,本章对高管财务任职经历进行了替代定义。由于会计师事务所经历可能使得高管与事务所进行合谋,因此本章只以高管在企业的财务任职经历进行实证分析,相关结果见表 4-11 第(3)列,FAcc 的系数仍然显著。上述结论进一步支持了本章的研究结论。

表 4-11 稳健性检验结果

变量	ClDum 随机实验300次 (1)	ClDum 高管其他特征控制 (2)	ClDum 财务任职经历替代定义 (3)
FAcc	−0.001	0.224*	0.231*
	(−0.01)	(1.19)	(1.91)
Controls		控制	控制
Industry Fe	控制	控制	控制
Year Fe	控制	控制	控制
Province Fe	控制	控制	控制
N		637	6 347
Pseudo R^2		0.122	0.125

注:括号内为行业-年份层面经聚类稳健标准误调整的 t 值;*代表10%的显著性水平。

4.3 结论与启示

年报问询监管作为一种提高年报信息披露质量的措施,通过识别企业事前的盈余管理行为,达到降低企业信息不对称程度的作用,这种作用已经受到广泛的关注。现有文献认为高管个人特征影响了年报被问询的概率,比如高管的政治关联能够俘获监管者,减小年报被问询的概率(Correia,2014),从而削弱年报问询监管的作用。本章则从高管任职经历特征角度,分析高管财务任职经历与年报被问询之间的关系,利用沪深交易所 2014—2017 年年报问询函数据,采用 Logit 模型、PSM 方法、Heckman 两阶段估计法以及工具变量方法分析后发现:第一,高管拥有财务任职经历的企业年报更容易被交易所问询,具体地,高管财务任职经历每提高一个均值单位,年报被问询的概率提高 1.3%,且被问询后,问询函的问题数量更多,要求审计师发表意见以及企业回函的概率更大。第二,本章通过机制分析发现,盈余管理是高管财务任职经历影响年报被问询的一个部分中介,即高管拥有财务任职经历的企业进行了较多的盈余管理,从而使得年报被问询的概率增大。第三,进一步分析高管盈余管理偏好对年报问询概率的影响时,本章发现企业业绩压力较大、外部监督较弱时,具有财务任职经历的高管进行盈余管理的动机更强,从而增大了年报被问询的概率;同时,男性、无学术经历、有政治关联与有财会专业教育背景的具有财务任职经历的高管也有更强的盈余管理偏好,从而增大了其任职单位年报被问询的概率。第四,延伸分析高管财务任职经历对年报问询函特征的影响时,本章发现高管财务任职经历使得年报问询函中明确要求审计师发表意见的概率与明确要求回函的概率增大,同时年报问询函中涉及问题的数量也更多。

  上述研究结论对执行年报问询监管的交易所具有以下启示:在资源有限的情况下,交易所应加大对高管拥有财务任职经历的企业年报信息披露质量的检查力度,尤其是当此类企业业绩压力较大与外部监督较弱时;同时,当具有财务任职经历的高管是男性,或无学术经历、有政治关联、有财务专业教育背景时,交易所也应加大对此类企业年报信息披露质量的检查力度,从而提高交易所年报问询监管的监管效率。

第 5 章 交易所年报问询监管的影响因素：基于关键审计事项披露的证据

5.1 问题提出和理论分析

Akerlof(1970)提出了信息不对称下的逆向选择现象，即"柠檬市场"。由于具有契约关系的两方存在信息不对称，信息掌握更丰富的一方在决策中往往处于优势地位，在通常情况下，卖方比买方更容易获知产品质量，因此卖方倾向于降低产品质量从而获取更高收益，这会导致交易产品质量下降，最终导致市场不活跃甚至萎缩，这就是市场中的逆向选择。在信息不对称的情况下，信号传递是解决逆向选择的有效方法。在资本市场中，"柠檬市场"也同样存在于资本商品交易过程中，因为信息不对称的存在，外部投资者比管理层和内部人更少了解公司真实状况，因此上市公司应该披露相关信息，将信号传递给外部投资者，以便其利用披露的信息来预测公司未来发展潜力和盈利状况。

独立审计制度作为第三方监督制度，由审计师对上市公司财务信息进行独立鉴证，最终以审计报告的形式向报告使用者传递更高质量的信息，防止投资者由于信息不对称购买劣质资本商品。在传统审计准则下，审计报告仅仅向市场传递了最终审计结论的信息，而关键审计事项的强制披露提供了具有公司特质风险的增量信息，能够展现审计师的审计过程和审计范围，帮助利益相关者更好地理解审计师执行的审计工作，降低上市公司和报告使用者之间的信息不对称程度，减少投资者的信息劣势，提高审计报告的决策有用性，进而保护投资者利益。交易所年报问询监管则是要求上市公司对年报问询函中提出的问题进行详细阐释说明，并要求其在规定时间内强制披露。因此，交易所年报问询函同样为资本市场释放了有关公司的特有信息，能够降低投资者与公司的信息不对称程度，保护投资者的合法权益。

基于保护投资者利益这一共同目的，独立审计制度与交易所年报问询监管制度均可以降低信息不对称程度，提高年报信息披露质量。本章深入探究关键审计事项披露数量及披露内容对年报问询监管的影响,以及在不同公司特征和审计师特征下两者关系的变化。

Jensen and Meckling(1976)认为随着社会分工的精细化以及公司规模的逐步扩大,公司所有者更加倾向于将公司委托给具有专业知识的职业经理人进行管理,最终导致公司所有权和经营权的分离。委托代理理论主要是为解决两权分离后公司内部治理机制设计问题而产生的理论。委托人和代理人之间存在目标不一致、责任不对等以及信息不对称的自然缺陷,会导致道德风险,最终产生代理成本。委托代理关系主要包括三种:第一,股东与管理者之间的代理关系,是所有权和经营权分离导致的。所有者的最终目标是实现股东财富最大化,但是管理者认为固定薪酬并不能给自己带来超额回报,他们的目标经常是个人的物质享受、荣誉和社会地位,避免风险等。并且管理者拥有公司经营过程中的真实财务信息,但是股东因为不直接参与经营,所以很难真正了解公司的相关信息,一旦公司遭受损失,所有者损失的是资产,而管理者损失的仅仅是薪酬和个人名誉。这就导致了代理成本,不利于公司财富最大化,通常表现为管理层的怠工和在职消费等。第二,大股东与中小股东之间的代理关系,是以控制权和现金流权的分离为前提条件的。大股东拥有对公司重大决策的最终投票权,即有对公司的控制权,处于强势地位,而中小股东虽然拥有公司部分股权,但是只能参与管理,无决策权,因此大股东可以用较少的资本获得较大的权力,但是现金流权并没有与大股东手中的权力一致,这就会导致大股东为了自身的短期利益滥用权力,损害中小股东利益和公司的长期利益。这通常表现为大股东的"掏空"行为。第三,股东与债权人之间的代理关系,也是所有权和经营权分离导致的,这时债权人扮演的是所有者的角色,股东则是经营者的角色。一方面,股东的目标是股东利益最大化,债权人的目标是公司利益最大化,并且双方的风险偏好不一致,债权人是风险厌恶型,而股东是风险喜好型,因此股东倾向于尝试风险较高的项目,如果成功则获得超额收益,如果失败则由债权人承担最终风险。另一方面,股东为了提高公司利润、扩大公司规模,可能在债权人不知情的情况下发行新债,导致公司资产负债率上升,破产可能性加大,损害旧债的债权人利益。无论是哪一种委托代理关系,委托代理问题越严重,双方的信息不对称程度越高,信息优势方越占据有利地位。

在两权分离的情况下,审计师一定程度上缓解了委托代理问题,保护了委托人的经济利益。2016年颁布的《中国注册会计师审计准则第1504号——在审计报告中沟通关键审计事项》要求审计师披露关键审计事项,能够让委托人更加直观地感受审计师在审计过程中的工作,以及对委托工作是否尽职尽责。因此,关键审计事项的强制披露让审计师的受托责任进一步加强,在审计计划的制订以及执行过程中,审计师会更加关注较高风险的领域,这使得披露的关键审计事项的风险信息更加具备决策相关性。

一方面,关键审计事项的披露数量变多可能会增大年报问询函发放的概率。从信息沟通和传递的角度,现有研究已经证明了披露关键审计事项有利于提高审计报告的沟通价值(王艳艳等,2018)。由于存在信息不对称,报告使用者难以了解公司中重要的特定风险,而关键审计事项的披露意味着与公司密切接触的审计师可以向资本市场传递具有较强异质性的增量风险信息。这种增量风险信息的出现会吸引投资者的注意,从而导致投资者从关注企业的盈余价值转移到关注关键审计事项的风险信息,降低了盈余价值的相关性,并且可能影响投资者的交易策略,进而降低企业的股价崩盘风险(陈丽红等,2019;史永和李思昊,2020)。对于债权人而言,关键审计事项提供的风险信息也能够缓解银行等外部信息使用者与公司的信息不对称程度,进而减少对风险的错误定价(姜丽莎等,2020)。类似地,同样作为外部信息使用者的监管层能够通过审计师披露的关键审计事项了解公司的特质风险,并从中获取风险警告信息或者监管线索。关键审计事项披露较多,意味着审计师在审计过程中重点关注公司较多的风险事项,监管层从保护投资者合法权益出发,更有可能要求公司披露相关事项的详细信息,进而增大了年报问询函发放的概率。另外,关键审计事项涉及从审计师角度描述事项、披露原因以及应对程序,并且要求简明公正,但是关于该事项的公司详细信息仍然难以获取。而交易所年报问询监管制度是以信息披露为核心,对公司披露信息"刨根问底"式地进行问询,要求上市公司进行充分的信息披露,因而年报问询函能够提供更为详尽的信息。综上所述,关键审计事项的披露与交易所年报问询监管可能存在信息互补的关系。

现有文献根据关键审计事项披露内容进行分类,发现收入确认、资产减值以及商誉被作为关键审计事项披露的频次较多(柳木华和雷霄,2020;耀友福和林恺,2020)。第一,收入确认很大程度上依赖财务人员的个人职业判断,因此大部分公司可能利用收入准则赋予的自由裁量权进行公司盈余的操纵,而当前实行的新准则更加强调公司对经济事项的估计和判断,比如合同的修改是否可以作为现有合同的组成部分进行处理、可变价格的确定、收入确认的时间或时点等都属于财务人员的估计范围,这可能为公司进行盈余操纵提供空间。第二,在资产减值的估计判断方面,为了让资产的账面价值更加真实地反映资产的定义,会计准则要求财务人员对各项资产可能发生的损失计提减值准备,需要财务人员判断资产是否发生了减值,资产减值的数额也需要进行估计。而资产减值的多少会直接影响公司的盈余水平,因此资产减值也可能存在操纵现象。第三,在商誉方面,商誉是未来能够为企业带来超额回报的潜在经济价值,是整个企业价值的组成部分。在企业并购时,它是购买企业的投资成本与被收购企业净资产价值的差额,但是购买方对被收购企业价值估计存在偏差,商誉的确认可能存在不确定性,因此会计准则要求对商誉进行减值测试。商誉是否计提减值和减值的金额都依赖财务人员的估计和判断,而这些估计会对公司的业绩有较大影响。2018年A股452家公司出现亏损,其中一个重要因素就是商誉减值,2018年年末A股上市公司商誉总额为1.3万亿元,商誉减值规模约为1658.6亿元,占当年商誉总额的12.7%。审计师披露上述领域的关键审计事项可能为监管层提供更多的公司风险信息和监管线索,因此基于上述分析,本章分别提出假设1a和假设1b。

假设1a 关键审计事项的披露数量变多增大了年报问询函发放的概率。

假设1b 审计师披露有关收入确认、资产减值、商誉的关键审计事项提高了年报问询函在相应领域的关注程度。

另一方面,关键审计事项的披露数量增多也有可能减小年报问询函发放的概率。从监督效应角度看,审计师具有监督作用,目的在于减少公司的代理成本(Jensen and Meckling,1976)。关键审计事项的强制披露提高了已执行审计工作的透明度,能够让报告使用者了解审计判断和审计结论,进而对审计师的工作进行评判(Gimbar et al.,2016)。基于保险理论和"深口袋"理论,为了保证披露信息的客观性以及降低审计师未来的法律风险,审计师可能采取更加主动的职业怀疑态度,投入更多的审计资源获取更充分适当的审计证据。杨明增等(2018)发现审计师与治理层的沟通能够有效制约管理层在会计政策选择方面的激进行为,增强公司管理层的监督作用,降低公司盈余管理水平,提高审计质量。柳木华和雷霄(2020)则发现审计师可能利用专家工作提高对管理层盈余管理活动的识别程度,降低公司盈余管理水平。另外,关键审计事项的强制披露也能够让财报使用者了解管理层的倾向,让管理层的意图倾向置于市场的监督之下,从而有利于抑制管理层迎合分析师预测的行为(薛刚等,2020)。由此可见,关键审计事项的披露整体上能够通过监督作用影响审计师和管理层的行为,进而抑制公司的盈余管理水平,提高公司的信息质量。因此,关键审计事项披露的数量更多意味着审计师开展了更加充分的审计工作,公司的重大错报风险和特质风险已经充分披露和控制,披露出的信息质量更高,不需要额外的外部监督压力要求公司进一步披露信息,进而减小了年报问询函发放的概率。综上所述,关键审计事项的披露与证券交易所的年报问询函发放可能存在监督替代的关系。

另外,审计师披露收入确认、资产减值、商誉等关键审计事项意味着审计师对上述领域进行了重点关注并开展了充分的审计工作,所以监管层并不需要对相应领域进一步监督,进而降低了在年报问询函中对相关领域的关注程度。因此,本章分别提出假设2a和假设2b。

假设2a 关键审计事项的披露数量变多减小了年报问询函发放的概率。

假设2b 审计师披露有关收入确认、资产减值、商誉的关键审计事项降低了年报问询函在相应领域的关注程度。

公司年报必须经过审计师的审计才能向资本市场公开披露并传递公司的特有信息。在年报公开披露之前,公司管理层和审计师扮演着重要角色,因此本章从公司应计盈余管理水平、审计师专长以及异常审计费用三个角度进行分组研究。

应计盈余管理是指公司管理层在会计准则允许的范围内,通过会计手段向外界传达对公司有利的会计盈余的过程。会计利润对于投资者而言是重要的估值信息,利润的价值相关性依赖其预期的持续性(Miller and Rock,1985)。但是盈余管理导致公司的财务信息不能反映真实的经济活动,降低了公司的信息质量,可能造成投资者的估值偏差(Sloan,1996)。根据上交所2019年统计年鉴,2018年,个人投资者的持股账户数占比为99.78%,持股市值占比为19.62%。由此可见,在我国证券市场中,个人投资者扮演着重要角色。公司的信息质量对于机构投资者交易的影响较低,但是对于个人投资者这类信息弱势群体影响较为显著(徐浩峰和侯宇,2012)。如果公司采取较为隐秘的盈余管理手段,那么对于中小投资者等依赖公司主动披露的群体影响较大。提高上市公司信息质量、保护中小投资者利益是证券交易所发放年报问询函的重要目的之一,因此监管层势必对盈余管理水平较高的公司重点关注。而审计师披露较多的关键审计事项意味着公司存在较多值得重点关注的事项,这将为监管层提供公司的特质风险信息。对于盈余管理水平较高的公司,这种风险信息的警告作用将更加明显,甚至可能成为监管层的监管线索,因此监管层更有可能发放年报问询函要求公司对相关事项披露更为详细的信息,满足投资者的信息需求。

而公司在收入确认、资产减值、商誉事项方面均能通过财务人员的估计和判断对盈余进行操纵,对于盈余管理水平较高的公司,审计师披露较多上述领域审计事项意味着公司在相应领域的风险需要重点关注,因而更加能够引起监管层的关注,提高其在年报问询函中对相应领域的提问频次。基于此,本章提出假设3a和假设3b。

假设 3a 相较于盈余管理水平低的公司,盈余管理水平高的公司的关键审计事项披露数量对年报问询函发放的影响更为显著。

假设 3b 相较于盈余管理水平低的公司,盈余管理水平高的公司有关收入确认、资产减值、商誉的关键审计事项披露数量对年报问询函在相应领域关注程度的影响更为显著。

从审计师角度,尽管审计师能够提供决策相关信息,但是因为审计师的能力存在差异,所以其提供的决策信息质量参差不齐。具备行业专长的审计师长期从事某个行业的审计工作,能够更好地评估被审计单位的审计风险(Low, 2004)。具有行业专长的审计师能够依靠其规模化审计和更精通的知识,提高对重大错报风险判断的准确性(蔡春和鲜文铎,2007)。审计师专长可以促使审计师进行高质量的风险评估,更有针对性地对审计计划和进一步审计程序进行修改,在提高审计效率的同时,也有利于提高被审计单位的信息透明度,减少重大错报漏报对投资者产生的不利影响(陈小林等,2013;郑石桥和许玲玲,2020)。另外,具有行业专长的审计师的客户公司被监管处罚的概率更小(蔡春和鲜文铎,2007)。审计师披露的关键审计事项多,意味着客户公司的潜在风险较大,相较于具有行业专长的审计师,不具有行业专长的审计师提供的信息质量相对较低,对客户公司的风险把控可能仍然存在不足,客户公司的信息质量较差,在此情况下如果审计师披露更多的关键审计事项,说明公司需要被重点关注的领域更多,关键审计事项传递出的客户公司的风险信息可能为监管层提供了增量风险信息和监管线索,进而增大了监管层发放年报问询函的概率。

而对于收入确认、资产减值以及商誉这类更加容易影响公司盈余水平、依赖财务人员的判断和估计与审计师在相应领域的专业能力的关键审计事项,其披露数量越多,说明这类重点领域的风险关注点可能越多。为了进一步提升公司

第 5 章　交易所年报问询监管的影响因素:基于关键审计事项披露的证据

的信息质量和透明度,充分披露公司的风险信息,满足投资者的决策信息需求,监管层可能发放年报问询函要求公司对相应事项进行补充披露。基于此,本章提出假设 4a 和假设 4b。

假设 4a　相较于具有行业专长审计师的客户公司,无行业专长审计师的客户公司的关键审计事项披露数量对年报问询函发放的影响更为显著。

假设 4b　相较于具有行业专长审计师的客户公司,无行业专长审计师的客户公司有关收入确认、资产减值、商誉的关键审计事项披露数量对年报问询函在相应领域关注程度的影响更为显著。

现有文献认为实际审计费用主要由正常审计费用和异常审计费用两部分组成。正常审计费用反映了审计师付出的审计资源以及对审计风险的溢价收费(Simunic,1980),异常审计费用则反映了审计师与客户公司之间的特殊关系(Higgs and Skantz,2006;齐鲁光和韩传模,2016)。学术界对于异常审计费用的成因有两种观点:成本观和租金观。一部分学者认为异常审计费用反映了审计师投入的精力或者对难以观测到的客户风险的溢价,是确保财务报表不存在重大错报风险而额外投入的审计资源(Francis,2011;Doogar et al.,2015)。另一部分学者则认为异常审计费用是一种"准租金"。"发行人付费"的收入模式导致审计师对客户公司存在经济依赖,这种利益之间的交互关系降低了审计师的独立性,损害了审计质量(Defond et al.,2002;Chung and Kallapur,2003)。国内大部分文献支持"租金观"这一观点,客户公司购买审计意见,同时审计师也有低价揽客的行为,这均损害了审计质量,使客户公司的信息质量下降(韩洪灵和陈汉文,2007;方军雄和洪剑峭,2008;余玉苗等,2020)。因此异常审计费用越高,审计师对客户公司的审计质量越低,对于客户公司的重大错报风险的控制越可能存在缺陷,公司的信息质量越差。对于异常审计费用较高的公司,公司披露的关键审计事项数量越多,说明应该关注的重点领域越多,增量的风险信息越多,越有可能成为监管层对公司风险的监管线索,因而增大了年报问询函的发放概率。

而收入确认、资产减值以及商誉有关的关键审计事项越多,意味着相关领域的风险越需要重点关注,并且异常审计费用较高意味着审计质量较差,监管层可能通过发放年报问询函要求公司进一步对相应事项进行更为详细的信息披露,进而充分披露公司的风险信息,提高公司的信息质量。基于此,本章提出假设 5a 和假设 5b。

假设 5a 相较于异常审计费用低的公司,异常审计费用高的公司的关键审计事项披露数量对年报问询函发放的影响更为显著。

假设 5b 相较于异常审计费用低的公司,异常审计费用高的公司的有关收入确认、资产减值、商誉的关键审计事项披露数量对年报问询函在相应领域关注程度的影响更为显著。

5.2 实证研究

5.2.1 样本选择和数据来源

2016 年 A+H 股财务报告中首次披露了关键审计事项,但由于披露数量较少,并且该年度样本与后续年度样本之间可能存在差异,因此本章选取 2017—2019 年 A 股上市公司作为研究对象。由于证券交易所会在上市公司披露年报后进行监管问询,因此选取 2018—2020 年发放年报问询函的相关数据,剔除了 ST 和 *ST、金融类以及相关数据缺失的上市公司数据,并且对连续变量进行了上下 1% 的缩尾处理,最终得到 7 380 条数据。其他财务数据来源于 CSMAR 数据库,关键审计事项、年报问询函的相关数据手工整理自上交所、深交所官网相关文件。

5.2.2 模型构建

为了验证假设 1a 和假设 2a,本章采用 Logit 回归构建如下模型:

$$\text{ClDum}_{i,t+1} = \beta_0 + \beta_1 \text{Kamn}_{i,t} + \beta_2 \text{Controls} + \text{Industry} + \text{Year} + \varepsilon_{i,t} \quad (5\text{-}1)$$

为检验假设 3a、假设 4a、假设 5a,使用盈余管理水平、审计师专长、异常审计费用变量对模型(5-1)进行分组回归检验。

为了验证假设 1b 和假设 2b,本章采用线性回归构建如下模型:

$$\text{ClX}_{i,t+1} = \beta_0 + \beta_1 \text{Kamn}_{i,t} + \beta_2 \text{Controls} + \text{Industry} + \text{Year} + \varepsilon_{i,t} \quad (5\text{-}2)$$

为检验假设 3b、假设 4b、假设 5b,使用盈余管理水平、审计师专长、异常审计费用变量对模型(5-2)进行分组回归检验。

第 5 章　交易所年报问询监管的影响因素:基于关键审计事项披露的证据　　103

5.2.3　变量定义

1. 被解释变量

本章的被解释变量 $ClDum_{i,t+1}$ 为交易所是否针对公司 i 的年报在 $t+1$ 年发放年报问询函,该变量为虚拟变量,用于衡量上市公司收到年报问询函的概率。如果公司收到年报问询函则取值为 1,否则取值为 0。

ClRev 为年报问询函中提及"收入确认""收入的确认"词条的频次,ClAi 为年报问询函中提及"资产减值""坏账准备""存货跌价准备"词条的频次,ClGw 为年报问询函中提及"商誉"词条的频次。上述指标的目的在于测度年报问询函中的文本内容,进而探究关键审计事项中的文本内容是否与年报问询函中的文本内容存在对应关系。

在稳健性检验中,本章将被解释变量替换为交易所发放的年报问询函中的字数(ClNum),为了与其他变量的量纲相同,本章对字数进行对数化,用以衡量年报问询函中的信息含量。ClAudit 为虚拟变量,如果年报问询函中提及审计工作则取值为 1,否则取值为 0。

2. 解释变量

本章的解释变量 $Kman_{i,t}$ 是指公司 i 在 t 年披露的关键审计事项数量,披露数量越多意味着披露信息量越大(杨明增等,2018)。KamnRev 为关键审计事项中的收入确认事项数,统计词条为"收入确认""收入的确认""营业收入"; KamnAi 为关键审计事项中的资产减值事项数,统计词条为"资产减值""坏账准备""存货跌价准备"; KamnGw 为关键审计事项中的商誉事项数,统计词条为"商誉"。上述指标的目的在于探讨不同类型的关键审计事项能否为监管层提供相应的风险信息。

3. 控制变量

本章借鉴 Cassell et al. (2013)、李晓溪等(2019a)、陈运森等(2019),在控制变量中加入下面一系列公司特征变量。

出于无量纲化的考虑,本章用公司期末总资产的对数衡量公司规模(Size)。

一方面,规模更大的公司财务报告质量更高,收到年报问询函的概率更小。另一方面,监管层更加重视公司的市值,因此对大公司的审查监管可能更为严格,公司收到年报问询函的概率可能更大(Cassell et al.,2013)。

负债水平(Lev)是衡量公司财务风险的重要指标之一,用资产负债率表示,其值等于上市公司期末负债总额与资产总额的比值。一般而言,公司的资产负债率越高,公司的财务风险越大,偿债压力越大,基于保护投资者的考虑,监管层可能对该类高风险更加关注,上市公司收到年报问询函的概率也越大。

净资产收益率(Roe)和每股收益(Eps)两个指标衡量公司的盈利能力。净资产收益率为上市公司本期的净利润与净资产的比值,每股收益为当期归属于普通股股东的净利润与在外流通普通股的加权平均数之比。当公司的盈利水平较差时,管理层出于粉饰报表的目的可能进行一系列盈余管理活动,进而导致较差的财务报告质量,最终可能导致监管层的重点关注,收到年报问询函的概率也会增大。

公司亏损(Loss)衡量公司的经营状况,上市公司出现亏损可能导致投资者损失,并且连续亏损可能面临退市风险。因此,当上市公司亏损时,监管层可能会提高对公司的关注度,并进行风险预警,进而可能增大年报问询函的发放概率。

国际四大审计(Big4)即上市公司是否被国际四大会计师事务所审计,衡量上市公司的财务报告质量。相较于国内其他会计师事务所,国际四大会计师事务所拥有更高的声誉,基于声誉理论和深口袋理论,四大会计师事务所如果出现审计失败的案例,则可能遭受更大的声誉损失和经济损失。因此,经四大会计师事务所审计的财务报告质量更高,能够向资本市场传递更真实准确、决策有用的信息,被监管层问询的概率可能减小。

内部控制状况(Ic)即内部审计报告中披露的内部控制是否存在缺陷,衡量公司的内部控制水平。具有高质量内部控制的公司,其会计估计将更加可靠,公司财务报告质量更高,更符合信息披露的监管要求,因此收到交易所年报问询函的概率更小。但是内部控制较差的公司,财务报告出现瑕疵的可能性更大,重大错报风险更高,收到年报问询函的概率也更大。

营业收入增长率(Growth)和托宾Q值(Tobinq)衡量公司的成长性。一方面,成长速度较快的公司可能面临较大的潜在风险。另一方面,由于收入准则的修改,对营业收入的确认可能存在更多的会计估计和判断,对财务报告的可操纵程度更高,这可能引起监管层的关注,进而导致年报问询函发放概率的增大。而托宾 Q 值是公司市场价值与其资产重置成本的比值,当资本市场估值与公司的基本价值背离较多时,更可能引起监管层的关注,进而增大交易所发放年报问询函的概率。

上市公司的上市年限(Age)衡量公司的成熟度。一般而言,公司上市年限越长,对于信息披露监管要求越明晰,财务报告质量越高,因而交易所发放年报问询函的概率越小(Cassell et al.,2013)。

大股东持股比例(Top1)和持股比例集中度(Top10)衡量公司的股权集中度。根据委托代理理论,上市公司大股东可能出于自利动机,通过盈余管理活动掏空公司,损害中小股东利益。因此,随着股权集中度的提高,公司的财务报告质量可能受到较大的影响,最终增大交易所年报问询监管的概率。

两职合一(Dual)和独董占比(Indep)衡量公司治理水平。根据委托代理理论,两职分离能够保证董事会的独立监督性,对总经理产生约束,进而降低其道德风险和逆向选择的代理成本,有利于提高公司治理水平。而独立董事则起到监督作用,能够对公司经营状况作出独立判断,进而可以提高公司治理水平,有利于降低公司风险,从而减小收到年报问询函的概率。

对于公司的产权性质(Soe)而言,一方面,国有企业拥有调控宏观经济的特殊身份,并且能够得到政府的"背书",进而降低其信用风险,可以获取更低的融资成本,因此收到年报问询函的概率更小。另一方面,国有企业对政策的跟进速度更快,与监管层的沟通经验更多,因此更加了解监管层的监管重点,从而能够减小接收年报问询函的概率(余明桂和卞诗卉,2020)。

公司的上市地点不同会导致公司受到不同证券交易所的监管,而交易所的管理人员、组织结构、组织文化等可能存在差异,对公司收到年报问询函的概率可能产生影响。因此,本章将公司上市地点(Market)纳入控制变量。

审计意见(Op)是从审计师角度对年报信息披露质量发表的意见,标准无保留意见的含义是指上市公司财务报表在所有重大方面公允反映了公司的财务状况、经营成果和现金流量,意味着年报的信息披露质量较高。与收到其他审计意见的年报相比,收到这类审计意见的年报被交易所问询的概率较小。因此,本文将审计意见(Op)纳入控制变量。

此外,本章还选择年度(Year)和行业(Industry)分别控制年度和行业之间的差异。

4. 分组变量

上市公司的年度报告从公司产生信息开始到审计师出具审计意见为止,主要参与者为公司管理层和审计师。本章从公司应计盈余管理水平、审计师专长以及异常审计费用三个角度进行分组研究。

本章选取修正的琼斯模型估计出的残差衡量公司应计盈余管理水平(Dechow et al.,1995)。运行模型(5-3)对样本数据进行分年度分行业估算,本章样本公司行业分类采用2012年中国证监会《上市公司行业分类指引》中的制造业二级分类和其他行业一级分类。模型(5-3)如下:

$$\text{TDA}_{i,t} = \alpha_1 \frac{1}{A_{i,t-1}} + \alpha_2 \frac{\Delta \text{REV} - \Delta \text{REC}}{A_{i,t-1}} + \alpha_3 \frac{\text{PPE}_{i,t}}{A_{i,t-1}} + \varepsilon_{i,t} \quad (5\text{-}3)$$

$\text{TDA}_{i,t}$表示公司i在t年的应计利润,等于净利润减去经营活动净现金流量再除以$t-1$年的总资产期末数。$A_{i,t-1}$表示公司i在$t-1$年的期末总资产。ΔREV和ΔREC分别是公司i的营业收入和应收账款的变化量。$\text{PPE}_{i,t}$为公司i在t年的土地、设备以及厂房等固定资产原值。$\varepsilon_{i,t}$为模型的残差。通过样本数据估算出各回归系数后计算出非操纵性应计盈余,进而计算出操纵性应计盈余。不论是向上还是向下的盈余操纵都会损害公司的信息质量,因此本章采用操纵性应计盈余的绝对值来衡量公司的整体盈余管理水平(ABDA)。

对于审计师专长,本章借鉴Zeff and Fossum(1967)以及蔡春和鲜文铎(2007)的计算方法,采用行业组合份额来衡量。该方法是从特定的会计师事务所出发,计算某一会计师事务所在某一行业所占市场份额的指标。这一指标能够反映会计师事务所开展业务的行业侧重点,具有审计师专长的会计师事务所往往将审计资源投入某个或某些行业。计算公式为模型(5-4),其中分子为特定会计师事务所i在k行业所有客户(j)的营业收入总额,分母则为会计师事务所i在所有行业中的营业收入总和。本章将每个会计师事务所行业组合份额中最高的一个行业定义为其行业专长,并赋值为1,否则赋值为0。

$$\text{IPS}_{ik} = \sum_{j=1}^{J} \text{REV}_{ikj} \Big/ \sum_{k=1}^{K} \sum_{j=1}^{J} \text{REV}_{ikj} \quad (5\text{-}4)$$

对于异常审计费用,本章借鉴余玉苗等(2020)的衡量方法,计算当期实际审计费用与预期审计费用之差作为异常审计费用值。计算公式为模型(5-5),其中考虑了公司规模、公司业务复杂度、公司流动比率、公司资产负债率、公司资产报酬率、公司是否亏损、审计意见、是否被四大会计师事务所审计、公司产权性质以

第5章 交易所年报问询监管的影响因素：基于关键审计事项披露的证据

及公司上市年限等影响因素，估算出回归系数并计算出预期审计费用，无论是低价揽客还是高价购买审计意见都会对公司的信息质量产生影响，因此本章采取异常审计费用的绝对值（ABAF）来衡量公司与审计师之间的特殊关系。

$$\text{LnFee} = \beta_1 + \beta_2 \text{LnAsset} + \beta_3 \text{LnREC} + \beta_4 \text{Current} + \beta_5 \text{Lev} + \beta_6 \text{Roa} + \beta_7 \text{Loss} + \beta_8 \text{Op} + \beta_9 \text{Big4} + \beta_{10} \text{Soe} + \beta_{11} \text{Age} \tag{5-5}$$

上述变量的具体定义如表 5-1 所示。

表 5-1 主要变量定义

变量类型	变量符号	变量名称	变量定义
被解释变量	ClDum	年报问询函发放	虚拟变量，如果公司收到年报问询函则取值为 1，否则取值为 0
	ClRev	年报问询函文本内容	年报问询函中收入确认相关的出现频次
	ClAi		年报问询函中资产减值相关的出现频次
	ClGw		年报问询函中商誉相关的出现频次
	ClNum	年报问询函字数	年报问询函字数的对数
	ClAudit	年报问询函审计内容	年报问询函中是否提及审计工作，如果年报问询函文字中包含"审计"则取值为 1，否则取值为 0
解释变量	Kamn	关键审计事项数	公司披露关键审计事项的数量
	KamnRev	关键审计事项文本内容	关键审计事项中有关收入确认的事项数
	KamnAi		关键审计事项中有关资产减值的事项数
	KamnGw		关键审计事项中有关商誉的事项数
控制变量	Size	公司规模	公司期末总资产的自然对数值
	Lev	负债水平	资产负债率=上市公司期末负债总额与资产总额的比值
	Roe	净资产收益率	上市公司净利润与净资产的比值
	Eps	每股收益	当期归属于普通股股东的净利润与在外流通普通股的加权平均数之比
	Big4	国际四大审计	虚拟变量，如果是国际四大会计师事务所审计则取值为 1，否则取值为 0
	Loss	公司亏损	虚拟变量，如果上市公司当年净利润大于 0 则取值为 1，否则取值为 0
	Ic	内部控制状况	虚拟变量，如果公司内部控制存在缺陷则取值为 0，否则取值为 1
	Growth	营业收入增长率	公司本期营业收入与上期营业收入之差除以上期营业收入
	Tobinq	托宾 Q 值	上市公司市场价值与资本重置成本的比值
	Age	上市年限	公司自上市至今的年数

(续表)

变量类型	变量符号	变量名称	变量定义
	Dual	两职合一	虚拟变量,如果上市公司的董事长与总经理为同一人则取值为1,否则取值为0
	Top1	大股东持股比例	上市公司第一大股东持股比例
	Top10	持股比例集中度	上市公司前十大股东持股比例的平方和
	Soe	产权性质	虚拟变量,当上市公司为国有企业时取值为1,否则取值为0
	Indep	独董占比	上市公司独立董事占董事会总人数的比重
	Market	上市地点	公司在上交所上市则取值为1,否则取值为0
	Op	审计意见	公司年报审计意见类型,标准无保留意见取值为1,其他非标准意见取值为0
分组变量	ABDA	盈余管理水平	修正的琼斯模型计算出的残差的绝对值
	IPS	审计师专长	事务所的行业市场份额
	ABAF	异常审计费用	实际审计费用与预期审计费用之差的绝对值

5.2.4　描述性统计

各变量描述性统计结果如表5-2所示。年报问询函发放(ClDum)的均值为0.123,说明样本中约有12.3%的公司收到交易所年报问询函。关键审计事项数(Kamn)的均值为2.057,与杨明增等(2018)的统计结果相差不大,这说明大多数公司披露的关键审计事项数量一般为2条。关于控制变量,样本公司中资产负债率的最小值为0.064,最大值为0.863,但是均值和中位数分别为0.412和0.405,说明样本公司资产负债率虽然两端差异较大,但是主要集中于0.4,处于公司正常经营的范围之内。样本公司中的净资产收益率均值为0.077,与中位数接近,说明样本公司的净资产收益率分布较为均匀,为股东获利的能力较强。关于审计师,样本中约有6%的公司聘请了四大会计师事务所进行审计工作,并且约有2%的公司被出具了非标准审计意见。在样本期间,约有7%的样本公司出现了亏损状况。约99%的样本公司内部控制未发现存在缺陷,并且样本公司的营业收入增长率的均值为19.9%,说明样本公司具有较强的成长能力,但是公司之间的增长速度存在较大差异。公司的股权集中度方面,样本公司第一大股东持股比例的均值为33.8%,与中位数相差不大,说明样本公司股权集中度较高。产权性质方面,样本公司中约有30.5%的公司实际控制人为政府及相关机构,说明样本中的民营企业更多。

表 5-2 描述性统计表

变量	样本数	均值	标准差	最小值	中位数	最大值
ClDum	7 380	0.123	0.328	0.000	0.000	1.000
Kamn	7 380	2.057	0.641	1.000	2.000	4.000
Size	7 380	22.316	1.311	20.041	22.142	26.386
Lev	7 380	0.412	0.195	0.064	0.405	0.863
Roe	7 380	0.077	0.104	−0.441	0.076	0.370
Big4	7 380	0.058	0.235	0.000	0.000	1.000
Loss	7 380	0.071	0.256	0.000	0.000	1.000
Ic	7 380	0.995	0.072	0.000	1.000	1.000
Growth	7 380	0.199	0.379	−0.497	0.131	2.412
Age	7 380	10.500	7.710	0.000	8.000	26.000
Dual	7 380	0.296	0.456	0.000	0.000	1.000
Top1	7 380	0.338	0.143	0.087	0.319	0.728
Soe	7 380	0.305	0.460	0.000	0.000	1.000
Eps	7 380	0.425	0.868	−10.710	0.300	32.800
Indep	7 380	0.377	0.055	0.000	0.364	0.750
Market	7 380	0.373	0.484	0.000	0.000	1.000
Op	7 380	0.980	0.139	0.000	1.000	1.000
Top10	7 380	0.157	0.107	0.018	0.132	0.536
Tobinq	7 380	1.814	1.306	0.694	1.484	26.926

本章根据关键审计事项披露的均值将样本分成披露数量多组和披露数量少组，并对各主要变量进行了均值检验，结果如表 5-3 所示，关键审计事项披露数量多组收到年报问询函的均值在 1% 的统计水平上显著高于少组。除去内部控制状况（Ic）、两职合一（Dual）、独董占比（Indep），其余公司特征变量的均值差异检验都在 5% 及以上统计水平显著，这说明大部分控制变量能够控制其他因素的影响。

表 5-3 主要变量均值检验

变量	关键审计事项披露数量多组（$N=1\,420$）均值	关键审计事项披露数量少组（$N=5\,960$）均值	均值检验 T 值
ClDum	0.201	0.105	0.096***
Size	22.690	22.228	0.462***
Lev	0.467	0.399	0.069***

(续表)

变量	关键审计事项披露数量 高组($N=1\,420$) 均值	关键审计事项披露数量 低组($N=5\,960$) 均值	均值检验 T值
Roe	0.054	0.082	−0.028***
Big4	0.077	0.054	0.024***
Loss	0.121	0.059	0.063***
Ic	0.994	0.995	−0.001
Growth	0.224	0.193	0.030**
Age	11.025	10.375	0.649***
Dual	0.299	0.295	0.003
Top1	0.322	0.342	−0.021***
Soe	0.273	0.313	−0.039**
Eps	0.315	0.451	−0.136***
Indep	0.377	0.377	−0.001
Market	0.347	0.379	−0.032**
Op	0.968	0.983	−0.015**
Top10	0.145	0.160	−0.015**
Tobinq	1.684	1.845	−0.161***

注：**、*** 分别代表 5%、1% 的显著性水平。

5.2.5 关键审计事项披露数量对年报问询函发放的影响

为了验证假设 1a 和假设 2a，我们构建了模型(5-1)，回归结果如表 5-4 所示。第(1)、(2)列分别为未控制和控制年度、行业固定效应的回归结果，关键审计事项数(Kamn)的回归系数分别为 0.278、0.279，并且均在 1% 的统计水平上显著，说明关键审计事项披露数量越多，向市场传递的公司特质风险信息越多，越能对监管层的监管工作起到警告或提供监管线索的作用。监管层基于保护投资者利益的原则，通过发放年报问询函的方式要求公司在回函中披露更为详细的信息，与审计师形成信息互补的关系，最终增大了年报问询函发放的概率，从而验证了假设 1a。此外，Lev 的回归系数分别为 0.872、1.044，并且均在 1% 的统计水平上显著，说明公司的资产负债率越高，年报被问询的概率越大。Big4 的回归系数分别为 −0.765、−0.871，且均在 1% 的统计水平上显著，说明经过国际四大会计师事务所审计的公司收到年报问询函的概率较小。Soe 的回归系数分别为−0.738 和−0.746，并且均在1%的统计水平上显著，说明国有企业收到年报问询函的概率更小。

表 5-4　关键审计事项披露数量与年报问询函发放

变量	ClDum (1)	ClDum (2)
Kamn	0.278***	0.279***
	(4.64)	(3.97)
Size	0.005	0.018
	(0.12)	(0.34)
Lev	0.872***	1.044***
	(3.59)	(3.26)
Roe	−1.566**	−1.700*
	(−2.22)	(−1.93)
Big4	−0.765***	−0.871***
	(−3.01)	(−3.34)
Loss	0.773***	0.775***
	(4.77)	(4.36)
Ic	−0.625	−0.685
	(−1.55)	(−1.34)
Growth	0.068	0.096
	(0.69)	(0.85)
Age	0.032***	0.031***
	(4.89)	(4.05)
Dual	0.057	0.046
	(0.66)	(0.47)
Top1	−2.151**	−1.977*
	(−2.22)	(−1.84)
Market	−0.297***	−0.315***
	(−3.24)	(−3.21)
Soe	−0.738***	−0.746***
	(−6.57)	(−5.36)
Eps	−0.728***	−0.721***
	(−4.93)	(−3.41)
Indep	2.080***	1.962***
	(3.06)	(2.63)
Op	−1.393***	−1.317***
	(−6.55)	(−4.84)

(续表)

变量	ClDum (1)	ClDum (2)
Top10	2.073	1.843
	(1.52)	(1.18)
Tobinq	0.059**	0.080**
	(2.22)	(1.97)
Year Fe	未控制	控制
Industry Fe	未控制	控制
N	7 380	7 380
Adj. R^2	0.157	0.168

注:括号内为 t 值;*、**、*** 分别代表10%、5%、1%的显著性水平。

为了检验审计师披露的风险信息能否被监管层使用并在年报问询函中反映,即检验假设1b和假设2b,本章分别在关键审计事项披露内容以及年报问询函中统计有关收入确认、资产减值以及商誉出现的频次后进行回归分析。其中,收入确认统计的词条为"收入确认""收入的确认""营业收入",资产减值统计的词条为"资产减值""坏账准备""存货跌价准备",商誉统计的词条为"商誉"。关键审计事项与年报问询函内容如表5-5所示,关键审计事项中披露有关收入确认的最多,均值为0.678,中位数为1,最大值为2,说明样本中有一半以上的公司会披露有关收入确认的关键审计事项,而且有公司按照收入类型进行分类,比较详细地披露了不同类型的收入确认事项,因此会出现2条有关收入确认的关键审计事项。资产减值事项与商誉事项的披露数量均值分别为0.498和0.285,中位数均为0,说明在关键审计事项中披露上述事项的样本公司不足一半,在披露有关商誉事项时,部分公司会将商誉的估计以及商誉的减值作为2项关键审计事项进行披露,因此商誉事项的最大值为2。而年报问询函内容的分布与关键审计事项的披露内容较为一致:收入确认的均值最大,为7.955;资产减值的均值次之,为5.987;商誉的均值为2.551。

关键审计事项披露内容与年报问询函内容的回归结果如表5-6所示,由表可知,有关收入确认的事项与年报问询函中的问询数量在5%的统计水平上显著正相关,资产减值以及商誉的事项与年报问询函中的问询数量在1%的统计水平上显著正相关。这说明收入确认、资产减值和商誉需要财务人员和审计师运用更多的职业判断和估计,并且资产减值和商誉事项可作为参考依据的外部可观测价值较低(薛刚等,2020),因而披露上述领域的关键审计事项能够提供更多的风险特质信息,蕴含的信息量更大,监管层的关注程度更高。

表 5-5 关键审计事项与年报问询函内容

变量	样本数	均值	标准差	最小值	中位数	最大值
KamnRev	7 380	0.678	0.472	0.000	1.000	2.000
KamnAi	7 380	0.498	0.588	0.000	0.000	4.000
KamnGw	7 380	0.285	0.455	0.000	0.000	2.000
ClRev	908	7.955	5.623	0.000	7.000	42.000
ClAi	908	5.987	5.166	0.000	5.000	26.000
ClGw	908	2.551	3.740	0.000	0.000	27.000

表 5-6 关键审计事项披露内容回归结果

变量	ClRev (1)	ClAi (2)	ClGw (3)
KamnRev	0.240**		
	(2.58)		
KamnAi		0.995***	
		(2.95)	
KamnGw			3.926***
			(16.03)
Size	−0.004	0.446**	0.496***
	(−0.07)	(2.21)	(4.00)
Lev	0.330	0.812	−0.793
	(1.18)	(0.82)	(1.51)
Roe	0.092	−3.223	−1.012
	(0.16)	(−1.40)	(−0.76)
Big4	−0.243	−0.742	−0.742
	(−1.21)	(−0.59)	(−0.89)
Loss	0.117	1.375**	0.943**
	(0.72)	(2.16)	(2.37)
Ic	0.435*	0.535	0.952**
	(1.87)	(0.42)	(2.48)
Growth	0.163	−0.277	−0.048
	(1.22)	(−0.78)	(−0.22)

(续表)

变量	ClRev (1)	ClAi (2)	ClGw (3)
Age	−0.009	0.042	0.004
	(−0.99)	(1.38)	(0.21)
Dual	0.011	0.379	−0.157
	(0.11)	(1.01)	(−0.75)
Top1	1.089	3.531	4.780*
	(0.88)	(0.74)	(1.92)
Market	0.214**	−0.711	1.008***
	(2.01)	(−1.57)	(3.67)
Soe	−0.167	−0.562	−0.527*
	(−1.37)	(−1.17)	(−1.92)
Eps	0.044	0.072	−0.071
	(0.61)	(0.21)	(−0.32)
Indep	0.103	5.156*	−1.452
	(0.13)	(1.70)	(−0.82)
Op	−0.220	−0.320	0.264
	(−0.97)	(−0.51)	(0.86)
Top10	−1.570	−1.847	−8.265**
	(−0.92)	(−0.27)	(−2.41)
Tobinq	0.008	−0.169*	−0.021
	(0.19)	(−1.65)	(−0.39)
Year Fe	控制	控制	控制
Industry Fe	控制	控制	控制
N	908	908	908
Adj. R^2	0.040	0.095	0.403

注：括号内为 t 值；*、**、*** 分别代表 10%、5%、1%的显著性水平。

5.2.6 不同盈余管理下关键审计事项对年报问询函的影响

为了检验假设 3a，本章采用修正的琼斯模型计算出的残差衡量公司的应计盈余管理水平(Dechow et al.,1995)。由于无论是正向的盈余管理还是负向的盈余管理均会对公司的财务信息质量产生不利影响,因此本章将可操纵盈余的绝对值作为公司盈余管理水平的衡量指标。当公司的盈余管理水平高于同年同行业的均值时,则将公司分为高盈余管理组,否则分为低盈余管理组。两组的均值差异检验如表 5-7 所示,由表可知,在高盈余管理组的年报问询函发放概率为 0.161,而在低盈余管理组的年报问询函发放概率为 0.101,两者在 1% 的统计水平上具有显著差异。高盈余管理组关键审计事项披露数量的均值为 2.081,低盈余管理组关键审计事项披露数量的均值为 2.044,两者在 5% 的统计水平上呈现显著差异。在控制变量方面,除两组样本公司的负债水平在 10% 的统计水平上具有显著差异,以及两职合一和独董占比不具有显著差异外,其余变量均在 1% 的统计水平上具有显著差异,说明控制变量能够显著控制两组样本公司之间的公司特征差异。

表 5-7 不同盈余管理水平下的均值检验

变量	高盈余管理组 ($N=2601$) 均值 (1)	低盈余管理组 ($N=4504$) 均值 (2)	均值检验 T 值 (3)
ClDum	0.161	0.101	0.060***
Kamn	2.081	2.044	0.037**
Size	22.193	22.387	−0.194***
Lev	0.416	0.409	0.007*
Roe	0.069	0.081	−0.012***
Big4	0.041	0.066	−0.025***
Loss	0.120	0.041	0.079***
Ic	0.992	0.996	−0.004***
Growth	0.219	0.184	0.0035***
Age	10.043	10.700	−0.657***
Dual	0.301	0.294	0.007
Top1	0.331	0.342	−0.012***
Soe	0.267	0.323	−0.057***
Eps	0.387	0.432	−0.045***
Indep	0.378	0.377	0.001
Market	0.344	0.388	−0.043***
Op	0.970	0.987	−0.016***
Top10	0.151	0.160	−0.009***
Tobinq	1.887	1.752	0.135***

注:*、**、*** 分别代表 10%、5%、1% 的显著性水平。

在两组子样本中运行模型(5-1),结果如表 5-8 所示。在高盈余管理组,关键审计事项披露数量与年报问询函发放的概率在 1% 的统计水平上显著相关,且系数为 0.402,高于低盈余管理组的系数和显著性水平。组间系数差异检验显示,关键审计事项披露数量的系数在两组之间存在显著差异,从而验证了假设 3a。对于控制变量而言,在高盈余管理组中,公司的净资产收益率越高,收到年报问询函的概率越小;公司的内部控制存在缺陷,收到年报问询函的概率更大;公司上市时间越长,收到年报问询函的概率也会越大。综上所述,回归结果表明,对于应计盈余管理水平较高的公司,关键审计事项披露数量越多,反映的公司特质风险信息越多,能够向监管层提供越多的风险信息或监管线索,从而增大了年报问询函的发放概率。

表 5-8 不同盈余管理水平下关键审计事项披露数量对年报问询函发放的影响

变量	ClDum 低盈余管理组 (1)	ClDum 高盈余管理组 (2)
Kamn	0.181**	0.402***
	(2.20)	(4.28)
Size	0.073	0.020
	(1.15)	(0.27)
Lev	1.137***	0.783**
	(3.26)	(2.03)
Roe	−0.717	−2.547***
	(−0.61)	(−2.77)
Big4	−0.747**	−0.948**
	(−2.29)	(−2.05)
Loss	0.517**	0.886***
	(2.18)	(3.70)
Ic	−0.126	−1.134*
	(−0.21)	(−1.81)
Growth	0.158	0.140
	(1.11)	(0.95)
Age	0.017*	0.046***
	(1.83)	(4.31)
Dual	−0.080	0.166
	(−0.677)	(1.20)

(续表)

变量	ClDum 低盈余管理组 (1)	ClDum 高盈余管理组 (2)
Top1	−1.438	−2.022
	(−1.10)	(−1.30)
Market	−0.248**	−0.358**
	(−2.01)	(−2.36)
Soe	−0.767***	−0.754***
	(−5.08)	(−4.03)
Eps	−1.456***	−0.353**
	(−5.58)	(−2.10)
Indep	2.555***	0.972
	(2.82)	(0.89)
Op	−1.235***	−1.467***
	(−4.10)	(−4.36)
Top10	1.143	2.203
	(0.62)	(1.01)
Tobinq	0.112**	0.128***
	(2.37)	(2.63)
Year Fe	控制	控制
Industry Fe	控制	控制
N	4 604	2 662
Adj. R^2	0.119	0.231
Chi	5.561**	
p	0.018	

注:括号内为 t 值;*、**、*** 分别代表10%、5%、1%的显著性水平。

为了检验假设 3b,本章对关键审计事项与年报问询函披露内容之间的对应关系进行分析,在分组子样本中运行模型(5-2),分组检验结果如表 5-9 所示。由表可知,收入确认事项和资产减值事项与年报问询函中相应内容提及频次在高盈余管理组中呈现显著正相关关系,其中收入确认事项数量与年报问询函中有关收入确认的关注程度在高盈余管理组中呈 10%的正向显著关系,但是组间系数差异并不显著。而资产减值事项数量与年报问询函中有关资产减值事项的关注程度在高盈余管理组中呈现 1%的正向显著关系,并且组间系数呈显著差异。商誉事项数量与年报问询函中有关商誉事项的关注程度不论是在高盈余管理组还是在低盈余管理组都呈现显著正相关关系,但是高盈余管理组的系数显著大于低盈余管理组的系数,这说明对于监管层而言,商誉事项可能对公司盈余产生较大的影响,公司的盈余管理水平越高,监管层对其关注程度越大。

表 5-9　不同盈余管理水平下关键审计事项披露内容对年报问询函内容的影响

变量	ClRev 低盈余管理组 (1)	ClRev 高盈余管理组 (2)	ClAi 低盈余管理组 (3)	ClAi 高盈余管理组 (4)	ClGw 低盈余管理组 (5)	ClGw 高盈余管理组 (6)
KamnRev	0.186	0.255*				
	(1.46)	(1.82)				
KamnAi			0.598	1.516***		
			(1.36)	(3.57)		
KamnGw					3.558***	4.236***
					(12.40)	(11.90)
Size	−0.038	0.019	0.182	0.993***	0.430***	0.626***
	(−0.48)	(0.22)	(0.62)	(3.13)	(2.61)	(3.12)
Lev	0.577	0.154	2.725*	−1.364	0.004	−1.613*
	(1.53)	(0.40)	(1.94)	(−0.95)	(0.01)	(−1.81)
Roe	−0.622	−0.238	−5.345	−4.245	0.689	−0.868
	(−0.54)	(−0.33)	(−1.26)	(−1.55)	(0.29)	(−0.51)
Big4	−0.403	−0.255	−0.071	−1.991	0.194	−1.624
	(−0.97)	(−0.44)	(−0.05)	(−0.91)	(0.23)	(−1.21)
Loss	0.373	−0.128	1.601*	0.497	0.383	1.194**
	(1.53)	(−0.53)	(1.77)	(0.55)	(0.76)	(2.14)
Ic	0.622	0.305	2.386	−0.162	1.746	0.459
	(1.11)	(0.72)	(1.07)	(−0.11)	(1.41)	(0.49)
Growth	0.126	0.215	0.043	−0.629	−0.213	−0.283
	(0.85)	(1.44)	(0.07)	(−1.16)	(−0.66)	(−0.84)
Age	−0.022*	−0.005	0.048	0.041	−0.013	0.029
	(−1.88)	(−0.39)	(1.11)	(0.95)	(−0.54)	(1.06)
Dual	−0.074	0.143	0.376	0.315	0.019	−0.417
	(−0.53)	(0.98)	(0.73)	(0.58)	(0.07)	(−1.23)

(续表)

变量	ClRev 低盈余管理组 (1)	ClRev 高盈余管理组 (2)	ClAi 低盈余管理组 (3)	ClAi 高盈余管理组 (4)	ClGw 低盈余管理组 (5)	ClGw 高盈余管理组 (6)
Top1	−0.981	2.737	3.043	0.927	−0.455	9.707**
	(−0.59)	(1.55)	(0.50)	(0.14)	(−0.13)	(2.36)
Market	0.401**	−0.024	−0.437	−1.214*	0.991***	0.964**
	(2.55)	(−0.13)	(−0.78)	(−1.75)	(3.16)	(2.24)
Soe	−0.207	−0.089	−0.920	−0.288	−0.536	−0.462
	(−1.22)	(−0.42)	(−1.45)	(−0.37)	(−1.50)	(−0.96)
Eps	0.195	0.039	−0.439	0.214	−0.489	−0.004
	(0.89)	(0.41)	(−0.53)	(0.60)	(−1.06)	(−0.02)
Indep	1.137	−0.692	3.794	7.592*	−0.954	−1.642
	(1.00)	(−0.60)	(0.90)	(1.76)	(−0.41)	(−0.62)
Op	−0.005	−0.399*	−0.014	−0.454	0.302	0.473
	(−0.02)	(−1.69)	(−0.02)	(−0.52)	(0.55)	(0.88)
Top10	0.356	−2.872	−4.386	6.702	−1.628	−14.961**
	(0.15)	(−1.14)	(−0.51)	(0.71)	(−0.34)	(−2.55)
Tobinq	0.002	0.030	−0.104	−0.192	−0.115	−0.031
	(0.03)	(0.65)	(−0.47)	(−1.11)	(−0.95)	(−0.29)
Year Fe	控制	控制	控制	控制	控制	控制
Industry Fe	控制	控制	控制	控制	控制	控制
N	461	435	466	430	466	430
Adj. R^2	0.038	0.046	0.084	0.097	0.376	0.427
Chi	0.242		4.421**		2.901*	
p	0.621		0.036		0.089	

注:括号内为 t 值;*、**、*** 分别代表10%、5%、1%的显著性水平。

5.2.7 有无行业专长下关键审计事项对年报问询函的影响

为了检验假设4a,本章采用审计师的行业市场份额作为其行业专长的衡量指标,即某一审计师在某一行业中获取的审计费用占该行业所有审计费用的比重(Zeff and Fossum,1967;蔡春和鲜文铎,2007)。本章将在行业份额中占比最高的审计师作为具有行业专长的审计师,分组至有行业专长组,否则为无行业专长组。分组后的均值检验如表5-10所示,由表可知,审计师没有行业专长,其客户公司收到年报问询函的概率约为0.127,具有行业专长的审计师的客户公司被问询的概率为0.100,两者在1%的统计水平上呈现显著差异。而在关键审计事项披露上,具有行业专长的审计师披露数量的均值为1.951,小于无行业专长审计师披露数量的均值2.077,两者在1%的统计水平上呈现显著差异。在控制变量方面,样本公司的一些特征变量不具有显著差异,被具有行业专长的审计师审计的客户公司通常具有较小的公司规模、较低的资产负债率、较短的上市时间和较高的成长性,并且较有可能是国有企业。

表5-10 审计师有无行业专长下的均值检验

变量	无行业专长 ($N=6\,219$) 均值 (1)	有行业专长 ($N=1\,161$) 均值 (2)	均值检验 T 值 (3)
ClDum	0.127	0.100	0.027***
Kamn	2.077	1.951	0.126***
Size	22.346	22.160	0.186***
Lev	0.415	0.397	0.017***
Roe	0.075	0.084	−0.009***
Big4	0.069	0.002	0.067***
Loss	0.072	0.064	0.008
Ic	0.995	0.994	0.001
Growth	0.199	0.200	−0.001
Age	10.754	9.141	1.613***
Dual	0.288	0.338	−0.049***
Top1	0.338	0.342	−0.005
Soe	0.313	0.262	0.051***
Eps	0.424	0.431	−0.007
Indep	0.377	0.380	−0.003*
Market	0.370	0.384	−0.014
Op	0.980	0.983	−0.003
Top10	0.157	0.160	−0.004
Tobinq	1.803	1.875	−0.072*

注:*、***分别代表10%、1%的显著性水平。

在两组子样本中运行模型(5-1),结果如表5-11所示,在无行业专长组,关键审计事项的披露数量与年报问询函发放的概率在1%的统计水平上显著正相关,而在有行业专长组,关键审计事项的披露数量与年报问询函发放的概率无显著相关关系。在无行业专长组,公司亏损与年报问询函发放的概率呈现显著正相关关系,公司上市时间长更容易收到交易所的年报问询函,而且国有企业收到年报问询函的概率更小。组间系数差异检验结果显示,无行业专长组的系数显著大于有行业专长组的系数,这说明对于无行业专长的审计师,关键审计事项披露数量与年报问询函发放概率的关系更加显著,两者的信息互补作用得到增强。关键审计事项披露数量越多,为了弥补审计师缺乏专长导致的低信息质量,监管层会要求公司披露更为充分的特质风险信息,进而增大了年报问询函发放的概率。

表 5-11　有无行业专长下关键审计事项披露数量对年报问询函发放的影响

变量	ClDum 无行业专长组 (1)	ClDum 有行业专长组 (2)
Kamn	0.315***	0.060
	(4.74)	(0.37)
Size	0.011	0.054
	(0.22)	(0.39)
Lev	0.939***	1.855**
	(3.47)	(2.43)
Roe	−1.135	−4.768***
	(−1.48)	(−2.59)
Big4	−0.898***	1.282
	(−3.39)	(0.63)
Loss	0.757***	0.745
	(4.28)	(1.58)
Ic	−0.686	−0.505
	(−1.57)	(−0.38)
Growth	0.070	0.400
	(0.66)	(1.34)
Age	0.030***	0.027
	(3.99)	(1.31)

(续表)

变量	ClDum 无行业专长组 (1)	ClDum 有行业专长组 (2)
Dual	−0.019	0.375
	(−0.20)	(1.53)
Top1	−2.795***	3.623
	(−2.66)	(1.16)
Market	−0.339***	−0.124
	(−3.39)	(−0.44)
Soe	−0.767***	−0.556
	(−6.28)	(−1.54)
Eps	−0.886***	−0.038
	(−5.35)	(−0.15)
Indep	1.890**	2.947
	(2.53)	(1.59)
Op	−1.283***	−2.233***
	(−5.63)	(−2.87)
Top10	2.960**	−5.784
	(2.01)	(−1.31)
Tobinq	0.068**	0.218*
	(2.21)	(1.89)
Year Fe	控制	控制
Industry Fe	控制	控制
N	6 208	1 116
Adj. R^2	0.169	0.200
Chi	3.541*	
p	0.060	

注:括号内为 t 值;*、**、*** 分别代表 10%、5%、1% 的显著性水平。

为了检验假设 4b,本章在有无专长分组子样本中运行模型(5-2),分组检验结果如表 5-12 所示。由表可知,收入确认事项和资产减值事项与年报问询函提及相应事项的频次在无行业专长组呈现显著正相关关系,其中收入确认事项数量与年报问询函中有关收入确认关注程度在无行业专长组呈现 1% 的正向显著关系,而资产减值事项数量与年报问询函中有关资产减值事项关注程度在无行

第5章 交易所年报问询监管的影响因素：基于关键审计事项披露的证据　123

业专长组也呈现1%的正向显著关系，并且两种组间系数均呈现显著差异。有关商誉的事项与年报问询函中有关商誉事项关注程度在两个组别中均呈现1%的正向显著关系，但是组间系数不存在统计意义上的显著差异，这说明对于监管层而言，不论被审计单位的审计师是否具有行业专长，商誉事项都是需要特别关注的事项，需要公司进行详细披露。

表5-12　有无行业专长下关键审计事项披露内容对年报问询函内容的影响

变量	ClRev 无行业专长组 (1)	ClRev 有行业专长组 (2)	ClAi 无行业专长组 (3)	ClAi 有行业专长组 (4)	ClGw 无行业专长组 (5)	ClGw 有行业专长组 (6)
KamnRev	0.304***	−0.193				
	(3.04)	(−0.68)				
KamnAi			1.122***	0.002		
			(3.39)	(0.01)		
KamnGw			0.486**	0.065	3.826***	4.110***
			(2.15)	(0.12)	(15.61)	(7.21)
Size	0.008	−0.051	0.689	3.565	0.555***	0.055
	(0.14)	(−0.32)	(0.64)	(1.28)	(4.12)	(0.17)
Lev	0.268	0.749	−4.035*	−4.450	−0.687	−1.441
	(0.95)	(0.89)	(−1.77)	(−0.69)	(−1.09)	(−0.87)
Roe	0.072	−0.805	−0.951	0.685	−1.419	−1.422
	(0.12)	(−0.42)	(−0.70)	(0.19)	(−1.06)	(−0.37)
Big4	−0.273	−0.811	1.716**	−0.757	−0.988	−1.126
	(−0.76)	(−0.77)	(2.55)	(−0.47)	(−1.24)	(−0.53)
Loss	0.175	−0.407	1.847	−1.985	0.867**	0.827
	(1.00)	(−0.86)	(1.25)	(−0.71)	(2.21)	(0.87)
Ic	0.763**	0.219	−0.192	−1.039	0.992	2.598
	(1.99)	(0.27)	(−0.46)	(−0.88)	(1.15)	(1.59)
Growth	0.190*	0.262	0.047	−0.017	−0.052	−0.179
	(1.76)	(0.72)	(1.44)	(−0.18)	(−0.22)	(−0.26)
Age	−0.008	−0.031	0.354	0.371	0.005	0.064
	(−0.99)	(−1.16)	(0.87)	(0.38)	(0.24)	(1.20)

(续表)

变量	ClRev 无行业专长组 (1)	ClRev 有行业专长组 (2)	ClAi 无行业专长组 (3)	ClAi 有行业专长组 (4)	ClGw 无行业专长组 (5)	ClGw 有行业专长组 (6)
Dual	0.012	0.260	3.478	−3.476	−0.292	0.232
	(0.11)	(0.89)	(0.71)	(−0.29)	(−1.23)	(0.40)
Top1	1.109	−0.504	−0.629	−0.954	6.505**	3.030
	(0.87)	(−0.14)	(−1.33)	(−0.78)	(2.26)	(0.42)
Market	0.213*	0.405	−0.294	−1.013	1.209***	0.082
	(1.73)	(1.11)	(−0.55)	(−0.72)	(4.36)	(0.11)
Soe	−0.222	0.462	0.178	0.383	−0.667**	−0.233
	(−1.60)	(1.15)	(0.53)	(0.36)	(−2.13)	(−0.29)
Eps	0.052	−0.007	6.540**	2.513	−0.063	0.074
	(0.60)	(−0.02)	(1.97)	(0.34)	(−0.32)	(0.12)
Indep	0.314	−3.178	−0.153	−1.825	−1.402	−0.508
	(0.36)	(−1.44)	(−0.22)	(−1.15)	(−0.72)	(−0.12)
Op	−0.348*	−0.024	−1.968	9.465	0.223	−0.049
	(−1.90)	(−0.05)	(−0.29)	(0.54)	(0.54)	(−0.05)
Top10	−1.888	1.475	−0.171	−0.118	−10.301**	−7.406
	(−1.05)	(0.29)	(−1.23)	(−0.29)	(−2.55)	(−0.72)
Tobinq	−0.016	0.276**	1.122***	0.002	0.033	−0.394
	(−0.44)	(2.26)	(3.39)	(0.01)	(0.41)	(−1.60)
Year Fe	控制	控制	控制	控制	控制	控制
Industry Fe	控制	控制	控制	控制	控制	控制
N	738	170	738	170	738	170
Adj. R^2	0.052	0.008	0.118	0.031	0.399	0.427
Chi	3.712*		3.174*		0.183	
p	0.054		0.075		0.674	

注：括号内为 t 值；*、**、*** 分别代表10%、5%、1%的显著性水平。

5.2.8 不同异常审计费用下关键审计事项对年报问询函的影响

为了检验假设 5a,本章采用实际审计费用与预期审计费用之差作为公司异常审计费用的衡量指标(余玉苗等,2020)。无论是负向异常审计费用还是正向异常审计费用都代表着审计师与公司之间的特殊关系,均会对公司的信息质量产生损害。因此,本章以异常审计费用的绝对值作为分组依据,如果公司的异常审计费用高于同年度同行业的均值,则分至高异常审计费用组,否则分至低异常审计费用组。分组后的均值检验结果如表 5-13 所示,由表可知,高异常审计费用组的样本公司收到年报问询函的概率为 0.132,低异常审计费用组的样本公司收到年报问询函的概率为 0.104,两者在 1% 的统计水平上存在显著差异。高异常审计费用组的关键审计事项披露数量的均值为 2.089,在 1% 的统计水平上显著大于低异常审计费用组的均值 2.032。对于控制变量,总体而言两组样本公司的特征基本上无显著差异,主要是公司上市年限、上市地点和托宾 Q 值呈现显著差异。

表 5-13 不同异常审计费用下的均值检验

变量	高异常审计费用组 (N=3 435) 均值 (1)	低异常审计费用组 (N=3 406) 均值 (2)	均值检验 T 值 (3)
ClDum	0.132	0.104	0.028***
Kamn	2.089	2.032	0.057***
Size	22.305	22.343	−0.038
Lev	0.414	0.416	−0.002
Roe	0.076	0.078	−0.002
Big4	0.054	0.057	−0.003
Loss	0.073	0.066	0.007
Ic	0.995	0.995	0.000
Growth	0.197	0.194	0.003
Age	10.775	10.181	0.595***
Dual	0.297	0.296	0.001
Top1	0.339	0.337	0.002
Soe	0.307	0.300	0.007
Eps	0.411	0.425	−0.014

(续表)

变量	高异常审计费用组 ($N=3\,435$) 均值 (1)	低异常审计费用组 ($N=3\,406$) 均值 (2)	均值检验 T 值 (3)
Indep	0.377	0.376	0.001
Market	0.418	0.320	0.097***
Op	0.979	0.984	−0.005
Top10	0.157	0.155	0.002
Tobinq	1.836	1.746	0.089***

注：*** 代表1%的显著性水平。

在两组子样本中运行模型(5-1)，由表5-14的回归结果可知，在高异常审计费用组，关键审计事项披露数量与年报问询函发放概率在1%的统计水平上显著为正，而在低异常审计费用组则不存在显著关系。由组间系数差异检验可知，高异常审计费用组的系数显著大于低异常审计费用组，这说明对于异常审计费用较高的公司，关键审计事项披露数量与年报问询函发放概率的正相关关系更加显著。如果审计师披露关键审计事项变多，但是受到公司与审计师之间特殊关系的影响，披露的信息质量可能存在缺陷，那么监管层会通过发放年报问询函的方式要求公司披露更加充分的公司特质信息，进而增大了年报问询函发放的概率。

表5-14 不同异常审计费用下关键审计事项披露数量对年报问询函发放的影响

变量	ClDum 低异常审计费用组 (1)	高异常审计费用组 (2)
Kamn	0.151	0.413***
	(1.49)	(4.73)
Size	0.039	0.013
	(0.50)	(0.20)
Lev	1.108***	1.165***
	(2.64)	(3.19)
Roe	−2.174*	−1.980*
	(−1.81)	(−1.96)
Big4	−0.682*	−1.162***
	(−1.72)	(−2.72)

(续表)

变量	ClDum 低异常审计费用组 (1)	ClDum 高异常审计费用组 (2)
Loss	0.905***	0.792***
	(3.46)	(3.35)
Ic	0.476	−1.729***
	(0.64)	(−2.83)
Growth	0.234	0.132
	(1.32)	(0.92)
Age	0.033***	0.030***
	(2.74)	(3.21)
Dual	0.041	−0.064
	(0.29)	(−0.49)
Top1	−1.104	−2.004
	(−0.69)	(−1.40)
Market	−0.131	−0.540***
	(−0.83)	(−4.10)
Soe	−0.795***	−0.718***
	(−4.24)	(−4.39)
Eps	−0.784***	−0.607***
	(−3.22)	(−2.99)
Indep	3.012***	1.910**
	(2.50)	(2.00)
Op	−1.779***	−0.945***
	(−4.74)	(−3.00)
Top10	−0.018	2.226
	(−0.01)	(1.11)
Tobinq	0.237***	0.076*
	(3.89)	(1.89)
Year Fe	控制	控制
Industry Fe	控制	控制
N	3 382	3 412
Adj. R^2	0.182	0.183
Chi	4.981**	
p	0.026	

注：括号内为 t 值；*、**、*** 分别代表10%、5%、1%的显著性水平。

为了检验假设 5b,本章在根据异常审计费用水平分组的子样本中运行模型 (5-2),分组检验结果如表 5-15 所示。由表可知,收入确认事项和资产减值事项披露数量与年报问询函提及相应事项的频次在高异常审计费用组均呈现 5% 的显著正相关关系,但是组间系数差异不显著。与前文回归结果类似,关键审计事项中商誉相关事项数量与年报问询函商誉相关事项关注程度在高低异常审计费用两个组别中均呈现 1% 的显著正相关性,并且组间系数不存在统计学意义上的差异,这说明对于监管层而言,商誉事项无论在何种场景下都可能是被监管层重点关注的对象。

表 5-15 不同异常审计费用下关键审计事项披露内容对年报问询函内容的影响

变量	ClRev 低异常审计费用 (1)	ClRev 高异常审计费用 (2)	ClAi 低异常审计费用 (3)	ClAi 高异常审计费用 (4)	ClGw 低异常审计费用 (5)	ClGw 高异常审计费用 (6)
KamnRev	0.168	0.322**				
	(1.29)	(2.32)				
KamnAi			0.691	0.956**		
			(1.45)	(2.16)		
KamnGw					3.776***	3.895***
					(9.37)	(13.40)
Size	−0.012	−0.022	0.389	0.780***	0.551**	0.412**
	(−0.15)	(−0.27)	(1.16)	(2.62)	(2.51)	(2.55)
Lev	0.071	0.828**	0.609	1.434	−1.225	−0.952
	(0.19)	(2.11)	(0.39)	(0.99)	(−1.22)	(−1.24)
Roe	0.544	−0.155	−1.403	−4.041	−2.351	0.110
	(0.70)	(−0.17)	(−0.43)	(−1.17)	(−1.11)	(0.06)
Big4	−0.020	−0.547	0.370	−2.370	−0.030	−2.375**
	(−0.05)	(−0.99)	(0.20)	(−1.16)	(−0.03)	(−2.20)
Loss	0.461**	−0.115	2.374**	1.193	0.677	1.199**
	(2.02)	(−0.47)	(2.46)	(1.33)	(1.10)	(2.52)
Ic	0.047	0.585	1.319	−1.269	0.039	0.706
	(0.09)	(1.33)	(0.58)	(−0.78)	(0.03)	(0.82)
Growth	0.050	0.273*	−0.067	−0.172	−0.291	−0.358
	(0.30)	(1.84)	(−0.10)	(−0.31)	(−0.65)	(−1.23)

第5章　交易所年报问询监管的影响因素：基于关键审计事项披露的证据

(续表)

变量	ClRev 低异常审计费用 (1)	ClRev 高异常审计费用 (2)	ClAi 低异常审计费用 (3)	ClAi 高异常审计费用 (4)	ClGw 低异常审计费用 (5)	ClGw 高异常审计费用 (6)
Age	−0.022*	−0.005	0.033	0.040	0.010	0.009
	(−1.78)	(−0.41)	(0.62)	(0.95)	(0.29)	(0.42)
Dual	−0.099	0.150	−0.069	1.048*	−0.091	−0.116
	(−0.73)	(0.99)	(−0.12)	(1.87)	(−0.25)	(−0.39)
Top1	1.076	1.165	2.723	4.595	8.089*	3.967
	(0.61)	(0.66)	(0.37)	(0.71)	(1.71)	(1.16)
Market	0.387**	0.120	−0.166	−1.187*	1.794***	0.877***
	(2.24)	(0.70)	(−0.23)	(−1.87)	(3.86)	(2.60)
Soe	−0.230	−0.096	−0.546	−0.984	−1.073**	−0.278
	(−1.28)	(−0.49)	(−0.72)	(−1.36)	(−2.18)	(−0.73)
Eps	0.095	−0.045	0.217	−0.133	0.076	−0.156
	(1.07)	(−0.25)	(0.58)	(−0.21)	(0.32)	(−0.46)
Indep	0.254	−0.046	5.943	2.969	−2.746	−2.821
	(0.21)	(−0.04)	(1.14)	(0.74)	(−0.83)	(−1.32)
Op	0.006	−0.255	−0.921	0.475	0.488	0.011
	(0.03)	(−0.97)	(−0.92)	(0.49)	(0.77)	(0.02)
Top10	−2.109	−1.122	−1.237	−3.804	−13.754**	−5.845
	(−0.83)	(−0.46)	(−0.11)	(−0.43)	(−2.00)	(−1.24)
Tobinq	−0.009	0.024	−0.056	−0.070	0.003	−0.025
	(−0.15)	(0.51)	(−0.21)	(−0.41)	(0.02)	(−0.28)
Year Fe	控制	控制	控制	控制	控制	控制
Industry Fe	控制	控制	控制	控制	控制	控制
N	352	449	352	449	352	449
Adj. R^2	0.103	0.055	0.058	0.095	0.409	0.415
Chi	0.828		0.183		0.048	
p	0.363		0.672		0.831	

注：括号内为 t 值；*、**、*** 分别代表10%、5%、1%的显著性水平。

5.2.9 稳健性检验

本章通过扩充数据样本范围、替换被解释变量测度指标、PSM、个体固定效应以及工具变量法检验关键审计事项披露数量与年报问询函发放概率的稳健性。

1. 扩充数据样本范围

由于财政部在 2016 年 12 月发布新审计报告准则,要求 A+H 股上市公司于 2017 年 1 月 1 日开始在 2016 年审计报告中披露关键审计事项,因此本章将 A+H 股数据纳入样本,重新运行模型(5-1),结果如表 5-16 所示。由表可知,样本数据共有 7 434 条,第(1)、(2)列分别为未控制和控制年度、行业固定效应的回归结果,关键审计事项披露数量的回归系数分别为 0.273 和 0.276,并且均在 1% 的统计水平上显著,支持了原结论。将 A+H 股数据纳入样本后,关键审计事项内容与年报问询函内容的回归分析样本没有受到影响,仍然为 908 条数据,回归结果与原结论一致。

表 5-16　扩充数据样本范围

变量	ClDum (1)	ClDum (2)
Kamn	0.273***	0.276***
	(4.58)	(3.94)
Size	−0.001	0.015
	(−0.01)	(0.29)
Lev	0.868***	1.040***
	(3.58)	(3.25)
Roe	−1.603**	−1.721*
	(−2.28)	(−1.96)
Big4	−0.803***	−0.873***
	(−3.21)	(−3.39)
Loss	0.753***	0.758***
	(4.66)	(4.27)
Ic	−0.636	−0.698
	(−1.58)	(−1.38)

(续表)

变量	ClDum (1)	ClDum (2)
Growth	0.069	0.092
	(0.69)	(0.81)
Age	0.032***	0.031***
	(4.92)	(4.03)
Dual	0.058	0.049
	(0.67)	(0.50)
Top1	−2.102**	−1.999*
	(−2.18)	(−1.87)
Market	−0.290***	−0.308***
	(−3.17)	(−3.14)
Soe	−0.734***	−0.737***
	(−6.56)	(−5.32)
Eps	−0.737***	−0.737***
	(−5.03)	(−3.47)
Indep	2.011***	1.896**
	(2.96)	(2.53)
Op	−1.395***	−1.316***
	(−6.56)	(−4.83)
Top10	2.047	1.917
	(1.51)	(1.24)
Tobinq	0.058**	0.080**
	(2.21)	(1.98)
Year Fe	未控制	控制
Industry Fe	未控制	控制
N	7 434	7 434
Adj. R^2	0.158	0.169

注:括号内为 t 值;*、**、*** 分别代表10%、5%、1%的显著性水平。

2. 替换被解释变量测度指标

第一,将原先为虚拟变量的被解释变量变更为年报问询函字数的对数(ClNum)。年报问询函字数越多意味着年报问询函信息含量越多,重新运行模型(5-1),结果如表5-17第(1)列所示。由第(1)列可知,关键审计事项披露数量与年报问询函的信息含量在1%的统计水平上呈显著正相关关系,说明审计师披露的关键审计事项越多,反映公司的风险信息越多,意味着值得注意的风险事项越多,这可能为交易所监管工作提供有用参考,原结论仍然成立。

第二,将原先为虚拟变量的被解释变量改为年报问询函中是否提及审计工作(ClAudit)。本章将是否提及审计工作的统计关键词设定为"审计""会计师",如果年报问询函中提及审计工作则取值为1,否则取值为0。运行模型(5-1)得到表5-17第(2)列。由第(2)列可知,关键审计事项披露数量越多,监管层越有可能在年报问询函中提及审计工作,即审计师披露的关键审计事项有可能受到监管层的关注,原结论仍然成立。

表 5-17　替换被解释变量测度指标

变量	ClNum (1)	ClAudit (2)
Kamn	0.231***	0.294***
	(3.76)	(4.18)
Size	0.024	0.047
	(0.57)	(0.92)
Lev	1.026***	0.968***
	(3.59)	(2.96)
Roe	−4.256***	−1.691*
	(−6.83)	(−1.96)
Big4	−0.471***	−0.842***
	(−4.26)	(−3.19)
Loss	1.703***	0.871***
	(7.18)	(4.82)
Ic	−0.868	−0.702
	(−1.05)	(−1.35)
Growth	0.117	0.069
	(1.08)	(0.57)
Age	0.028***	0.029***
	(4.32)	(3.75)
Dual	0.035	0.007
	(0.43)	(0.07)
Top1	−2.044**	−1.597
	(−2.40)	(−1.45)

(续表)

变量	ClNum (1)	ClAudit (2)
Market	−0.227***	−0.297***
	(−3.19)	(−2.95)
Soe	−0.639***	−0.747***
	(−6.06)	(−5.34)
Eps	−0.081	−0.627***
	(−1.55)	(−3.18)
Indep	1.839***	1.918**
	(2.84)	(2.54)
Op	−2.437***	−1.378***
	(−5.54)	(−5.02)
Top10	2.199*	1.213
	(1.92)	(0.75)
Tobinq	0.108**	0.083**
	(2.38)	(2.12)
Year Fe	控制	控制
Industry Fe	控制	控制
N	7 380	7 380
Adj. R^2	0.157	0.168

注：括号内为 t 值；*、**、*** 分别代表10%、5%、1%的显著性水平。

3. PSM 检验

为降低选择性偏差，本章采用 PSM 检验关键审计事项披露数量与年报问询函的关系的稳健性。本章根据是否收到年报问询函将公司分为两组，并通过1∶1不放回近邻匹配，选择了负债水平（Lev）、国际四大审计（Big4）、公司亏损（Loss）、上市年限（Age）、产权性质（Soe）等公司特征变量作为匹配变量，形成了1816个观测值的样本。为了检验匹配结果的可靠性，本章对匹配样本进行了平衡假设检验，结果如表5-18所示，匹配后大部分公司特征变量的标准化偏差小于5%，并且经过 t 检验发现匹配后的特征变量均不显著，通过了平衡假设检验。

表 5-18 匹配前后样本特征对比

变量	匹配前 U 匹配后 M	均值 实验组 (1)	均值 对照组 (2)	标准化偏差 %bias (3)	标准化偏差 |bias| (4)	t-test t (5)	t-test p>|t| (6)
Lev	U	0.451	0.406	22.100		6.540	0.000
	M	0.451	0.452	−0.400	98.200	−0.080	0.934
Big4	U	0.022	0.064	−20.600		−5.000	0.000
	M	0.022	0.029	−3.300	84.100	−0.900	0.370
Loss	U	0.275	0.042	67.400		26.950	0.000
	M	0.275	0.271	1.300	98.100	0.210	0.833
Age	U	11.282	10.390	12.000		3.260	0.001
	M	11.282	11.867	−7.900	34.400	−1.700	0.089
Top1	U	0.295	0.344	−35.500		−9.780	0.000
	M	0.295	0.299	−2.400	93.300	−0.530	0.599
Market	U	0.270	0.387	−25.200		−6.860	0.000
	M	0.270	0.295	−5.400	78.400	−1.200	0.231
Soe	U	0.200	0.320	−27.400		−7.330	0.000
	M	0.200	0.221	−4.800	82.500	−1.090	0.275
Eps	U	−0.015	0.487	−58.600		−16.610	0.000
	M	−0.015	0.111	−14.700	75.000	−3.720	0.000
Indep	U	0.385	0.376	15.200		4.360	0.000
	M	0.385	0.381	6.600	56.600	1.360	0.173
Op	U	0.906	0.991	−38.900		−17.500	0.000
	M	0.906	0.938	−14.700	62.100	−2.550	0.011

除此之外,PSM 还应满足共同支撑假设检验。PSM 前后的核密度图分别如图 5-1 和图 5-2 所示,由图可知,在 PSM 前被问询组和未被问询组的核密度函数存在较大差异。在 PSM 后两组核密度函数较为接近,满足了共同支撑假设检验。因此,PSM 较好地降低了样本的选择性偏差。

在使用 PSM 匹配后的样本中运行模型(5-1),结果如表 5-19 所示,关键审计事项披露数量与年报问询函发放概率在 10% 的统计水平上呈显著正相关关系,原结论仍然成立。

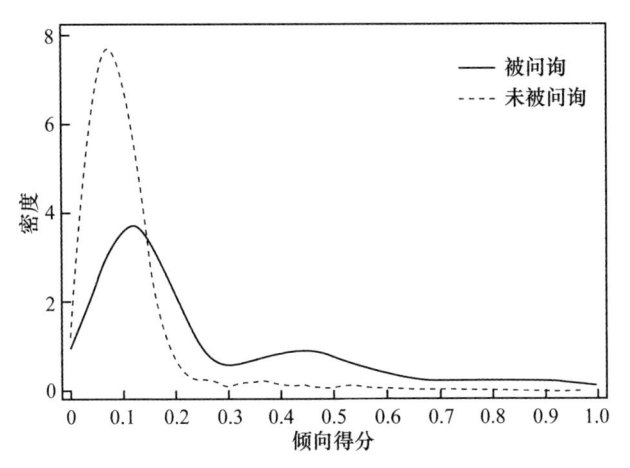

第 5 章　交易所年报问询监管的影响因素：基于关键审计事项披露的证据　　135

图 5-1　PSM 前核密度图

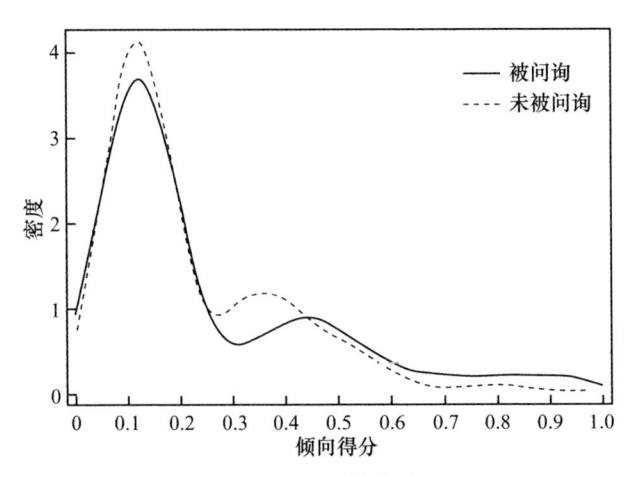

图 5-2　PSM 后核密度图

表 5-19　PSM 检验结果表

变量	ClDum
Kamn	0.145*
	(1.86)
Size	0.085
	(1.29)
Lev	0.232
	(0.68)

(续表)

变量	ClDum
Roe	−2.140***
	(−3.00)
Big4	−0.439
	(−1.39)
Loss	−0.634***
	(−3.82)
Ic	−0.297
	(−0.72)
Growth	0.020
	(0.17)
Age	−0.009
	(−0.94)
Dual	0.013
	(0.11)
Top1	−0.051
	(−0.04)
Market	−0.077
	(−0.62)
Soe	−0.020
	(−0.13)
Eps	−0.095
	(−0.74)
Indep	0.351
	(0.38)
Op	−0.280
	(−1.25)
Top10	0.604
	(0.32)
Tobinq	0.100*
	(1.77)

第5章 交易所年报问询监管的影响因素:基于关键审计事项披露的证据　　137

(续表)

变量	ClDum
Year Fe	控制
Industry Fe	控制
N	1 816
Adj.R^2	0.044

注:括号内为 t 值;*、*** 分别代表10%、1%的显著性水平。

4. 个体固定效应检验

为了减少公司其他遗漏变量的影响,本章通过个体固定效应检验关键审计事项披露数量与年报问询函发放概率关系的稳健性,结果如表5-20所示。由表可知,关键审计事项的披露数量仍与年报问询函发放概率在10%的统计水平上显著正相关,说明原结论仍然成立。

表 5-20　个体固定效应检验表

变量	ClDum
Kamn	0.252*
	(1.84)
Size	−0.594
	(−1.59)
Lev	2.292*
	(1.80)
Roe	−1.977
	(−1.45)
Big4	−0.563
	(−0.43)
Loss	0.198
	(0.73)
Ic	−0.598
	(−0.84)

(续表)

变量	ClDum
Growth	0.145
	(1.037)
Age	0.445***
	(5.85)
Dual	−0.024
	(−0.09)
Top1	−11.952*
	(−1.87)
Soe	0.424
	(0.63)
Eps	−0.288
	(−1.06)
Indep	2.268
	(0.95)
Op	−1.605***
	(−2.67)
Top10	17.204**
	(1.99)
Tobinq	0.124
	(1.50)
N	1 378
Adj. R^2	0.135

注：括号内为 t 值；*、**、*** 分别代表 10％、5％、1％的显著性水平。

5. 工具变量法检验

张呈等(2019)发现关键审计事项具有明显的行业特征，本章借鉴洪金明(2020)的研究方法，将样本内同年度同行业其他公司的关键审计事项披露数量的均值作为工具变量。由于关键审计事项具有显著的行业特征，因此行业内的关键审计事项披露数量可能会对单个公司的关键审计事项披露数量产生影响，但是对该公司的年报问询函发放概率没有直接影响。回归结果如表 5-21 所示，其中第(1)列显示了工具变量的第一阶段回归结果，关键审计事项披露数量的行业均值(KamnMean)与关键审计事项数(Kamn)显著正相关，其中 F 值为

第5章 交易所年报问询监管的影响因素：基于关键审计事项披露的证据

11.103，通过了弱工具变量检验。而第(2)列则是工具变量的第二阶段回归结果，其样本量略微减少，主要是部分行业样本量较少，在回归时被遗漏。由表5-21可知，关键审计事项披露数量与年报问询函的发放概率在5%的统计水平上显著正相关，说明关键审计事项披露数量越多，年报问询函发放概率越大。综上所述，运用工具变量法降低内生性后，原结论仍然成立。

表 5-21　工具变量检验结果

变量	Kamn (1)	ClDum (2)
KamnMean	0.956***	
	(9.17)	
Kamn		0.784**
		(2.33)
Size	0.110***	−0.055
	(12.98)	(−1.21)
Lev	0.261***	0.411**
	(5.38)	(2.49)
Roe	−0.431***	−0.984**
	(−3.84)	(−2.41)
Big4	−0.093***	−0.414***
	(−2.79)	(−3.10)
Loss	0.088**	0.418***
	(2.32)	(4.18)
Ic	0.259**	−0.556**
	(2.48)	(−2.21)
Growth	0.080***	0.023
	(4.02)	(0.38)
Age	−0.002	0.018***
	(−1.32)	(4.66)
Dual	0.020	0.006
	(1.18)	(0.12)
Top1	0.082	−1.055*
	(0.46)	(−1.94)

(续表)

变量	Kamn (1)	ClDum (2)
Market	−0.053***	−0.138***
	(−3.29)	(−2.61)
Soe	−0.076***	−0.339***
	(−3.69)	(−5.07)
Eps	−0.022**	−0.282***
	(−2.06)	(−4.15)
Indep	−0.126	1.100***
	(−0.96)	(2.83)
Op	0.015	−0.813***
	(0.26)	(−6.26)
Top10	−0.370	1.219
	(−1.53)	(1.59)
Tobinq	−0.005	0.050***
	(−0.76)	(2.98)
Year Fe	控制	控制
Industry Fe	控制	控制
N	7 380	7 256
Adj. R^2	0.113	0.167

注：括号内为 t 值；*、**、*** 分别代表 10%、5%、1%的显著性水平。

5.3 结论与启示

随着资本市场改革的深入推进,高质量的信息披露对于资本市场高质量发展愈发重要。基于此,本章以新审计报告准则为研究背景,以 2017—2019 年所有 A 股上市公司为研究样本,采用 Logit 模型以及线性回归实证检验关键审计事项披露能否影响年报问询函发放。最终得出以下结论:第一,关键审计事项的披露数量增多显著增大了年报问询函发放的概率。关键审计事项的披露能够向市场传递公司的风险信息,该种信息能够为监管机构提供监管思路和线索。证券交易所通过发放年报问询函的方式要求上市公司对公司风险提供更为详细的信息,进而使公司在资本市场的特质信息增加。第二,关键审计事项披露内容与年报问询函的内容存在对应关系,有关收入确认、资产减值、商誉的内容能够显著提高年报问询函对上述事项的关注程度。第三,关键审计事项披露数量与年报问询函发放概率、关键审计事项披露内容与年报问询函中相应内容的提及频次的正相关关系在盈余管理水平高的样本公司中更为显著。公司的盈余管理水平较高,意味着公司的会计信息质量较差,审计师披露的关键审计事项更能够在该类公司的监管过程中提供风险信息,进而提高了年报问询函的发放概率和关注程度。第四,关键审计事项披露数量与年报问询函发放概率、关键审计事项披露内容与年报问询函中相应内容的提及频次的正相关关系在无行业专长审计师审计的样本公司中更为显著。相较于具有行业专长的审计师,无行业专长的审计师披露的信息质量更低,因此关键审计事项披露出的信息需要通过交易所监管部门发放年报问询函进一步提高公司的风险信息披露质量,起到信息互补的作用。第五,关键审计事项披露数量与年报问询函发放概率、关键审计事项披露内容与年报问询函中相应内容的提及频次的正相关关系在异常审计费用高的样本公司中更为显著。异常审计费用可以分为向上的异常审计费用和向下的异常审计费用,即购买审计意见和低价揽客的现象,最终导致审计师独立性降低和审计资源投入不足的后果。不论出现哪种情况,异常审计费用都可能导致审计质量下降,因此关键审计事项提供的风险信息需要年报问询函的进一步揭示,进而提高了年报问询函的发放概率和关注程度。

  本章从理论分析和实证检验两个方面进行论证,实证结果证明了关键审计事项的披露数量增多能够增大年报问询函的发放概率,这说明关键审计事项能够向市场披露公司的风险信息,而证券交易所能够从该类信息中获取监管线索并通过发放年报问询函的方式要求被审计单位进一步披露详细信息,最终有利于提高上市公司信息披露质量,保护投资者的合法权益。在理论分析上,本章首次探讨了关键审计事项披露数量与发放年报问询函的关系,丰富了相关文献。国内外的现有文献已经充分探讨了关键审计事项的沟通价值,以及关键审计事项披露对审计师、分析师、债权人等市场主体行为的影响,但是尚未有文献探讨关键审计事项的披露对于资本市场监管主体——证券交易所的影响,本章弥补了相关研究的空白。另外,本章的研究丰富了年报问询函影响因素的研究,提供了中国的经验证据,同时也补充了交易所监管制度与其他机制的相互作用(Cassell et al.,2013;郭照蕊和李一秀,2020)。本章的研究结果证明了关键审计事项传递的公司特质风险信息能够为交易所监管提供有效信息,证明了新审计报告准则实施的有效性,提高了监管层的监督效率,有利于为资本市场提供更多增量有效信息,为进一步完善信息披露制度提供了政策参考。

资本市场改革是循序渐进的过程,信息披露制度同样需要逐步完善,关键审计事项能够为包括监管层在内的报告使用者提供公司风险信息,为进一步加强关键审计事项提供增量信息的作用,准则制定部门可以从以下两个方面进行完善:第一,进一步提高关键审计事项的披露详细程度。上市公司披露风险事项时,详细程度存在差异,比如对于收入确认事项的披露,一些公司选择模糊处理,并不对哪类或哪项收入进行详细说明,资产减值类事项也是如此。因此,新准则可以要求公司进一步细化披露的关键审计事项,这样有利于提高公司风险信息的特质性。第二,在提高异质性信息含量的同时,兼顾信息可比性。应当对披露的关键审计事项内容进行较为具体的规定,在操作指南中,总结出较为通用的写作思路和相关段落的规范程度。在保证关键审计事项披露公司特质风险的同时,进一步增强关键审计事项的横向与纵向可比性。

另外,证券监管部门和机构应当重视与审计师的联动作用。一方面,审计师作为降低管理层与股东之间代理成本的重要桥梁,应当提高自身的专业胜任能力,培养职业道德,提高自身的独立性,进而披露出更具价值的风险信息。另一方面,证券交易所应当注重与审计师等中间角色的信息互动,对于审计师通过关键审计事项传递出的风险信息予以充分关注,最终形成各股监督力量的合力,促进上市公司信息高质量披露,提高上市公司质量。

第6章 交易所年报问询监管对市场主体行为的影响:对分析师行为的影响

6.1 问题提出和理论分析

证券分析师是资本市场中重要的信息中介之一,他们通过收集、整理、分析资本市场和上市公司的信息,以及发布盈余预测、荐股评级等向投资者提供决策信息,缓解投资者与上市公司间的信息不对称,提高资本市场的资源配置效率(Stickel,1992;Womack,1996;Huang et al.,2018)。分析师使用的信息包括公共信息和私有信息,根据胡奕明等(2003)的调查,分析师的公共信息来源主要包括上市公司公开披露、监管部门发布相关公告以及媒体报道等,私有信息则主要通过分析师对上市公司进行电话访谈以及采取实地调研等途径获取。其中,实地调研为分析师提供了对上市公司进行实地考察并与其管理层直接接触的机会,是分析师获取私有信息的重要渠道之一(Barth et al.,2001;赵良玉等,2013;Cheng et al.,2016),有利于增加分析师的信息优势,提高盈余预测质量。然而,利用实地调研获取上市公司的私有信息需要分析师付出更多的资金、时间以及精力,因此实地调研的成本相对较高,在该约束下并不是每家上市公司都会被分析师实地调研。

随着证券市场信息披露监管的不断完善以及上市公司财务报告信息披露直通车的开通,问询监管制度逐渐成为交易所监管上市公司信息披露的主要手段。现有研究表明,交易所年报问询监管能够督促公司履行信息披露义务并改善公司的信息披露质量(Johnston and Petacchi,2017;Bozanic et al.,2017),进而提高分析师可获取的公共信息数量和质量,但可能会降低分析师挖掘私有信息的收益;同时,收到问询函本身一定程度上也是公司财务报告信息披露质量较差或者不符合相关披露标准的一种信号(陈运森等,2018a),意味着分析师挖掘收函公司私有信息的成本相对较高。那么,交易所对上市公司公共信息披露状况进行问询监管向分析师传递的上述两种信号会对其实地调研挖掘私有信息的行为产生何种影响并如何影响分析师的盈余预测表现呢？

为回答上述问题，本章以 2012—2019 年深交所 A 股上市公司为研究样本，通过探究交易所向公司发放年报问询函对分析师实地调研行为以及盈余预测表现的影响，分析公共信息披露监管与私有信息挖掘之间的关系。研究发现，交易所年报问询监管降低了分析师通过实地调研挖掘私有信息的倾向，使得收函公司被分析师实地调研的强度降低，私有信息获取量的减少也降低了分析师对收函公司盈余预测的分歧度，并且该影响主要体现在信息透明度低、机构投资者持股多以及非国有产权性质的企业中。进一步地，交易所年报问询监管能够提升收函公司公共信息披露的数量和质量，使得分析师对收函公司盈余预测的准确性提高且乐观程度降低，即预测结果更接近收函公司后续对自身盈余信息的披露情况。此外，交易所年报问询监管降低了分析师对收函公司所需投入的精力水平，使得分析师能够将其精力更多地分配到其他未受到交易所年报问询监管关注的公司。以上结果表明交易所年报问询函代表的公共信息披露监管与分析师私有信息挖掘行为之间存在一定的替代效应。

分析师的精力是有限的，通过实地调研获取私有信息的成本也相对较高，因此分析师会有选择地对上市公司进行实地调研。研究表明，成本和收益权衡对分析师是否进行实地调研起着重要作用，分析师会倾向于对有形资产较多、业务较集中以及距离较近的公司进行实地调研，这些结果表明，随着实地调研预期收益的增加或者成本的减少，分析师进行实地调研的可能性会增加(Cheng et al.，2016;Cheng et al.，2019)。徐媛媛等(2015)也发现分析师更倾向于对规模较大、盈利能力较强、实地调研距离较近、信息披露质量较好以及机构投资者关注度较高的上市公司进行实地调研，原因主要是分析师对这类上市公司进行实地调研的收益相对更高或成本相对更低。

从信息类型角度而言，作为资本市场中信息的主要使用者，分析师进行盈余预测时使用的信息可以分为两类：一类是市场中可获取的公共信息，主要包括公司公开披露的信息;另一类是分析师通过电话访谈、实地调研等获取的私有信息。其中，公司公开披露的信息是分析师盈余预测信息的重要来源(Barron et al.，1998)。公共信息越多，分析师盈余预测的表现往往越好。研究发现公司在年报中披露风险信息(王雄元等，2017;蒋红芸等，2018)、研发活动信息(李岩琼和姚颐，2020)以及业绩预告信息(王玉涛和王彦超，2012;陈翔宇，2015)能够提高分析师盈余预测的质量。同时，公共信息的质量越高，分析师盈余预测的质量也越高,Lang and Lundholm(1996)、李丹蒙(2007)、方军雄(2007)以及白晓宇(2009)指出公司公开披露的信息质量越高,分析师的预测误差和分歧度越小。此外,分析师通过实地调研等途径获取私有信息,也有利于增加其信息优势,进而提高盈余预测的质量(Cheng et al.,2016;贾琬娇等,2015;谭松涛和崔小勇,2015)。

现有文献证实了年报问询监管对公司披露的公开信息,即分析师可获取的公共信息具有影响,那么这种影响是否会改变分析师的私有信息挖掘行为? 作为资本市场中重要的信息中介,分析师对信息的收集、处理和传递能在一定程度上降低市场上的信息不对称程度,从而提高资本市场的有效性。在这一过程中,分析师既可以通过挖掘公共信息中的信息含量来支撑其在分析报告中的观点,也可以通过挖掘私有信息来获取支撑其观点的证据,但相较于挖掘公共信息中的信息含量,通过实地调研方式获取私有信息则需要分析师付出更多资金、时间以及精力,因此实地调研的成本相对更高(徐媛媛等,2015)。从成本和收益权衡的角度来看,分析师的实地调研决策是在权衡预期获取私有信息的成本以及向市场提供该信息能够得到的收益后作出的选择。

年报问询监管代表的公共信息披露监管对分析师权衡实地调研挖掘私有信息的成本和收益可能产生两方面的影响。

一方面,年报问询监管可能会降低分析师实地调研的收益,并提高实地调研的成本,导致分析师实地调研倾向降低。第一,上市公司收到问询函后需要以回函形式作出进一步的补充说明,回函内容都会进行公开披露,并且公司后续也会对其信息披露行为进行完善,这会增加分析师可获得的公共信息。基于公共信息与私有信息的替代关系理论(Verrecchia,1982;Bushman,1991),公共信息的增加会降低私有信息的价值,导致分析师通过实地调研挖掘私有信息的收益降低。收到问询函还会加剧企业未来的融资约束并使CFO、CEO等高管的变更概率增大(翟淑萍等,2020a;Gietzmann et al.,2016;邓祎璐等,2020),这可能会降低企业未来的业绩或者增加业绩的不确定性,在以做多为主要获利方式的A股市场上,这种业绩不确定性也会提高分析师追踪此类公司的风险评估等级,降低其预期收益。第二,年报问询监管行为本身传递给分析师的信号会增加其对挖掘私有信息预估的成本。交易所发放的监管问询函一般是针对上市公司信息披露不准确、不完整等不符合信息披露标准的情况,需要上市公司作出进一步的补充说明,因此上市公司收到监管问询函在一定程度上表明其信息披露质量较差、信息透明度较低。尽管年报问询监管对信息披露具有改善作用,但这一过程并非一蹴而就,因此针对这些收函公司,分析师在实地调研获取私有信息的过程中可能需要付出更多的时间和精力鉴别信息质量,导致其挖掘私有信息的成本相对更高。同时,公共信息的增加也可能引起私有信息的挖掘空间缩小,导致私有信息挖掘难度和成本增加,并且获取公共信息的成本也远低于通过实地调研获取私有信息的成本。综上所述,分析师对收函公司进行实地调研挖掘私有信息的预期收益下降,且成本相对上升,因此会降低其通过实地调研挖掘私有信息的倾向。

另一方面,年报问询监管也可能会提高分析师实地调研的收益,并降低实地调研的成本,导致分析师实地调研倾向提高。首先,年报问询监管使得收函公司披露的公共信息增多,如果基于公共信息和私有信息的互补关系理论(Lundholm,1988;Lee et al.,1993;Barron et al.,2002),那么分析师可能会更多地进行实地调研获取私有信息以验证公共信息的准确性。同时,年报问询监管属于外部监管,收到问询函的上市公司通常会得到资本市场更多的关注,例如投资者会更加关心公司的真实情况,对分析师通过实地调研获取内部信息的需求也会增加,使得私有信息的价值提高,进而提高分析师挖掘私有信息的收益。其次,上市公司收到问询函可能使公司声誉受损并面临市场的负面反应,如果该事件对公司管理层产生较大的触动,使管理层预期改善这一负面影响,那么管理层就会存在积极提高信息披露质量的动机。在这一过程中,分析师对收函公司实地调研的成本相较于收函前会有所降低,收函公司可能也会主动配合分析师进行实地调研,进而降低分析师实地调研所需付出的时间、精力等。综上所述,分析师对收函公司进行实地调研挖掘私有信息的收益提高,并且成本降低,因此会提高其通过实地调研挖掘私有信息的倾向。

交易所的问询监管对分析师实地调研行为的影响并不明确,基于此,本章提出一组对立的假设1。

假设1a 交易所年报问询监管会降低收函公司被分析师实地调研的强度。

假设1b 交易所年报问询监管会提高收函公司被分析师实地调研的强度。

不同分析师所拥有的信息集重合部分越多,其盈余预测的差距越小(胡军等,2016),即分歧度越低。上市公司公开披露的信息属于公共信息,分析师基于公共信息作出的预测分歧度可能较低,但是分析师通过实地调研获取的私有信息之间存在较大的异质性,私有信息的增加可能会导致分析师预测分歧度提高。

实地调研是分析师获取私有信息的重要渠道,如果年报问询监管在改善上市公司公共信息披露状况的同时,降低了分析师进行实地调研的倾向,那么分析师所拥有的私有信息会减少,进而会降低分析师盈余预测的分歧度;如果年报问询监管提高了分析师实地调研的倾向,那么分析师的私有信息增加可能会提高分析师盈余预测的分歧度。

综上所述,本章提出第二组对立的假设2。

假设2a 交易所年报问询监管会降低分析师对收函公司盈余预测的分歧度。

假设2b 交易所年报问询监管会提高分析师对收函公司盈余预测的分歧度。

6.2 实证研究

6.2.1 样本选取和数据来源

截至研究时间,只有深交所强制要求上市公司对分析师实地调研情况进行披露,而上交所并不做强制披露要求,所以本章选取2012—2019年深交所A股上市公司作为初始研究样本。分析师实地调研数据、交易所发放的年报问询函数据来源于中国研究数据服务平台(CNRDS),总计得到了1 290条年报问询函记录以及123 783条分析师实地调研记录,其中问询函数据分布情况如表6-1所示。Panel A、Panel B分别为年报问询函数据的年度和月度分布情况,从2015年至2019年,交易所发放的年报问询函数量呈逐年上升趋势,且发放时间集中于4、5、6月。分析师盈余预测数据、公司财务数据和其他控制变量数据来源于CNRDS和CSMAR。

此外,本章对初始研究样本做如下处理:① 剔除样本期间ST以及*ST的企业;② 考虑到金融、保险行业的特殊性,剔除所有金融、保险行业的上市公司;③ 剔除样本期间存在主要变量数据缺失的样本;④ 考虑到极端值的影响,本章对所有连续变量按照1%的标准进行缩尾处理。

6.2.2 模型设定与变量定义

为了检验交易所年报问询监管对分析师实地调研行为以及盈余预测分歧度

表 6-1　年报问询函数据分布情况

Panel A:年报问询函数据年度分布情况

年度	数量	占比(%)
2015	114	8.84
2016	190	14.73
2017	214	16.59
2018	318	24.65
2019	454	35.19
总计	1 290	100.00

Panel B:年报问询函数据月度分布情况

月度	数量	占比(%)
2	12	0.93
3	73	5.66
4	207	16.05
5	819	63.49
6	161	12.48
7	17	1.32
9	1	0.08
总计	1 290	100.00

的影响,本章构建多时点 DID 模型,具体模型如下所示:

$$\text{Visit6}_{i,t} = \alpha_{i,t} + \beta_1 \text{Treat} \times \text{Post}_{i,t} + \beta_2 \text{Controls} + \text{Year} + \text{Firm} + \varepsilon_{i,t} \tag{6-1}$$

$$\text{Fd}_{i,t} = \alpha_{i,t} + \beta_1 \text{Treat} \times \text{Post}_{i,t} + \beta_2 \text{Controls} + \text{Year} + \text{Firm} + \varepsilon_{i,t} \tag{6-2}$$

模型(6-1)用于检验交易所年报问询监管对分析师实地调研行为的影响。本章旨在探究年报问询函对分析师实地调研行为偏长期窗口的影响,并非短期窗口的影响。同时根据表 6-1 的数据,问询函的发放主要集中在 4、5、6 月,6 月份之后仅有少量问询函发放,考虑到在当年问询之前分析师的调研行为并未受到问询监管的影响,所以模型(6-1)中的被解释变量 Visit6 用于衡量上市公司当年 6 月底至次年 6 月底被分析师实地调研的强度。上市公司披露的实地调研数据中包含访客所属的机构名称,但并没有都包含访客的具体姓名,因此本章参考 Yu(2008)、曹新伟等(2015)的做法,使用各个券商对上市公司进行实地调研的次数总和作为分析师实地调研的次数,以衡量上市公司被分析师实地调研的强度。

模型(6-2)用于检验交易所年报问询监管对分析师盈余预测分歧度的影响。其中,被解释变量 Fd 用于衡量分析师盈余预测的分歧度,具体为上市公司在 t 年年报披露前所有分析师最近一次盈余预测的标准差,并除以实际盈余绝对值进行标准化处理,该值越大表明分析师之间的盈余预测分歧度越高。

解释变量 Treat×Post 为虚拟变量,上市公司在样本期间首次收到年报问询函的当年及以后各年度取值为 1,否则取值为 0。

Controls 为控制变量,借鉴谭松涛和崔小勇(2015)、唐松莲和陈伟(2017)以及谢诗蕾等(2018)的做法,本章的主要控制变量如下:资产规模(Size)、负债水平(Lev)、是否亏损(Loss)、账面市值比(Mb)、第一大股东持股比例(Top1)、两职合一(Dual)、机构投资者持股比例(InstRatio)、上市时长(Age)、是否四大审计(Big4)、盈余管理程度(AbsDA)以及预测时间跨度(Horizon)。具体变量定义如表 6-2 所示。

此外,模型(6-1)、模型(6-2)同时控制了年度(Year)固定效应和公司(Firm)固定效应,并对标准误在公司层面上进行了聚类调整。

表 6-2 变量定义

变量类型	变量符号	变量名称	变量含义
被解释变量	Visit6	分析师调研强度指标一	ln(上市公司 i 在 t 年 6 月底至 $t+1$ 年 6 月底被各分析师实地调研的次数总和+1)
	Visit	分析师调研强度指标二	ln(上市公司 i 在 t 年被各分析师实地调研的次数总和+1)
	Analyst	分析师跟踪人数	ln(上市公司 i 在 t 年对其进行跟踪的分析师个人或团队总数+1)
	Fd	盈余预测分歧度	上市公司 i 在 t 年年报披露前所有分析师最近一次盈余预测的标准差,并除以实际盈余绝对值进行标准化处理
	Ferror	盈余预测偏差	上市公司 i 在 t 年年报披露前所有分析师最近一次预测均值与实际盈余之差的绝对值,并除以实际盈余绝对值进行标准化处理
	Opt	盈余预测乐观程度	上市公司 i 在 t 年年报披露前所有分析师最近一次预测均值与实际盈余之差,并除以实际盈余绝对值进行标准化处理
解释变量	Treat×Post	问询及以后年度	虚拟变量,如果上市公司 i 在 t 年首次收到年报问询函,则 t 年及以后各年度取值为 1,否则取值为 0

(续表)

变量类型	变量符号	变量名称	变量含义
控制变量	Size	资产规模	ln(上市公司 i 在 t 年的总资产+1)
	Lev	负债水平	上市公司 i 在 t 年的资产负债率=总负债/总资产
	Loss	是否亏损	虚拟变量,如果上市公司 i 在 t 年的营业利润为负,则取值为1,否则取值为0
	Mb	账面市值比	上市公司 i 在 t 年的账面市值比=股东权益账面价值/公司市值
	Top1	第一大股东持股比例	第一大股东持有股份/上市公司总股本
	Dual	两职合一	虚拟变量,如果上市公司 i 在 t 年董事长与总经理为兼任,则取值为1,否则取值为0
	InstRatio	机构投资者持股比例	上市公司 i 在 t 年机构投资者持股占流通股的比重
	Age	上市时长	ln(上市公司 i 在 t 年的上市时长+1)
	Big4	是否四大审计	虚拟变量,如果上市公司 i 在 t 年的审计机构为四大会计师事务所,则取值为1,否则取值为0
	AbsDA	盈余管理程度	上市公司 i 在 t 年的应计盈余管理指标,采用分行业、分年度的修正的琼斯模型(Dechow et al.,1995)计算得出,并取绝对值衡量盈余管理程度
	Horizon	预测时间跨度	ln(上市公司 i 在 t 年年报披露前所有分析师最近一次预测时间与年报披露时间之差的均值+1)
其他变量	Volatility	收入波动性	上市公司 i 最近三年内(含 t 年)营业收入/总资产的标准差,衡量收入波动性
	Eps	每股收益	上市公司 i 在 t 年的每股收益
	Roa	资产收益率	上市公司 i 在 t 年的资产收益率
	Return	年个股回报率	上市公司 i 在 t 年不考虑现金红利再投资的年个股回报率
	Tobinq	成长性	上市公司 i 在 t 年的托宾 Q 值
	Opacitya	信息透明度	上市公司 i 在 t 年的信息透明度指标,借鉴 Hutton et al.(2003)利用过去三年操纵性应计项目的绝对值之和衡量
	Opacityb	信息披露质量	虚拟变量,如果交易所公布上市公司 i 在 t 年信息披露质量综合考核为优秀,则取值为1,否则取值为0

(续表)

变量类型	变量符号	变量名称	变量含义
其他变量	Indep	独董占比	上市公司 i 在 t 年的独立董事占比
	Deficiency	内控缺陷	虚拟变量,如果上市公司 i 在 t 年内部控制存在缺陷,则取值为 1,否则取值为 0
	Violated	信息披露违规	虚拟变量,如果上市公司 i 在 t 年被披露因违法违规而受处罚,则取值为 1,否则取值为 0
	Audit	审计意见	虚拟变量,如果上市公司 i 在 t 年财务报告被出具非标准无保留审计意见,则取值为 1,否则取值为 0
	Soe	产权性质	虚拟变量,如果上市公司 i 在 t 年实际控制人为国有企业、行政单位、事业机关、中央机构或地方机构,则取值为 1,否则取值为 0
	InstNum	机构投资者数量	t 年对上市公司 i 持股的机构投资者数量

6.2.3 描述性统计与相关性分析

表 6-3 Panel A 报告了样本主要变量的描述性统计结果。其中,Fd 和 Horizon 为分析师盈余预测分歧度和预测时间跨度,计算时存在部分数据缺失。Visit6 的最小值为 0,最大值为 3.807,标准差为 1.218,说明各上市公司被分析师进行实地调研的强度存在较大的差异,也进一步表明分析师是有选择地对上市公司进行实地调研的。Fd 的最小值为 0.018,最大值为 13.469,标准差为 1.957,说明不同上市公司的分析师盈余预测分歧度也存在较大的差异。关键解释变量 Treat×Post 的均值为 0.107,这表明在全部样本中,10.7% 的样本受到了交易所年报问询函的影响。表 6-3 Panel B 报告了主要变量之间的 Pearson 相关系数,各变量之间相关系数的绝对值基本小于 0.5,因此可以认为模型不存在严重的多重共线性问题。

6.2.4 基本回归结果分析

为了检验交易所年报问询监管对分析师实地调研行为的影响,本章对模型(6-1)进行了回归,回归结果如表 6-4 第(1)列所示。结果显示 Treat×Post 的系数为 −0.134,且在 1% 的统计水平上显著,说明上市公司收到交易所发放的年报问询函会降低收函公司被分析师实地调研的强度,即交易所年报问询监管会

表 6-3　主要变量描述性统计分析和 Pearson 相关系数检验

Panel A：主要变量描述性统计分析

变量	样本量	均值	标准差	最小值	中位数	最大值
Visit6	11 966	1.301	1.218	0.000	1.099	3.807
Fd	8 523	1.011	1.957	0.018	0.398	13.469
Treat×Post	11 966	0.107	0.309	0.000	0.000	1.000
Size	11 966	21.821	1.097	19.863	21.692	25.201
Lev	11 966	0.395	0.199	0.050	0.382	0.864
Loss	11 966	0.134	0.341	0.000	0.000	1.000
Mb	11 966	0.588	0.238	0.114	0.584	1.119
Top1	11 966	0.324	0.139	0.090	0.301	0.704
Dual	11 966	0.309	0.462	0.000	0.000	1.000
InstRatio	11 966	0.351	0.227	0.001	0.343	0.839
Age	11 966	2.190	0.625	1.099	2.197	3.296
Big4	11 966	0.030	0.170	0.000	0.000	1.000
AbsDA	11 966	0.170	0.204	0.000	0.100	1.169
Horizon	9 623	5.810	0.495	4.127	5.849	6.652

(续表)

Panel B：主要变量 Pearson 相关系数检验

变量	Visit6	Fd	Treat×Post	Size	Lev	Loss	Mb	Top1	Dual	InstRatio	Age	Big4	AbsDA	Horizon
Visit6	1.000													
Fd	−0.099***	1.000												
Treat×Post	−0.174***	0.027**	1.000											
Size	0.126***	−0.035***	0.057***	1.000										
Lev	−0.064***	0.030***	0.109***	0.519***	1.000									
Loss	−0.190***	0.172***	0.166***	0.018**	0.208***	1.000								
Mb	−0.105***	−0.013	0.008	0.525***	0.373***	0.013	1.000							
Top1	0.019**	−0.053***	−0.118***	0.088***	0.034***	−0.099***	0.076***	1.000						
Dual	0.053***	0.004	−0.024***	−0.159***	−0.097***	−0.029***	−0.094***	0.007	1.000					
InstRatio	0.111***	−0.086***	−0.019**	0.376***	0.185***	−0.053***	−0.044***	0.322***	−0.142***	1.000				
Age	−0.158***	−0.023**	0.174***	0.516***	0.365***	0.126***	0.186***	−0.062***	−0.221***	0.323***	1.000			
Big4	0.058***	−0.012	−0.027***	0.247***	0.094***	−0.004	0.096***	0.068***	−0.057***	0.131***	0.107***	1.000		
AbsDA	0.027***	0.045***	−0.055***	−0.016**	0.089***	0.049***	−0.078***	0.023***	−0.014	0.047***	0.035***	−0.017*	1.000	
Horizon	−0.321***	0.177***	0.125***	−0.016	0.006	0.160***	0.110***	−0.066***	0.002	−0.147***	0.020	−0.040***	−0.077***	1.000

注：*、**、*** 分别代表 10%、5%、1% 的显著性水平。

降低分析师对收函公司进行实地调研挖掘私有信息的倾向,以上结果支持假设 1a。

接下来,本章对模型(6-2)进行回归,以检验交易所年报问询监管对分析师盈余预测分歧度的影响,回归结果如表 6-4 第(2)列所示。结果显示 Treat×Post 的系数为 -0.514,且在 1% 的统计水平上显著,表明交易所年报问询监管降低了分析师对收函公司盈余预测结果的分歧度,该结果支持假设 2a。交易所年报问询监管降低了分析师对收函公司实地调研的强度,其强度的降低会直接导致分析师获取的私有信息减少,同时交易所年报问询监管也可能改善收函公司公共信息的披露状况,使得分析师对收函公司的盈余预测分歧度降低。

表 6-4 交易所年报问询监管对分析师实地调研强度以及盈余预测分歧度的影响

变量	Visit6 (1)	Fd (2)
Treat×Post	-0.134^{***}	-0.514^{***}
	(-2.86)	(-2.80)
Size	0.270^{***}	0.096
	(7.08)	(0.99)
Lev	-0.027	-0.722^{*}
	(-0.20)	(-1.79)
Loss	-0.330^{***}	0.346^{**}
	(-9.92)	(2.17)
Mb	-0.852^{***}	0.166
	(-8.23)	(0.60)
Top1	0.010	0.252
	(0.04)	(0.46)
Dual	0.040	-0.085
	(1.03)	(-0.77)
InstRatio	0.407^{***}	-0.489^{**}
	(4.30)	(-2.42)
Age	-0.834^{***}	0.815^{***}
	(-8.34)	(3.25)
Big4	0.293^{*}	0.231
	(1.90)	(0.72)

(续表)

变量	Visit6 (1)	Fd (2)
AbsDA	−0.112	−0.297
	(−1.63)	(−1.41)
Horizon		0.690***
		(10.04)
Constant	−2.298***	−6.133***
	(−2.94)	(−2.96)
Firm Fe	控制	控制
Year Fe	控制	控制
N	11 966	8 523
Adj.R^2	0.507	0.180

注:括号内为 t 值;*、**、***分别代表10%、5%、1%的显著性水平。

6.2.5 异质性分析

1. 信息透明度

问询函一般是针对信息披露不准确、不完整等不符合信息披露要求的公司发放,在一定程度上也向分析师传达了该类公司信息透明度较低的信号。对于信息透明度较低的公司,分析师通过实地调研挖掘其私有信息可能需要付出更多的时间和精力,因此成本相对更高,使得分析师更不愿意分配精力去进行实地调研。进一步地,分析师如果更少地对目标公司进行实地调研,那么获取的私有信息会更少,并会更多地基于公共信息进行分析,因此本章同时预测交易所年报问询监管对分析师盈余预测分歧度的影响在信息透明度低的样本组中更显著。

本章以上市公司信息透明度高低对样本进行划分:① 交易所会对上市公司信息透明度进行综合考核并公布考核结果,结果包括 A(优秀)、B(良好)、C(及格)和 D(不及格),本章将评级为优秀的公司划分到信息透明度高的样本组,其余划分到信息透明度低的样本组;② Hutton et al.(2003)利用上市公司过去三年操纵性应计项目的绝对值之和衡量信息透明度,该指标值越大,表明信息透明度越低。本章计算该信息透明度指标并将样本分组,具体地,如果上市公司的信息透明度指标高于样本中位数,则划分到信息透明度低组,反之则划分到信息透明度高组。具体的分组回归结果如表6-5所示。

表6-5第(1)—(4)列为交易所年报问询监管对分析师实地调研强度影响的分组结果,在信息透明度高组中,Treat×Post的系数并不显著;而在信息透明度低组中,Treat×Post的系数显著为负,这表明交易所年报问询监管对分析师实地调研行为的负向影响在信息透明度低的企业中更显著。第(5)—(8)列为交易所年报问询监管对分析师盈余预测分歧度影响的分组结果,第(5)、(6)列的结果表明交易所年报问询监管对分析师盈余预测分歧度的影响也是在信息透明度低的企业中更显著。

2. 机构投资者持股

一方面,机构投资者是分析师研究报告的主要使用者之一,上市公司的机构投资者家数越多,对分析师实地调研获取私有信息的需求就越大,这会提高分析师挖掘私有信息带来的预期收益,因此分析师对这类公司进行实地调研的动机也越强(徐媛媛等,2015)。上市公司收到问询函说明其信息披露存在不足,此时机构投资者会更加关注公司的真实状况,导致其对分析师私有信息的需求增加,使得私有信息价值提高,此时可能会促使分析师对收函公司进行实地调研。但另一方面,如果上市公司的机构投资者家数多或者机构投资者持股比例高,那么机构投资者可能会有较大的话语权,其与上市公司高层沟通并获取内部消息的渠道比分析师更加直接、迅速,获取内部信息的效率比分析师实地调研更高,此时相较于等待分析师挖掘私有信息并出具分析报告,机构投资者可能会选择直接与高层沟通,从而会降低其对分析师挖掘私有信息的需求,进而降低分析师对收函公司进行实地调研的动机。

本章以机构投资者持股情况对样本进行分组:① 如果持股上市公司的机构投资者家数多于样本中位数,则划分到机构投资者持股多的样本组,反之则划分到机构投资者持股少的样本组;② 如果上市公司的机构投资者持股比例高于样本中位数,则划分到机构投资者持股多的样本组,反之则划分到机构投资者持股少的样本组。具体的分组回归结果如表6-6所示。

表6-6第(1)—(4)列为交易所年报问询监管对分析师实地调研强度影响的分组结果,结果显示在机构投资者持股家数多、持股比例高的样本组中,Treat×Post的系数显著为负;在机构投资者持股家数少、持股比例低的样本组中,Treat

表 6-5　异质性分析：按信息透明度分组

变量	Visit6 信息透明度评级 信息透明度高 (1)	Visit6 信息透明度评级 信息透明度低 (2)	Visit6 信息透明度指标 信息透明度高 (3)	Visit6 信息透明度指标 信息透明度低 (4)	Fd 信息透明度评级 信息透明度高 (5)	Fd 信息透明度评级 信息透明度低 (6)	Fd 信息透明度指标 信息透明度高 (7)	Fd 信息透明度指标 信息透明度低 (8)
Treat×Post	−0.011 (−0.02)	−0.090* (−1.80)	0.034 (0.38)	−0.208*** (−2.64)	0.134 (0.53)	−0.527*** (−2.61)	−0.218 (−0.87)	−0.553 (−1.16)
Size	0.179 (1.27)	0.230*** (5.28)	0.157** (2.06)	0.212*** (3.20)	0.024 (0.19)	0.115 (0.91)	0.190 (1.17)	0.107 (0.56)
Lev	0.108 (0.23)	−0.072 (−0.50)	0.092 (0.34)	0.221 (0.99)	−0.290 (−0.45)	−0.953* (−1.83)	0.139 (0.17)	−1.777* (−1.89)
Loss	−0.181 (−0.86)	−0.303*** (−8.76)	−0.292*** (−5.12)	−0.336*** (−6.02)	2.354* (1.85)	0.160 (0.95)	0.328 (1.12)	0.274 (0.87)
Mb	−1.152*** (−3.73)	−0.746*** (−6.26)	−0.889*** (−4.32)	−0.723*** (−3.95)	0.365 (1.00)	0.091 (0.24)	0.561 (1.20)	−0.166 (−0.26)
Top1	−0.305 (−0.29)	−0.016 (−0.06)	−0.446 (−0.88)	−0.124 (−0.30)	0.384 (0.34)	0.138 (0.20)	−0.521 (−0.46)	0.791 (0.65)
Dual	−0.083 (−0.72)	0.048 (1.08)	0.045 (0.62)	0.031 (0.43)	0.010 (0.08)	−0.139 (−0.98)	−0.323 (−1.61)	0.144 (0.58)
InstRatio	−0.038 (−0.14)	0.450*** (4.09)	0.662*** (2.48)	0.692*** (3.45)	0.026 (0.07)	−0.703*** (−2.59)	−0.850* (−1.83)	−0.178 (−0.30)

(续表)

变量	Visit6 信息透明度评级 信息透明度高 (1)	Visit6 信息透明度评级 信息透明度低 (2)	Visit6 信息透明度指标 信息透明度高 (3)	Visit6 信息透明度指标 信息透明度低 (4)	Fd 信息透明度评级 信息透明度高 (5)	Fd 信息透明度评级 信息透明度低 (6)	Fd 信息透明度指标 信息透明度高 (7)	Fd 信息透明度指标 信息透明度低 (8)
Age	−0.328	−0.894***	−0.143	−0.553*	−0.359	1.278***	−0.182	1.538
	(−0.97)	(−7.76)	(−0.41)	(−1.77)	(−0.97)	(3.70)	(−0.26)	(1.36)
Big4	0.253	0.349	0.307	0.205	−0.046	0.482	−0.049	0.688
	(0.76)	(1.58)	(0.94)	(0.88)	(−0.07)	(0.91)	(−0.29)	(0.86)
AbsDA	−0.407*	−0.077	−0.078	−0.191*	−0.043	−0.345	−0.119	−0.128
	(−1.94)	(−1.01)	(−0.38)	(−1.89)	(−0.19)	(−1.24)	(−0.19)	(−0.41)
Horizon	−0.225	−1.505*	−1.196	−1.889	0.443***	0.790***	0.537***	0.779***
	(−0.07)	(−1.68)	(−0.71)	(−1.25)	(4.65)	(9.09)	(5.31)	(4.90)
Constant	2 405	9 561	4 454	4 454	2 198	−7.454***	−5.505	−8.126*
					(−0.78)	(−2.72)	(−1.54)	(−1.82)
Firm Fe	控制	控制	控制	控制	控制	控制	控制	控制
Year Fe	控制	控制	控制	控制	控制	控制	控制	控制
N	2 405	9 561	4 454	4 454	2 076	6 447	3 196	3 081
Adj. R^2	0.569	0.474	0.547	0.544	0.334	0.156	0.281	0.173

注：括号内为 t 值；*、**、*** 分别代表10%、5%、1%的显著性水平。

表 6-6 异质性分析：按机构投资者持股情况分组

变量	Visit6 持股家数 多 (1)	Visit6 持股家数 少 (2)	Visit6 持股比例 高 (3)	Visit6 持股比例 低 (4)	Fd 持股家数 多 (5)	Fd 持股家数 少 (6)	Fd 持股比例 高 (7)	Fd 持股比例 低 (8)
Treat×Post	−0.198**	0.001	−0.172**	−0.068	−0.530**	−0.466	−0.672**	−0.553*
	(−2.08)	(0.02)	(−2.24)	(−0.98)	(−1.98)	(−1.30)	(−2.37)	(−1.85)
Size	0.117*	0.138**	0.231***	0.270***	0.269**	−0.244	0.159	0.166
	(1.75)	(2.39)	(3.91)	(4.51)	(2.18)	(−0.95)	(1.10)	(0.91)
Lev	−0.032	0.177	−0.048	0.052	−0.462	−1.047	−0.791	−0.555
	(−0.14)	(1.00)	(−0.23)	(0.27)	(−1.00)	(−1.16)	(−1.30)	(−0.79)
Loss	−0.349***	−0.231***	−0.257***	−0.345***	0.724***	0.076	0.776***	−0.030
	(−4.87)	(−5.66)	(−5.03)	(−7.26)	(2.63)	(0.31)	(2.77)	(−0.12)
Mb	−0.983***	−0.379***	−1.002***	−0.631***	0.392	−0.228	0.025	0.760
	(−5.43)	(−2.58)	(−6.72)	(−3.58)	(1.14)	(−0.36)	(0.06)	(1.63)
Top1	−0.089	−0.109	−0.067	0.572	−0.192	0.446	0.357	−1.006
	(−0.20)	(−0.35)	(−0.18)	(1.51)	(−0.24)	(0.32)	(0.43)	(−0.87)
Dual	0.062	−0.023	0.066	0.046	0.051	−0.285	−0.002	−0.189
	(0.88)	(−0.48)	(1.04)	(0.80)	(0.36)	(−1.12)	(−0.01)	(−1.02)
InstRatio	0.319*	0.205*	0.532**	1.036***	−0.378	−0.477	−0.375	−1.372**
	(1.77)	(1.73)	(2.50)	(4.66)	(−1.54)	(−0.94)	(−0.79)	(−2.01)

(续表)

变量	Visit6				Fd			
	持股家数		持股比例		持股家数		持股比例	
	多	少	高	低	多	少	高	低
	(1)	(2)	(3)	(4)	(5)	(6)	(7)	(8)
Age	−0.563***	−0.939***	−0.453***	−0.567***	0.456	1.518***	0.283	1.277**
	(−2.92)	(−7.21)	(−2.60)	(−3.52)	(1.32)	(2.72)	(0.71)	(2.42)
Big4	0.267	0.141	0.240	0.278	0.283	0.387	0.088	0.532
	(1.30)	(0.70)	(1.22)	(0.90)	(0.74)	(0.82)	(0.21)	(1.14)
AbsDA	−0.182*	−0.074	−0.110	−0.039	0.038	−1.005**	−0.032	−0.672*
	(−1.73)	(−0.75)	(−1.15)	(−0.34)	(0.15)	(−2.01)	(−0.11)	(−1.65)
Horizon	1.083	0.059	−2.115*	−3.243***	0.628***	0.701***	0.650***	0.717***
	(0.79)	(0.05)	(−1.69)	(−2.71)	(6.49)	(5.25)	(6.24)	(6.23)
Constant	控制	控制	控制	控制	−9.228***	0.597	−6.310**	−8.095**
					(−3.48)	(0.11)	(−2.04)	(−2.07)
Firm Fe	控制	控制	控制	控制	控制	控制	控制	控制
Year Fe	控制	控制	控制	控制	控制	控制	控制	控制
N	5 855	6 111	5 983	5 983	5 183	3 340	4 493	4 030
Adj. R^2	0.477	0.466	0.554	0.483	0.196	0.165	0.164	0.177

注:括号内为 t 值;*、**、*** 分别代表 10%、5%、1% 的显著性水平。

×Post 的系数并不显著,这表明交易所年报问询监管对分析师实地调研行为的负向影响在机构投资者持股家数多、比例高的企业中更显著。第(5)—(8)列为交易所年报问询监管对分析师盈余预测分歧度影响的分组结果,相应地,回归结果也表明交易所年报问询监管对分析师盈余预测分歧度的影响在机构投资者持股家数多、比例高的企业中更为显著。

3. 产权性质

国有企业在一定程度上会获得政府部门的支持,因此其经营风险、诉讼风险等相对而言都会比较低,经营状况也会较稳定;此外,国有企业需要承担更多的社会责任,需要实现国家经济发展战略、改变经济结构失衡状况等非经济目标(黄速建和余菁,2006),并不是一味地追求利润最大化,因此追求经济利润的动机较低,且受到的规范和约束较多。综上,国有企业收到的问询函中涉及的问题可能不如非国有企业严重,此时交易所年报问询监管对分析师实地调研成本和收益权衡的影响可能并不明显。

本章以上市公司是否为国有产权性质对样本进行分组回归,回归结果如表 6-7 所示。第(1)、(2)列为交易所年报问询监管对分析师实地调研强度影响的分组结果,结果显示:在国有产权性质的样本组中,Treat×Post 的系数不显著;而在非国有产权性质的样本组中,Treat×Post 的系数显著为负。这表明交易所年报问询监管对分析师实地调研行为的负向影响在非国有产权性质的企业中更显著。第(3)、(4)列为交易所年报问询监管对分析师盈余预测分歧度影响的分组结果,结果显示两组 Treat×Post 的系数都在 5% 的统计水平上显著为负,推测可能是国有企业受到的规范和约束更多,因此更加重视问询函的影响,使得公共信息披露状况的改善程度更高,进而导致分析师在处理获得的公共信息时产生的分歧也相应减少。

表 6-7 异质性分析:按产权性质分组

变量	Visit6 国有 (1)	Visit6 非国有 (2)	Fd 国有 (3)	Fd 非国有 (4)
Treat×Post	−0.123 (−1.23)	−0.147*** (−2.73)	−0.821** (−2.08)	−0.493** (−2.48)

(续表)

变量	Visit6 国有 (1)	Visit6 非国有 (2)	Fd 国有 (3)	Fd 非国有 (4)
Size	0.207***	0.286***	0.326*	0.051
	(2.62)	(6.41)	(1.84)	(0.46)
Lev	−0.047	0.003	0.103	−0.914**
	(−0.15)	(0.02)	(0.13)	(−1.98)
Loss	−0.272***	−0.347***	0.499	0.304*
	(−4.53)	(−8.81)	(1.28)	(1.68)
Mb	−0.738***	−0.879***	1.254**	−0.223
	(−3.50)	(−7.19)	(1.99)	(−0.74)
Top1	−0.161	−0.073	−0.729	0.437
	(−0.36)	(−0.24)	(−0.64)	(0.67)
Dual	0.084	0.036	0.309	−0.191
	(0.83)	(0.86)	(1.17)	(−1.64)
InstRatio	0.434*	0.398***	0.784*	−0.797***
	(1.85)	(3.76)	(1.67)	(−3.66)
Age	−0.340	−0.856***	0.148	0.861***
	(−1.17)	(−6.48)	(0.27)	(2.95)
Big4	0.120	0.431*	0.678	0.044
	(0.63)	(1.87)	(0.97)	(0.15)
AbsDA	−0.148	−0.089	0.289	−0.432*
	(−1.16)	(−1.09)	(0.73)	(−1.72)
Horizon			0.372***	0.748***
			(2.86)	(9.32)
Constant	−2.054	−2.589***	−9.990**	−5.057**
	(−1.14)	(−2.84)	(−2.51)	(−2.06)
Firm Fe	控制	控制	控制	控制
Year Fe	控制	控制	控制	控制
N	2 755	9 211	1 863	6 660
Adj. R^2	0.573	0.489	0.181	0.203

注:括号内为 t 值;*、**、*** 分别代表10%、5%、1%的显著性水平。

6.2.6 交易所年报问询监管对分析师盈余预测偏差和乐观程度的影响

分析师对收函公司盈余预测分歧度的下降可能是分析师通过实地调研挖掘的私有信息减少导致的,并不一定意味着收函公司公共信息披露质量的改善。因此,本章利用另外两个变量——盈余预测偏差(Ferror)和盈余预测乐观程度(Opt)进行回归,回归结果如表 6-8 所示。第(1)、(2)列中 Treat×Post 的系数都显著为负,表明交易所年报问询监管降低了分析师对收函公司盈余预测的偏差和乐观程度。这个结果一定程度上说明交易所年报问询监管能够提升公共信息的披露质量,并且监管机构的关注也降低了分析师对收函公司业绩的乐观倾向,使得分析师的盈余预测更接近公司后续披露的盈余信息。交易所年报问询监管降低了分析师对收函公司实地调研挖掘私有信息的倾向,同时公共信息披露状况的改善弥补了分析师获取的收函公司私有信息的减少,一定程度上表明公共信息披露监管与私有信息挖掘之间存在替代效应。

表 6-8 交易所年报问询监管对分析师预测偏差和乐观程度的影响

变量	Ferror (1)	Opt (2)
Treat×Post	−0.475*	−0.479*
	(−1.85)	(−1.86)
Size	−0.022	0.048
	(−0.15)	(0.33)
Lev	1.367**	−1.357**
	(−2.38)	(−2.35)
Loss	1.230***	1.243***
	(5.61)	(5.61)
Mb	0.757*	0.707*
	(1.91)	(1.76)
Top1	0.180	0.205
	(0.23)	(0.26)
Dual	−0.094	−0.078
	(−0.62)	(−0.51)
InstRatio	−1.011***	−1.031***
	(−3.10)	(−3.12)

(续表)

变量	Ferror (1)	Opt (2)
Age	1.426***	1.318***
	(3.97)	(3.63)
Big4	−0.047	−0.063
	(−0.17)	(−0.23)
AbsDA	−0.639**	−0.674**
	(−2.39)	(−2.51)
Horizon	1.666***	1.701***
	(17.35)	(17.57)
Constant	−9.360***	−10.860***
	(−3.12)	(−3.55)
Firm Fe	控制	控制
Year Fe	控制	控制
N	9 623	9 623
Adj. R^2	0.219	0.219

注:括号内为 t 值;*、**、*** 分别代表 10%、5%、1% 的显著性水平。

6.2.7 稳健性检验

为了验证本章主要回归结果的稳健性,本章还采取了以下方式进行稳健性检验:

1. 更改被解释变量衡量方法

对上市公司进行实地调研挖掘私有信息表明分析师对该公司的关注度较高,而分析师跟踪人数一定程度上也能够反映分析师对该公司的关注度,所以本章构建变量 Analyst 衡量上市公司的分析师跟踪人数。表 6-9 第(1)列为交易所年报问询监管对上市公司当年分析师跟踪人数的影响,回归结果显示 Treat×Post 的系数在 1% 的统计水平上显著为负,表明监管机构的这种非处罚性监管会降低分析师当年对收函公司的关注度。

分析师实地调研强度低的上市公司可能本身信息披露质量较差,因此收到问询函的概率更大,从而导致互为因果的内生性问题。因此本章汇总上市公司 i 第 $t+1$ 年被各分析师实地调研的次数总和以及分析师跟踪人数并进行回归,结果如表6-9第(2)、(3)列所示,Treat×Post的系数仍然显著为负,表明交易所年报问询监管会降低上市公司下一年被分析师实地调研的强度以及减少分析师跟踪人数。第(4)列为交易所年报问询监管对分析师下一年盈余预测分歧度的影响,Treat×Post的系数仍显著为负。以上结果与前述研究结论一致,证明了结论的稳健性。

表6-9 稳健性检验1:更改被解释变量衡量方法

变量	Analyst (1)	Visit$_{t+1}$ (2)	Analyst$_{t+1}$ (3)	Fd (4)
Treat×Post	−0.280***	−0.092*	−0.186***	−0.733***
	(−6.68)	(−1.65)	(−3.79)	(−3.33)
Size	0.506***	0.378***	0.486***	0.108
	(15.08)	(9.42)	(14.41)	(1.01)
Lev	−0.119	−0.075	−0.155	−0.825*
	(−0.97)	(−0.53)	(−1.22)	(−1.91)
Loss	−0.460***	−0.314***	−0.451***	0.309*
	(−16.86)	(−9.34)	(−16.17)	(1.82)
Mb	−1.407***	−1.039***	−1.314***	0.162
	(−15.78)	(−9.71)	(−13.70)	(0.53)
Top1	0.176	−0.016	0.108	0.303
	(0.78)	(−0.06)	(0.45)	(0.52)
Dual	0.024	0.019	0.025	−0.086
	(0.70)	(0.47)	(0.70)	(−0.71)
InstRatio	0.435***	0.285***	0.499***	−0.632***
	(5.35)	(2.76)	(5.55)	(−2.63)
Age	−0.754***	−1.083***	−0.629***	0.740**
	(−8.17)	(−9.33)	(−5.95)	(2.56)
Big4	0.254*	0.254*	0.296**	0.110
	(1.87)	(1.77)	(2.03)	(0.29)
AbsDA	−0.054	−0.006	−0.076	−0.336
	(−0.90)	(−0.09)	(−1.18)	(−1.48)
Horizon				0.663***
				(9.27)

(续表)

变量	Analyst (1)	Visit$_{t+1}$ (2)	Analyst$_{t+1}$ (3)	Fd (4)
Constant	−6.928***	−3.987***	−6.976***	−6.063***
	(−10.08)	(−4.84)	(−10.07)	(−2.66)
Firm Fe	控制	控制	控制	控制
Year Fe	控制	控制	控制	控制
N	11 966	10 882	10 882	7 828
Adj. R^2	0.674	0.539	0.682	0.202

注:括号内为 t 值;*、**、*** 分别代表10%、5%、1%的显著性水平。

2. 基于PSM检验

为了验证本章实证结果的稳健性,本章进一步使用 PSM-DID 方法考察交易所年报问询监管对分析师实地调研行为以及盈余预测分歧度的影响。具体地,选择首次被问询的样本,采用资产规模(Size)、负债水平(Lev)、是否亏损(Loss)、账面市值比(Mb)、第一大股东持股比例(Top1)、两职合一(Dual)、机构投资者持股比例(InstRatio)、上市时长(Age)、是否四大审计(Big4)以及盈余管理程度(AbsDA),对被问询公司样本和从未被问询公司样本进行 PSM 匹配。

本章利用以上变量分别进行了 1∶4 近邻匹配、半径匹配以及核匹配,表 6-10 为采用 PSM 后的回归结果。第(1)—(3)列为实地调研的回归结果,第(4)—(6)列为盈余预测分歧度的回归结果。结果显示,Treat×Post 的系数仍然都显著为负,表明本章的研究结论稳健,即相较于未收到问询函的上市公司而言,交易所年报问询监管会降低收函公司被分析师进行实地调研的强度以及分析师的盈余预测分歧度。

表 6-10 稳健性检验2:基于 PSM 检验

变量	Visit6			Fd		
	1∶4 匹配 (1)	半径匹配 (2)	核匹配 (3)	1∶4 匹配 (4)	半径匹配 (5)	核匹配 (6)
Treat×Post	−0.083*	−0.085*	−0.082*	−0.458**	−0.418**	−0.461**
	(−1.66)	(−1.71)	(−1.73)	(−2.38)	(−2.17)	(−2.39)

(续表)

变量	Visit6 1∶4匹配 (1)	Visit6 半径匹配 (2)	Visit6 核匹配 (3)	Fd 1∶4匹配 (4)	Fd 半径匹配 (5)	Fd 核匹配 (6)
Size	0.248***	0.237***	0.249***	0.059	0.037	−0.010
	(5.24)	(5.32)	(5.76)	(0.44)	(0.29)	(−0.07)
Lev	−0.037	−0.044	−0.081	−1.138**	−1.128**	−1.147**
	(−0.23)	(−0.27)	(−0.50)	(−2.12)	(−2.14)	(−2.05)
Loss	−0.337***	−0.318***	−0.340***	0.127	0.165	0.207
	(−8.78)	(−8.32)	(−9.23)	(0.70)	(0.95)	(1.18)
Mb	−0.770***	−0.835***	−0.797***	0.219	0.132	0.211
	(−5.82)	(−6.71)	(−6.62)	(0.55)	(0.36)	(0.57)
Top1	0.295	0.269	0.225	0.259	0.343	0.199
	(0.97)	(0.95)	(0.81)	(0.34)	(0.49)	(0.28)
Dual	0.030	0.034	0.034	−0.210	−0.107	−0.108
	(0.63)	(0.77)	(0.80)	(−1.47)	(−0.80)	(−0.81)
InstRatio	0.501***	0.512***	0.513***	−0.493*	−0.382	−0.362
	(3.86)	(4.22)	(4.31)	(−1.76)	(−1.44)	(−1.29)
Age	−0.900***	−0.953***	−0.965***	0.929**	0.968***	1.169***
	(−7.15)	(−7.86)	(−8.17)	(2.54)	(2.76)	(3.17)
Big4	0.182	0.228	0.219	0.227	0.290	0.277
	(0.82)	(1.17)	(1.23)	(0.38)	(0.56)	(0.57)
AbsDA	−0.097	−0.097	−0.096	−0.360	−0.375	−0.410
	(−1.20)	(−1.30)	(−1.29)	(−1.20)	(−1.26)	(−1.43)
Horizon				0.762***	0.775***	0.754***
				(7.46)	(8.13)	(6.85)
Constant	−1.861*	−1.486	−1.720*	−5.694**	−5.398**	−4.658
	(−1.95)	(−1.64)	(−1.96)	(−2.05)	(−2.03)	(−1.54)
Firm Fe	控制	控制	控制	控制	控制	控制
Year Fe	控制	控制	控制	控制	控制	控制
N	9 072	11 542	11 679	6 430	8 297	8 364
Adj. R^2	0.483	0.480	0.483	0.184	0.182	0.181

注:括号内为 t 值;*、**、*** 分别代表10%、5%、1%的显著性水平。

3. 平行趋势检验

为了验证收到交易所问询函这一冲击的外生性,本章进行平行趋势检验,以检验研究结论的稳健性,表 6-11 为平行趋势检验的回归结果。结果显示,$Before_{i,t-n}$ 的系数都不显著,而 $After_{i,t+n}$ 的系数基本都显著为负。该回归结果说明模型(6-1)、模型(6-2)满足平行趋势假设。

表 6-11　稳健性检验 3:平行趋势检验

变量	Visit6 (1)	Fd (2)
$Before_{i,t-6}$	0.022	−0.464
	(0.16)	(−1.26)
$Before_{i,t-5}$	0.047	−0.643
	(0.35)	(−1.41)
$Before_{i,t-4}$	−0.192	−0.718
	(−1.34)	(−1.54)
$Before_{i,t-3}$	−0.133	−0.385
	(−0.98)	(−0.86)
$Before_{i,t-2}$	−0.190	−0.007
	(−1.40)	(−0.02)
$Before_{i,t-1}$	−0.211	−0.574
	(−1.46)	(−1.27)
$Current_{i,t}$	−0.312**	−0.731
	(−2.21)	(−1.62)
$After_{i,t+1}$	−0.292*	−1.017**
	(−1.96)	(−2.08)
$After_{i,t+2}$	−0.226	−1.259**
	(−1.44)	(−2.42)
$After_{i,t+3}$	−0.317*	−1.822***
	(−1.86)	(−3.35)
$After_{i,t+4}$	−0.483**	−0.807
	(−2.31)	(−0.91)
Size	0.277***	0.101
	(7.32)	(1.04)
Lev	−0.014	−0.690*
	(−0.10)	(−1.72)
Loss	−0.321***	0.375**
	(−9.58)	(2.32)

(续表)

变量	Visit6 (1)	Fd (2)
Mb	−0.856***	0.121
	(−8.26)	(0.44)
Top1	−0.008	0.256
	(−0.03)	(0.47)
Dual	0.040	−0.088
	(1.03)	(−0.80)
InstRatio	0.405***	−0.505**
	(4.28)	(−2.50)
Age	−0.831***	0.769***
	(−8.21)	(3.11)
Big4	0.283*	0.284
	(1.85)	(0.87)
AbsDA	−0.112	−0.320
	(−1.64)	(−1.53)
Horizon		0.692***
		(10.20)
Constant	−2.438***	−6.050***
	(−3.13)	(−2.91)
Firm Fe	控制	控制
Year Fe	控制	控制
N	11 966	8 523
Adj. R^2	0.508	0.184

注：括号内为 t 值；*、**、*** 分别代表 10%、5%、1% 的显著性水平。

6.2.8 分析师对收函公司和未收函公司精力分配的变化

以上结果表明，交易所年报问询监管降低了分析师对收函公司进行实地调研的倾向以及关注度，这是否会引导分析师将更多的精力分配到未收函公司，比如开始跟踪之前未关注且未收到问询函的公司？本章拟对此展开进一步的探究，并基于分析师选择放弃跟踪收函公司并将精力用于跟踪之前未关注且未收到问询函的公司这一精力分配变化事件进行分析。

本章仍以分析师所属券商的跟踪行为作为分析师跟踪行为的衡量指标,并分别定义退出跟踪和新增跟踪:① 券商 j 于 $t-1$ 年跟踪上市公司 i,并于 t 年不再跟踪上市公司 i,则定义为 t 年退出跟踪;② 券商 j 于 $t-1$ 年未跟踪上市公司 i,并于 t 年开始跟踪上市公司 i,则定义为 t 年新增跟踪。

以 2015—2019 年识别出的存在退出跟踪或新增跟踪行为的券商为样本,汇总该样本内各分析师每年退出跟踪和新增跟踪的公司数量,作为分析师跟踪行为的衡量指标,分析结果如表 6-12 Panel A 所示。结果显示分析师每年退出跟踪的收函公司数量均值(4.429)显著高于新增跟踪的收函公司数量均值(3.041),表明分析师会降低对收函公司进行跟踪的倾向,即对其分配的精力减少;同时,分析师每年退出跟踪的未收函公司数量均值(56.186)显著低于新增跟踪的未收函公司数量均值(62.351),考虑到分析师精力有限,新增跟踪的未收函公司数量更多,推测是由于分析师将之前分配给收函公司的精力(包括跟踪以及实地调研精力)更多地转向了之前未关注的未收函公司。以上结果表明,交易所年报问询监管影响了分析师后续的精力分配,并引导分析师将其精力更多地分配到其他未受问询监管的公司,一定程度上能够提高分析师的资源配置效率。

值得注意的是,本章认为交易所年报问询监管会降低分析师对收函公司进行实地调研的倾向以及关注度,但从分析师 t 年新增跟踪的收函公司数量来看,仍然存在部分分析师会对收函公司施加关注,这似乎与本章假设存在矛盾。因此,本章进一步对分析师退出跟踪和新增跟踪的收函公司特征进行比较,探究影响分析师新增跟踪收函公司的相关因素,具体结果如表 6-12 Panel B 所示。数据显示,相较于分析师退出跟踪的收函公司,分析师新增跟踪的收函公司负债水平更低、亏损概率更小、每股收益更高、资产收益率更高、年个股回报率更高、托宾 Q 值更大、账面市值比更低、独董占比更高、被违规处罚概率更小、由四大审计概率更大、出具非标准审计意见概率更小、机构投资者持股更多,以上表明新增跟踪的收函公司在偿债能力、盈利能力、成长能力、公司治理等方面都表现得相对更好。分析师在收函公司中选择表现相对更好的公司进行跟踪关注,可能是考虑到跟踪这些公司的预期收益会更高且成本相对更低,这与本章中交易所年报问询监管会降低分析师实地调研挖掘私有信息的收益并提高所需付出的成本,进而导致分析师降低实地调研倾向具有一定的逻辑一致性。

表 6-12　2015—2019 年分析师退出跟踪和新增跟踪行为分析

Panel A：分析师 t 年退出跟踪和新增跟踪公司数量比较

变量	样本量	均值	组间差异
分析师 t 年退出跟踪的收函公司数量	387	4.429	1.388***
分析师 t 年新增跟踪的收函公司数量	387	3.041	
分析师 t 年退出跟踪的未收函公司数量	387	56.186	−6.165**
分析师 t 年新增跟踪的未收函公司数量	387	62.351	
分析师 t 年退出跟踪的公司数量	387	60.615	−4.778*
分析师 t 年新增跟踪的公司数量	387	65.393	

Panel B：分析师退出跟踪和新增跟踪的收函公司特征比较

变量	退出跟踪的收函公司 样本量	退出跟踪的收函公司 均值	新增跟踪的收函公司 样本量	新增跟踪的收函公司 均值	组间差异
Size	1 424	22.510	854	22.378	0.132***
Age	1 424	2.377	854	2.409	−0.031
Lev	1 424	0.487	854	0.452	0.035***
Volatility	1 402	0.104	834	0.110	−0.007
Loss	1 424	0.297	854	0.117	0.180***
Eps	1 424	−0.180	854	0.348	−0.529***
Roa	1 424	−2.740	854	3.335	−6.075***
Return	1 424	−0.083	854	0.234	−0.317***
Tobinq	1 424	1.893	854	2.250	−0.358***
Mb	1 424	0.648	854	0.569	0.079***
AbsDA	1 424	0.139	854	0.174	−0.035***
Opacitya	1 323	0.684	794	0.672	0.012
Opacityb	1 424	0.035	854	0.036	−0.001
Dual	1 424	0.294	854	0.322	−0.028
Indep	1 424	0.346	854	0.359	−0.013**
Top1	1 424	0.267	854	0.282	−0.015***
Deficiency	1 424	0.250	854	0.220	0.030
Violated	1 424	0.390	854	0.285	0.105***
Big4	1 424	0.015	854	0.034	−0.019***
Audit	1 367	0.172	841	0.054	0.118***
Soe	1 424	0.168	854	0.177	−0.009
InstNum	1 424	3.499	854	3.901	−0.402***
InstRatio	1 424	0.324	854	0.381	−0.057***

注：*、**、*** 分别代表 10%、5%、1% 的显著性水平。

6.3 结论与启示

本章以2012—2019年深交所A股上市公司为研究样本,基于深交所对上市公司发放的年报问询函、分析师实地调研行为以及盈余预测数据,探究公共信息披露监管与私有信息挖掘之间的关系。结果表明,交易所年报问询监管会降低分析师进行实地调研的倾向,使得收函公司被分析师实地调研的强度降低,同时私有信息挖掘的减少也会降低分析师对收函公司的盈余预测分歧度,并且该影响主要体现在信息透明度低、机构投资者持股多以及非国有产权性质的企业中。此外,交易所年报问询监管改善了收函公司公共信息披露的质量,使得分析师对其盈余预测准确性提高且乐观程度下降,即预测结果更接近公司后续披露的自身盈余情况。同时,交易所年报问询监管也减少了分析师对收函公司所需投入的精力并引导分析师将精力更多地投在其他未受到交易所年报问询监管关注的企业上,从而提高了分析师的资源配置效率。以上结果表明公共信息披露监管与私有信息挖掘之间存在一定的替代关系。

本章研究结果也证明了交易所年报问询监管这种非处罚性监管制度的有效性,即能够在改善公共信息披露状况的同时,影响分析师的资源配置效率,进而可能对市场整体信息环境产生影响,因此要充分发挥交易所一线监管的作用,坚持高质量的问询监管,以促进资本市场及信息中介的有效运行。同时,本章研究结果对于上市公司信息披露决策也有一定的借鉴意义,上市公司应当提高信息披露质量,降低信息不透明度,从而获得分析师以及其他资本市场参与者更多的关注。

本章可能的贡献体现在以下三个方面:第一,本章从交易所年报问询监管角度识别了影响分析师资源配置的因素,丰富了分析师通过实地调研挖掘私有信息行为影响因素的相关文献。第二,本章从分析师行为角度入手,进一步拓展了交易所年报问询监管经济后果的相关研究。第三,本章探讨了公共信息披露监管与私有信息挖掘之间可能存在的互补或替代关系,在年报问询监管的场景中,交易所的问询监管导致的企业公共信息披露变化与分析师的私有信息挖掘行为之间存在一定的替代效应,该证据能为监管政策的制定提供一定参考。

第7章 交易所年报问询监管对市场主体行为的影响：对企业主体信用评级的影响

7.1 问题提出和理论分析

信用评级作为债券发行企业违约风险情况的体现，是投资者了解发行企业还本付息能力的重要途径，可以缓解投资者与企业之间的信息不对称，帮助投资者进行合理的投资决策，也使得企业获得与其风险水平匹配的融资，从而优化资本市场的资源配置，提高资本市场的运行效率。因此，信用评级在资本市场中扮演着举足轻重的角色。然而，自2014年3月"11超日债"发生违约至2017年年底，中国信用债市场共发生了111起债券违约事件，加之2009年欧债危机的爆发，信用评级的弊端显露出来，进而企业信用评级的客观公正性受到国内外公众的广泛关注，也引发国内外学者对于评级影响因素的热切研究。现有关于信用评级影响因素的研究主要集中在企业财务特征(Bottazzi and Secchi,2006；Poon et al.,2013)、公司治理(Ashbaugh-Skaife et al.,2006；吴育辉等,2017)和信息质量(Ashbaugh-Skaife et al.,2006；周小婷和黄书民,2017)三个方面，较少涉及外部事件冲击对企业主体信用评级的影响。而交易所问询监管行为可以通过降低企业的盈余管理程度(陈运森等,2018a)和强化评级机构对问询函鉴别出的"问题企业"的关注，对企业主体信用评级产生负向的影响(Ashbaugh-Skaife et al.,2006)，抑制虚高的主体信用评级。因此，本章从交易所年报问询监管这一外生事件出发，探究其对企业主体信用评级的影响。

具体而言，本章利用2015—2017年交易所上市公司年报问询数据与企业信用评级数据，分析了交易所年报问询监管对企业主体信用评级的影响。结果发现，交易所年报问询监管会降低被问询企业的主体信用评级。本章通过相关机制检验得出，年报问询监管行为会通过降低企业盈余管理程度和强化评级机构对"问题企业"的关注引起企业主体信用评级的降低，抑制膨胀的信用评级。进一步研究发现对于非国有企业和风险程度更高的企业，交易所年报问询监管行为降低企业主体信用评级的作用更明显。本章经过拓展探究还发现交易所年报问询监管对企业主体信用评级的降低作用还会波及企业的债券信用评级,对企业造成更为负面的影响。

信用评级是对经济主体或者债务融资工具的信用风险因素进行分析,并通过预先定义的信用等级符号就其偿债能力和偿债意愿作出的综合评价(张浩,2018)。根据评级对象的不同,信用评级被分为主体信用评级和债券信用评级两种。其中,主体信用评级是以企业或经济主体为对象进行的信用评级,在评级时主要考虑的是影响企业未来长短期偿债能力的因素;而债券信用评级则是以企业或经济主体发行的有价债券为对象进行的信用评级,它是在考察发债主体信用能力的基础上,结合债券条款及其偿付可获得的外部支持因素,对其综合偿债保障能力作出的判断。两者均度量的是企业未来的违约风险(Paul and Wilson,2007),且在资本市场中发挥减少评级对象和投资者之间信息不对称、促进资源有效配置、提高市场运作效率的作用。由于问询函的发放对企业自身有着更为直接的影响,因此本章将研究对主体信用评级产生的影响。

由于主体信用评级度量的是企业未来的违约风险(Paul and Wilson,2007),因此现有有关企业主体信用评级影响因素的研究主要集中在企业特征、公司治理和信息质量三个与企业违约风险息息相关的方面。在企业特征方面,相关研究主要集中在国外文献中,许多研究从企业规模(Bottazzi and Secchi,2006)、企业杠杆率(Poon et al.,2013)、企业年龄(Damodaran,2001)、盈利能力(Adams et al.,2003)与融资约束(Gamba,2003)视角进行了分析。相关研究发现规模越大、杠杆率越小、企业年龄越大、盈利能力越强以及融资约束越小的企业,其违约风险越低,主体信用评级越高。

在公司治理方面,现有研究均发现公司治理水平较高的企业主体信用评级也较高。例如,Ashbaugh-Skaife et al.(2006)和 Alali et al.(2012)发现公司治理会影响企业主体信用评级,且后者认为如果企业的公司治理水平有明显上升,主体信用评级也将得到提高。在此基础上,Bhojraj and Sengupta(2003)认为机构投资者能够起到一定的公司治理作用,能够对企业管理层进行一定的监督,从而提高企业主体信用评级。国内有关公司治理对企业主体信用评级的研究也较为丰富。例如,吴育辉等(2017)探讨了管理层能力与企业主体信用评级的关系,发现随着管理层能力的提升,企业主体信用评级也会提高,表明评级机构在信用评级中确实考虑了管理层能力。敖小波等(2017)与常启军和陆梦珍(2015)则从内部控制角度出发对信用评级影响因素进行了研究,分别发现公司内部控制质量更高和不存在内部控制缺陷时,企业主体信用评级更高。除此之外,陈文娟和陈汉文(2016)实证检验审计委员会特征及质量对企业主体信用评级的影响,研究表明审计委员会质量越好,即审计委员会规模越大、审计委员独立性越高及委员财会专业性越强,企业主体信用评级越高。

在信息质量方面,现有文献的研究结论并不一致。一方面,有研究表明较高的审计质量会带来较高的信用评级(周小婷和黄书民,2017);另一方面,有大量学者发现由于评级机构在评级时非常看重企业业绩,因此盈余管理程度与企业信用评级之间存在显著的正相关关系,即较低的审计质量可能伴随着较高的信用评级(Ashbaugh-Skaife et al.,2006;刘娥平和施燕平,2014)。

现有关于问询监管经济后果的研究主要集中于对问询监管的市场反应(陈运森等,2018a),问询函发放后企业在信息披露(Bozanic et al.,2017)、经营管理(Gietzmann et al.,2016)等行为上作出的改变,以及问询监管对股权人(Dechow et al.,2016)和会计师事务所(Gietzmann and Pettinicchio,2014;陈硕等,2018)等利益相关者行为产生的影响等方面,鲜有文献聚焦于债权人的角度,探究交易所年报问询监管对企业债权利益相关者的影响。

综上所述,中国问询监管公开披露制度与信用评级体系起步较晚,现有相关文献缺乏基于中国背景展开的相关研究。现有文献中尚无从债权人角度展开的对交易所问询监管经济后果的研究,交易所问询监管制度对于主体信用评级改变的研究更是一片空白;有关信用评级影响因素的研究也主要集中于探讨企业个体特征,而对例如收到交易所年报问询函这种外部事件冲击的探讨目前还较为匮乏。于是,为了丰富交易所年报问询监管经济后果与信用评级影响因素的相关研究,本章研究了交易所年报问询监管对企业主体信用评级的影响。

年报问询监管作为交易所一线监管部门规范上市公司信息披露行为的一种非行政处罚手段,在约束微观市场违规行为方面有一定的效力(陈运森等,2018b)。并且交易所发放问询函是企业信息披露存在瑕疵的信号,企业在按照交易所要求进行问询函回复,提供、补充或者修正已披露的财务信息后,会意识到未来在会计信息生产和披露方面的机会主义行为将面临更高的违规成本。公司的独立董事和会计师事务所在经历问询和回复的过程后,后续对企业的盈余管理和信息披露行为也会进行更加严格的监控(陈运森等,2018b)。同时,交易所年报问询监管行为能够引发或强化媒体舆论和证券分析师、机构投资者等市场参与者的治理作用(Bozanic et al.,2017)。因此,在受到问询监管后,理性的上市公司很可能会降低盈余管理水平,从而避免后续的进一步调查及可能面临的更加严厉的处罚。问询监管对企业后续盈余管理水平的降低作用已经被多数文献所证实(陈运森等,2018b;Cunningham et al.,2017)。

由于企业盈利能力会显著影响企业的主体信用评级,因此企业有强烈的动机进行盈余操纵来使账面利润更加"漂亮"以迎合评级机构,获得较高的信用评级。因此,盈余管理与企业主体信用评级存在显著的正向关系(Ashbaugh-Skaife et al.,2006;刘娥平和施燕平,2014)。但是,当交易所年报问询监管行为对企业盈余管理行为产生抑制作用时,企业主体信用评级也可能随之被调低。因此,本章提出如下假设:

假设1 交易所年报问询监管会降低被问询企业的主体信用评级。

假设2 交易所年报问询监管会降低被问询企业的盈余管理水平进而使得其主体信用评级降低。

交易所年报问询监管主要是对企业年报披露真实性、完整性、合规性的一种质疑,问询函的发放通常向外界传达出企业信息披露存在问题的负面信号,加之一般倾向于进行报表粉饰从而使得信息披露存在瑕疵的企业通常是经营状况不大理想或者企业风险比较高的"差企业",因此问询函的发放也间接鉴定出了"问题企业",从而引起利益相关者对这些"问题企业"的关注和对其信息披露质量、违约风险的质疑。其中,信用评级机构作为传递市场信息的中介机构,有着更敏锐的信息捕捉能力、更专业的分析能力和更大的社会舆论压力,加之中国评级市场存在着普遍的评级被高估即信用评级膨胀现象,问询函的发放势必会使评级机构在市场压力下加强对收到问询函的企业的关注,并降低对"问题企业"的主体信用评级,平抑膨胀的信用评级,以避免舆论和监管机构对其专业能力和独立性的质疑(Ashbaugh-Skaife et al.,2006)。因而,交易所年报问询函的发放会通过强化评级机构对这类"问题企业"的关注,引起企业主体信用评级的改变,抑制膨胀的信用评级。基于此分析,本章提出如下假设:

假设3 当企业是"问题企业"时,交易所年报问询监管降低企业主体信用评级的作用更明显。

7.2 实证研究

7.2.1 样本选取与数据来源

从2015年开始,沪深交易所开始试行公开披露上市公司年报的问询情况,故本章研究样本选取了2015—2017年发债的A股上市公司,上市公司财务数据、公司治理数据来源于CSMAR数据库,上市公司主体信用评级数据来源于Wind数据库,年报问询函相关数据为手工搜集整理。此外,本章删除了金融行业公司与ST公司等样本,经过整理、删除缺失值后,得到样本927个,相应的财务数据等连续变量进行了1%与99%的缩尾处理。

7.2.2 变量定义

1. 被解释变量

本章主要研究交易所年报问询监管对企业主体信用评级的影响,被解释变量为企业主体信用评级(FirmRating)。借鉴国内研究(吴育辉等,2017)的通用做法,定义当主体信用评级为AAA、AA+、AA、AA-、A+、A、BBB时,对企业信用评级分别赋值为7、6、5、4、3、2、1,如表7-1所示。按照上述赋值规则,FirmRating越大,表明企业主体信用评级越高。

表7-1　企业信用评级赋值

企业信用评级等级	信用评级含义	评级赋值得分
BBB	还债能力极一般,受不利经济的影响较大,违约风险一般	1
A	还债能力较强,较易受不利经济的影响,违约风险较低	2
A+	还债能力很强,易受不利经济的影响,违约风险较低	3
AA-	还债能力很强,受不利经济的影响,违约风险较低	4
AA	还债能力很强,受不利经济的影响,违约风险很低	5
AA+	还债能力极强,受不利经济的影响,违约风险很低	6
AAA	还债能力极强,基本不受不利经济的影响,违约风险极低	7

2. 解释变量

根据本章的研究主题,本章的解释变量被定义为是否收到交易所年报问询函(ClDum),若本年收到则取值为 1,否则取值为 0。

3. 控制变量

借鉴吴育辉等(2017)和林晚发等(2018)的研究,本章也对影响企业主体信用评级的其他变量进行控制。这些控制变量包括企业基本面和企业公司治理特征以及行业、年度变量。具体地,企业基本面层面控制变量包括企业规模(Size)、负债水平(Lev)、流动资产比例(Cr)、盈利能力(Roa)、经营风险(RoaRisk)、销售现金率(Cash)与成长能力(Growth)。企业公司治理层面控制变量包括四大审计(Big4)、第一大股东持股比例(Top1)、第一大股东与第二大股东持股数量之比(OneTwo)、审计意见(Opinion)、独立董事比例(Indep)、产权性质(Soe)与两职合一(Dual)。同时,本章还控制了行业、年度、企业个体、评级机构和企业所在省份的固定效应。

7.2.3 模型设定

为了分析年报问询监管行为对企业主体信用评级的影响,本章借鉴吴育辉等(2017)和林晚发等(2018)的模型设计,构建了模型(7-1)进行检验,并采用排序逻辑回归(Ordered Logistic Regression)。

$$\text{FirmRating}_{i,t} = \alpha_0 + \alpha_1 \text{ClDum}_{i,t} + \alpha_2 \text{Controls} + \text{Industry} + \text{Year} + \text{Province} + \text{Agency} + \varepsilon_{i,t} \quad (7\text{-}1)$$

其中,变量下标 i 表示企业,t 表示年度。α_0 为常数项,α_1 为交易所年报问询函的发放与企业主体信用评级的回归系数,$\varepsilon_{i,t}$ 为随机误差项。具体的变量定义见表 7-2。

表 7-2 变量定义

	变量符号	变量名称	变量定义
被解释变量	FirmRating	企业主体信用评级	当主体信用评级为 AAA、AA+、AA、AA−、A+、A、BBB 时,赋值分别为 7、6、5、4、3、2、1
解释变量	ClDum	是否收到交易所年报问询函	若在本年收到年报问询函,则取值为 1;否则,取值为 0

(续表)

	变量符号	变量名称	变量定义
控制变量	Size	企业规模	企业的期末资产总额取对数
	Lev	负债水平	资产负债率,企业期末总负债与期末总资产的比率
	Roa	盈利能力	总资产收益率,企业净利润与期末总资产的比率
	RoaRisk	经营风险	企业前5年总资产收益率的波动率
	Cr	流动资产比例	企业期末流动资产与期末资产的比率
	Cash	销售现金率	企业主营业务收到的现金与营业收入的比率
	Top1	第一大股东持股比例	股东构成中第一大股东年末持股比例的平方
	Indep	独立董事比例	董事会中独董数量占董事会总人数的比重
	OneTwo	第一大股东与第二大股东持股数量之比	股东构成中第一大股东与第二大股东持股数量之比
	Big4	四大审计	企业是否由四大会计师事务所审计,若是,则取值为1;否则,取值为0
	Soe	产权性质	企业是否为国有企业,若是,则取值为1;否则,取值为0
	Dual	两职合一	若企业董事长兼任总经理,则取值为1;否则,取值为0
	Growth	成长能力	企业的营业收入增长率
	Opinion	审计意见	企业是否被出具标准无保留意见,若是,则取值为1;否则,取值为0
固定效应	Industry	行业固定效应	行业虚拟变量,按照证监会2012年编码,制造业取前4位代码,其他行业取首字母
	Year	年度固定效应	年份虚拟变量
	Firm	企业个体固定效应	企业虚拟变量
	Province	省份固定效应	省份虚拟变量
	Agency	评级机构固定效应	评级机构虚拟变量

为了验证交易所年报问询监管行为是否会通过降低盈余管理程度进而降低企业主体信用评级,本章分两步分别检验了交易所年报问询监管行为对企业盈余管理的影响和企业盈余管理对企业主体信用评级的影响。在研究交易所年报问询监管行为对企业盈余管理的影响中,我们借鉴了Bozanic et al.(2017)的研究,构建了多时点DID模型,即采用个体时间固定效应模型(7-2)进行回归分析。

$$DA_{i,t} = \alpha_0 + \alpha_1 Post_{i,t} + \alpha_2 Controls + Industry + Year + Province + Agency + \varepsilon_{i,t} \qquad (7-2)$$

其中，DA 为企业的盈余管理变量，采用修正的琼斯模型分行业分年度回归得到的残差的绝对值度量。DA 值越大，企业盈余管理程度越高，年报信息披露质量越低。Post 是虚拟变量，如果企业某年年报在披露后被问询，则下一年及以后年度取值为 1，反之取值为 0。比如，企业 2014 年年报在 2015 年被问询，那么在 2015 年及以后年度，Post=1；而 2015 年之前，Post=0。按照本章的研究假设，如果年报问询监管能够改善年报信息披露质量，那么 Post 的系数应显著小于 0。控制变量与固定效应的定义见表 7-2。

在检验盈余管理对企业主体信用评级的影响时，本章借鉴 Ashbaugh-Skaife et al. (2006)构建了如下模型：

$$FirmRating_{i,t} = \alpha_0 + \alpha_1 DAPositive_{i,t} + \alpha_2 Controls + Industry + Year + Province + Agency + \varepsilon_{i,t} \qquad (7-3)$$

其中，DAPositive 为企业的盈余管理变量，采用修正的琼斯模型分行业分年度回归得到的残差的绝对值度量。DAPositive 值越大，企业盈余管理程度越高，年报信息披露质量越低。其他变量的含义如表 7-2 所示。

在检验交易所年报问询监管行为是否会通过强化评级机构对"问题企业"的关注从而降低企业主体信用评级时，本章将"问题企业"定义为业绩较差的企业和风险水平较高的企业，并根据企业业绩水平和风险水平高低进行分组回归。其中，业绩水平以企业总资产收益率的虚拟变量(ROA_Dummy)度量，企业的总资产收益率高于行业平均水平则取值为 1，否则取值为 0；风险水平以企业资产负债率的虚拟变量(Lev_Dummy)度量，企业的资产负债率高于行业平均水平则取值为 1，否则取值为 0。为排除公众对问询函发放的关注的干扰，纯粹地研究问询函的发放是否会引起评级机构对企业的关注，在这里将 Car 纳入控制变量中，Car 表示收到年报问询函的企业在交易所发放该问询函的公告日的－3 到 3 天的累计异常收益率。按照本章的研究假设，若问询函具有强化评级机构对"问题企业"的关注从而降低企业主体信用评级的作用，则业绩较差和风险水平较高的组别的解释变量的回归系数会更加显著。

7.2.4 描述性分析

表 7-3 给出了本章主要变量的描述性统计结果。从结果中我们可以得到，

第7章 交易所年报问询监管……对企业主体信用评级的影响　　181

企业主体信用评级变量 FirmRating 的均值为 5.460,债券发行主体的评级大多集中于 AA～AA+,这也间接说明中国发债企业的信用评级整体存在一定程度的偏高,这种现象可能是发行审批制所造成的。对于关键的解释变量 ClDum,其均值为 0.055,这说明在发债的上市公司中,有 5.5%的公司收到了交易所年报问询函。对于企业基本面层面控制变量,企业规模(Size)、负债水平(Lev)、盈利能力(Roa)、经营风险(RoaRisk)、流动资产比例(Cr)、销售现金率(Cash)与成长能力(Growth)的均值分别为 23.500、0.568、0.034、0.025、0.784、0.090 与 0.665。对于公司治理层面控制变量,第一大股东持股比例(Top1)、第一大股东与第二大股东持股数量之比(OneTwo)、独立董事比例(Indep)与两职合一(Dual)变量的均值分别为 0.121、12.600、0.373 与 0.196。研究样本中存在 13.6%的企业被四大会计师事务所审计,99.4%的企业被出具标准无保留的审计意见,47.4%的企业为国有企业。

表 7-3　描述性统计

变量	样本量	均值	中位数	标准差	最大值	最小值
FirmRating	927	5.460	5.000	0.969	7.000	1.000
ClDum	927	0.055	0.000	0.227	1.000	0.000
Roa	927	0.034	0.029	0.039	0.213	−0.175
Lev	927	0.568	0.572	0.168	0.940	0.054
Size	927	23.500	23.400	1.260	27.100	20.500
Big4	927	0.136	0.000	0.342	1.000	0.000
Opinion	927	0.994	1.000	0.075	1.000	0.000
RoaRisk	927	0.025	0.017	0.029	0.331	0.001
Indep	927	0.373	0.333	0.053	0.571	0.333
Top1	927	0.121	0.080	0.127	0.489	0.006
Cr	927	0.784	0.841	0.198	0.998	0.292
Cash	927	0.090	0.080	0.310	1.200	−1.530
OneTwo	927	12.600	4.040	20.100	100.000	1.000
Soe	927	0.474	0.000	0.500	1.000	0.000
Growth	927	0.665	0.080	21.900	18.000	−1.000
Dual	927	0.196	0.000	0.397	1.000	0.000

7.2.5 交易所年报问询监管对企业主体信用评级影响的回归分析

表7-4给出了交易所年报问询函的发放与企业主体信用评级的回归结果,其中第(1)列为没有加入控制变量的回归结果,第(2)列则是加入了相关控制变量及固定效应的回归结果。从中可以看出,第(1)、(2)列中ClDum的系数均在1%的统计水平上显著为负,这说明一旦企业年报被问询,企业当年主体信用评级就会降低,从而证实了假设1的合理性。对于其他控制变量,盈利能力越强、被四大会计师事务所审计、规模越大和第一大股东持股比例越高的企业主体信用评级越高,而负债水平越高和第一大股东与第二大股东持股数量之比越大的企业,主体信用评级越低。

表7-4 交易所年报问询监管与企业主体信用评级

变量	FirmRating (1)	FirmRating (2)
ClDum	−1.279***	−1.286***
	(−4.90)	(−2.72)
Roa		16.719***
		(4.38)
Lev		−7.603***
		(−7.85)
Size		3.729***
		(16.10)
Big4		0.869**
		(2.00)
Opinion		−1.120
		(−0.54)
RoaRisk		−1.487
		(−0.35)
Indep		−1.021
		(−0.59)
Top1		3.689***
		(3.56)

(续表)

变量	FirmRating	
	(1)	(2)
Cr		−0.503
		(−0.66)
Cash		0.590
		(1.53)
OneTwo		−0.014**
		(−2.43)
Soe		1.096***
		(4.74)
Growth		−0.038
		(−1.36)
Dual		−0.736***
		(−3.01)
Industry Fe	控制	控制
Year Fe	控制	控制
Province Fe	控制	控制
Agency Fe	控制	控制
N	1 079	892
Adj. R^2	0.009	0.581

注：括号内为 t 值；**、***分别代表5%、1%的显著性水平。

7.2.6 相关机制分析

1. 盈余管理

为了检验交易所年报问询监管是否通过抑制企业的盈余管理水平进而降低企业的主体信用评级,本章分两步分别检验了交易所年报问询监管对企业盈余管理的影响和企业盈余管理对企业主体信用评级的影响。回归结果如表7-5所示。由表可知,交易所年报问询监管对盈余管理的回归系数在5%的统计水平上显著为负,这表明一旦企业年报被交易所问询,企业下一年的盈余管理程度就将降低。在盈余管理对企业主体信用评级的回归中,回归系数显著为正,从而证明了盈余管理与企业主体信用评级呈正相关关系。因而,盈余管理是交易所年报问询监管降低企业主体信用评级的渠道这一结论得到了验证。

表 7-5　盈余管理机制分析

变量	DA (1)	FirmRating (2)
ClDum	−0.007**	
	(−2.02)	
DAPositive		0.579*
		(1.79)
Roa	0.205***	3.985***
	(7.68)	(4.51)
Lev	0.006	−1.205***
	(0.70)	(−7.49)
Size	0.009***	0.588***
	(4.29)	(19.46)
Big4	0.003	0.099
	(0.41)	(1.49)
Opinion	−0.017***	−0.305
	(−2.76)	(−1.39)
RoaRisk	0.019	0.063
	(1.50)	(0.07)
Indep	−0.019	−0.111
	(−0.96)	(−0.32)
Top1	−0.059***	0.501*
	(−4.40)	(1.79)
Cr	0.037***	0.091
	(4.08)	(0.55)
Cash	0.007***	0.179**
	(9.20)	(2.23)
OneTwo	0.000*	−0.003
	(1.77)	(−1.59)
Soe		0.245***
		(4.44)
Growth		−0.020***
		(−4.60)

(续表)

变量	DA (1)	FirmRating (2)
Dual		−0.120**
		(−2.26)
Year Fe	控制	控制
Firm Fe	控制	未控制
Industry Fe	未控制	控制
Agency Fe	未控制	控制
N	5 960	503
Adj. R^2	0.495	0.766

注：括号内为 t 值；*、**、*** 分别代表 10%、5%、1% 的显著性水平。

2. 强化评级机构对"问题企业"的关注

为了进一步研究评级机构对"问题企业"的关注是否是交易所年报问询监管影响企业主体信用评级的一个机制，本章将"问题企业"定义为业绩较差的企业和风险水平较高的企业，并根据企业业绩水平和风险水平高低进行分组回归。回归结果如表7-6所示。

从表7-6可以看出，在控制了公众对收函企业的关注后，只有在企业业绩水平低和风险水平高的组内，年报问询监管对企业主体信用评级才有显著的降低作用，这表明年报问询监管确实能够引起评级机构对"问题企业"的关注，进而引起作为利益相关者之一的评级机构降低对企业的主体信用评级，从而验证了假设3。

表7-6　强化评级机构对"问题企业"关注机制的回归结果

变量	FirmRating			
	业绩水平高 (1)	业绩水平低 (2)	风险水平高 (3)	风险水平低 (4)
ClDum	−0.907	−1.289**	−1.569***	−1.378
	(−0.91)	(−2.56)	(−2.83)	(−1.47)
Lev	−10.278***	−8.305***		
	(−5.85)	(−6.59)		

(续表)

变量	FirmRating			
	业绩水平高	业绩水平低	风险水平高	风险水平低
	(1)	(2)	(3)	(4)
Car	−35.684*	−17.554	−19.459	−31.874*
	(−1.74)	(−1.19)	(−1.24)	(−1.85)
Size	4.888***	3.317***	21.610***	23.838***
	(10.85)	(13.18)	(4.29)	(5.29)
Big4	3.819***	0.166	3.237***	3.714***
	(4.79)	(0.36)	(12.39)	(11.79)
Opinion		−0.704	0.442	2.279***
		(−0.57)	(0.91)	(3.46)
RoaRisk	−4.172	−0.138	0.089	−1.506
	(−0.53)	(−0.03)	(0.05)	(−0.66)
Indep	2.742	−2.444	9.715	−1.432
	(0.73)	(−1.02)	(1.33)	(−0.27)
Top1	5.680***	4.544***	−0.599	−2.879
	(3.10)	(3.37)	(−0.21)	(−0.90)
Cr	−1.313	0.260	4.395***	4.575***
	(−0.99)	(0.26)	(2.89)	(3.02)
Cash	0.876	0.606	0.233	−0.115
	(1.38)	(1.61)	(0.19)	(−0.10)
OneTwo	−0.007	−0.017**	1.178***	0.013
	(−0.58)	(−2.56)	(2.59)	(0.03)
Soe	1.417***	1.308***	−0.026***	−0.006
	(3.21)	(4.38)	(−3.01)	(−0.70)
Growth	−0.107	0.021	1.151***	1.428***
	(−1.17)	(0.41)	(3.55)	(3.320)
Dual	−0.216	−0.611*	−0.082*	−0.370**
	(−0.44)	(−1.91)	(−1.850)	(−2.120)
Industry Fe	控制	控制	控制	控制
Year Fe	控制	控制	控制	控制
Province Fe	控制	控制	控制	控制
Agency Fe	未控制	未控制	未控制	未控制
N	407	485	453	439
Adj. R^2	0.692	0.523	0.569	0.611

注：括号内为 t 值；*、**、*** 分别代表 10%、5%、1% 的显著性水平。

7.2.7 稳健性检验

1. 对主体信用评级进行替换

在主回归中,我们对企业主体信用评级进行了七级赋值,为了检验回归结果的稳健性,此处,我们将企业主体信用评级定义为虚拟变量。由于我国企业上市所必需的评级门槛为 AA 级及以上,在此,我们将信用评级在 AA 级及以上的组别(即 FirmRating≥5)定义为高评级组,赋值为 1;反之,将信用评级在 AA 级以下的组别(即 FirmRating<5)定义为低评级组,赋值为 0。回归结果如表 7-7 第(1)列所示。可以看出,此时相关系数为-0.995,且在 5% 的统计水平上显著,表明企业在收到交易所问询函后主体信用评级确实会下降。这也进一步验证了主回归结果的稳健性。

2. 对"问题企业"度量指标进行替换

在主回归中,我们以企业的业绩水平和风险水平来对企业是否是"问题企业"进行度量,这里,我们改用问询函中包含的问题数量(Number)来度量企业的信息质量高低。问询函中包含的问题数量越多,则企业的信息披露瑕疵越多,企业存在的问题可能越严重,因而越容易引起评级机构的关注。在此,我们引入问询函中包含的问题数量与问询函的交乘项,并建立如下模型:

$$\text{FirmRating}_{i,t} = \alpha_0 + \alpha_1 \text{ClDum}_{i,t} + \alpha_2 \text{ClDum}_{i,t} \times \text{Number}_{i,t} + \alpha_3 \text{Controls} + \text{Industry} + \text{Year} + \text{Province} + \text{Agency} + \varepsilon_{i,t} \quad (7\text{-}4)$$

其中,变量下标 i 表示企业,t 表示年度。α_0 为常数项,α_1 为交易所年报问询函的发放与企业主体信用评级的回归系数,α_2 为问询函发放与否与问询函中包含问题的数量的交乘项的回归系数,$\varepsilon_{i,t}$ 为随机误差项。

回归结果如表 7-7 第(2)列所示,从表中可以看出,问询函中包含问题的数量与问询函交乘项的系数显著为负,这表明,问询函所昭示的企业状况较差,会更加强化评级机构对这种企业的关注,进而使其主体信用评级下降得更为显著。

表 7-7　稳健性检验

变量	FirmRating (1)	FirmRating (2)
ClDum	−0.955**	0.691
	(−2.06)	(1.27)
ClDum×Number		−0.448*
		(−1.85)
Roa	20.872***	3.029***
	(3.02)	(3.25)
Lev	−5.926***	−1.276***
	(−4.26)	(−5.98)
Size	2.358***	0.588***
	(6.98)	(16.14)
Big4	−0.760	0.071
	(−1.55)	(0.73)
Opinion	0.487	0.229
	(0.19)	(0.46)
RoaRisk	0.089	−0.855
	(0.02)	(−1.08)
Indep	−0.317	−0.093
	(−0.13)	(−0.24)
Top1	2.794	0.474*
	(1.49)	(1.70)
Cr	−2.230	0.115
	(−1.58)	(0.62)
Cash	0.091	0.156**
	(0.28)	(2.12)
OneTwo	−0.010	−0.002
	(−1.29)	(−1.13)
Soe	0.426	0.212***
	(1.07)	(3.49)
Growth	0.029	−0.009
	(0.26)	(−1.07)
Dual	0.003	−0.103*
	(0.01)	(−1.87)

(续表)

变量	FirmRating	
	(1)	(2)
Province Fe	未控制	控制
Agency Fe	未控制	控制
Industry Fe	控制	控制
Year Fe	控制	控制
N	925	892
Adj. R^2	0.478	0.752

注：括号内为 t 值；*、**、*** 分别代表10%、5%、1%的显著性水平。

7.2.8 异质性分析

为了继续探究具有何种特征的企业在收到交易所年报问询函后更容易经历主体信用评级下降，本章进一步分析了交易所年报问询监管对不同风险水平与产权性质的企业主体信用评级的影响。

1. 不同风险水平下交易所年报问询监管对企业主体信用评级影响的差异

由于高风险企业更倾向于进行财务造假来避免被 ST 或退市，因此风险较高的企业更容易受到交易所的年报问询监管，且高风险企业更加脆弱，在受到问询监管这一不利事件冲击后的抵御能力更差，因而本章认为不同风险水平下的交易所年报问询监管对企业主体信用评级的影响存在差异。为了验证此观点，我们根据企业的风险水平高低进行分组回归，并引入企业的综合杠杆（财务杠杆×经营杠杆）作为企业总风险水平的度量。回归结果如表 7-8 第(1)、(2)列所示。可以看出，在高综合风险组，回归系数显著为负，这表明当企业风险水平较高时，交易所年报问询监管对企业主体信用评级的影响更加明显。

为了进一步探索高低风险企业中问询监管对主体信用评级影响的差异究竟是由财务风险导致的还是由经营风险导致的，本章继续根据企业的财务风险水平（以企业的财务杠杆度量）和经营风险水平（以企业的经营杠杆度量）进行分组回归。回归结果如表 7-8 第(3)—(6)列所示。由回归结果可见，不同财务风险水平下年报问询监管对主体信用评级的影响存在显著差异，财务风险较高的企业，交易所年报问询监管对企业主体信用评级的影响更加明显。而不同经营风险的企业,年报问询监管对主体信用评级影响的差异不明显。由此可知,评级机构对企业进行评级时,会更加关注企业的财务安全性,因为企业的财务风险会对企业的存续产生更加直接的影响。

表 7-8　不同风险水平下交易所年报问询监管对主体信用评级的影响

变量	FirmRating						
	高综合风险	低综合风险	高经营风险	低经营风险	高财务风险	低财务风险
	(1)	(2)	(3)	(4)	(5)	(6)
ClDum	−1.155**	−1.064	−1.275**	−1.721**	−1.792***	−0.281
	(−1.97)	(−1.27)	(−2.16)	(−2.13)	(−3.11)	(−0.35)
Roa	13.566**	11.984**	18.600***	10.519*	13.699**	10.501*
	(2.55)	(2.12)	(3.61)	(1.65)	(2.57)	(1.77)
Lev	−9.182***	−7.375***	−7.589***	−11.973***	−7.837***	−8.606***
	(−4.89)	(−5.25)	(−4.55)	(−6.88)	(−4.47)	(−5.82)
Size	3.502***	4.853***	3.503***	5.340***	3.442***	4.733***
	(9.83)	(12.57)	(10.50)	(11.98)	(10.21)	(12.51)
Big4	0.240	1.912***	0.693	2.266***	0.455	1.853***
	(0.37)	(3.04)	(1.16)	(3.21)	(0.76)	(2.79)
Opinion	−1.329		−1.048	−1.912	−1.294	
	(−1.00)		(−0.74)	(−0.26)	(−0.93)	
RoaRisk	−5.050	−1.831	1.264	−8.765*	−10.025	0.378
	(−0.51)	(−0.35)	(0.16)	(−1.74)	(−1.05)	(0.07)
Indep	−0.882	−1.309	2.179	−2.723	−2.239	−0.330
	(−0.28)	(−0.42)	(0.68)	(−0.80)	(−0.71)	(−0.11)
Top1	4.302**	4.775***	3.782**	6.624***	4.708***	4.930***
	(2.38)	(3.06)	(2.30)	(4.02)	(2.81)	(3.11)
Cr	−1.024	−1.072	−0.588	−2.434*	−0.033	−1.860
	(−0.66)	(−0.99)	(−0.43)	(−1.72)	(−0.02)	(−1.64)
Cash	0.648	0.132	0.042	0.994**	0.313	0.266
	(1.37)	(0.28)	(0.07)	(2.14)	(0.63)	(0.58)
OneTwo	−0.019**	−0.020**	−0.025***	−0.013	−0.022**	−0.015*
	(−1.96)	(−2.08)	(−2.81)	(−1.40)	(−2.44)	(−1.65)
Soe	1.074**	1.332***	0.885**	1.319***	0.773*	1.436***
	(2.53)	(3.49)	(2.30)	(3.37)	(1.86)	(3.77)

续表

变量	FirmRating					
	高综合风险	低综合风险	高经营风险	低经营风险	高财务风险	低财务风险
	(1)	(2)	(3)	(4)	(5)	(6)
Growth	0.115	−0.080	−0.615**	−0.027	−0.158	−0.073
	(0.37)	(−1.43)	(−2.23)	(−0.49)	(−0.49)	(−1.28)
Dual	−0.874**	−0.858**	−0.413	−0.941**	−0.652	−0.838**
	(−2.04)	(−2.19)	(−1.03)	(−2.19)	(−1.58)	(−2.02)
Province Fe	控制	控制	控制	控制	控制	控制
Agency Fe	控制	控制	控制	控制	控制	控制
Industry Fe	控制	控制	控制	控制	控制	控制
Year Fe	控制	控制	控制	控制	控制	控制
N	348	544	373	519	349	543
Adj. R^2	0.529	0.683	0.583	0.673	0.545	0.676

注:括号内为 t 值;*、**、*** 分别代表10%、5%、1%的显著性水平。

2. 不同产权性质下交易所年报问询监管对企业主体信用评级影响的差异

评级机构在对企业进行信用评级时主要关注的是企业的违约风险,而国有企业由于有政府的隐性担保(潘红波等,2008),与非国有企业相比其违约风险通常较低,因此本章认为年报问询监管对非国有企业主体信用评级的影响更大。为了进行检验,本章根据企业产权性质进行了分组回归,回归结果如表7-9第(1)、(2)列所示。可以看出,只有当企业为非国有企业时,ClDum的系数才显著为负,从而表明交易所年报问询函的发放对非国有企业主体信用评级的影响更为显著。

表7-9 不同产权性质下交易所年报问询监管对主体信用评级的影响

变量	FirmRating	
	国有企业	非国有企业
	(1)	(2)
ClDum	−0.702	−1.371**
	(−1.15)	(−2.26)
Roa	20.460***	18.623***
	(4.22)	(4.43)

(续表)

变量	FirmRating 国有企业 (1)	FirmRating 非国有企业 (2)
Lev	−8.248***	−7.318***
	(−6.03)	(−5.73)
Size	3.337***	4.046***
	(13.38)	(12.30)
Big4	1.426***	1.019*
	(2.97)	(1.77)
Opinion	−4.664***	4.036*
	(−3.37)	(1.88)
RoaRisk	10.895	−5.471
	(1.61)	(−1.29)
Indep	0.132	−4.497
	(0.05)	(−1.49)
Top1	4.633***	4.817***
	(3.74)	(3.09)
Cr	−0.535	−0.058
	(−0.63)	(−0.05)
Cash	0.497	0.370
	(1.29)	(0.77)
OneTwo	−0.004	−0.028***
	(−0.66)	(−2.95)
Growth	−0.113	−0.015
	(−0.48)	(−0.36)
Dual	−0.804*	−0.310
	(−1.85)	(−0.97)
Industry Fe	控制	控制
Year Fe	控制	控制
N	458	434
Adj. R^2	0.555	0.526

注:括号内为 t 值;*、**、*** 分别代表 10%、5%、1%的显著性水平。

7.2.9 拓展性分析

在探究了问询函的发放对企业主体信用评级产生负面影响之后,我们继续探究企业在主体信用评级下降之后,发债时债券信用评级是否会受到影响,即探究问询函的发放对企业债券信用评级的影响。为此,我们建立了如下模型进行分析:

$$\text{BondRating}_{i,t} = \alpha_0 + \alpha_1 \text{ClDum}_{i,t} + \alpha_2 \text{Amount}_{i,t} + \alpha_3 \text{Maturity}_{i,t} + \\ \alpha_4 \text{Security}_{i,t} + \alpha_5 \text{Controls} + \text{Industry} + \text{Year} + \\ \text{Province} + \text{Agency} + \varepsilon_{i,t} \tag{7-5}$$

回归结果如表 7-10 所示。从表中可以看出,交易所年报问询监管对企业债券信用评级也存在显著的负面影响,进一步佐证了问询函的发放会使债券投资者对企业有不好印象,增加了对企业现有或潜在问题的关注,在评级机构降低了对企业的主体信用评级后,还会波及企业的债券信用评级。

表 7-10 交易所年报问询监管对企业债券信用评级的影响

变量	BondRating
ClDum	−1.406***
	(−2.97)
Maturity	−0.249***
	(−3.66)
Security	2.913***
	(11.01)
Amount	0.053***
	(4.78)
Roa	1.349
	(0.46)
RoaRisk	−13.523***
	(−3.14)
Lev	−5.756***
	(−6.54)
Size	1.469***
	(10.09)

(续表)

变量	BondRating
Big4	0.832***
	(2.69)
Opinion	1.411
	(1.13)
Cash	−0.159
	(0.56)
Cr	−1.020**
	(2.24)
Top1	0.016***
	(2.72)
Indep	3.156*
	(1.80)
Industry Fe	控制
Year Fe	控制
N	3 778
Adj. R^2	0.344

注：括号内为 t 值；*、**、*** 分别代表10%、5%、1%的显著性水平。

7.3 结论与启示

  上市公司会计信息披露质量是决定资本市场资源配置效率的重要基石。现阶段，交易所年报问询监管制度作为深化监管体制改革和证券市场监督的重要手段，正成为交易所改善年报信息披露质量的重要措施。不同于证监会的行政处罚监管，交易所年报问询监管制度以其特有的及时性、专业性、针对性等优点，发挥着提高上市公司信息披露质量的补充作用。然而，现有研究较少站在债权人角度分析年报问询对债权人风险的影响。为此，本章利用2015—2017年交易所上市公司问询数据与企业主体信用评级数据，研究了交易所年报问询监管对企业主体信用评级的影响。结果发现，交易所年报问询监管对被问询企业的主体信用评级有显著的降低作用。同时，本章通过相关机制检验得出，交易所年报问询监管会通过降低企业盈余管理程度和强化评级机构对"问题企业"的关注引起企业主体信用评级的降低，从而抑制市场中过度膨胀的信用评级。进一步研究发现,对于非国有企业和风险程度更高的企业,交易所年报问询监管降低企业主体信用评级的作用更明显。最后,本章通过拓展探究发现交易所年报问询监管对企业主体信用评级的降低作用还会波及企业的债券信用评级,对企业造成更为负面的影响。

  本章的结论具有重要的政策启示:第一,本章研究发现交易所年报问询监管制度在抑制上市公司过度膨胀的信用评级方面具有显著的作用,证明了交易所一线监管部门在缓解市场信息不对称、促进资源合理配置方面发挥着重要作用。这表明交易所应当继续在上市公司信息披露监管方面投入合理的资源,强化对上市公司的年报问询监管,尤其是加强对经营业绩较差和风险水平较高的"问题企业"的监管力度,以促进资本市场的健康发展。第二,本章通过机制分析验证了监管和舆论压力在抑制膨胀的信用评级方面的效力,从而表明,监管部门应加强对信用评级机构的监管,以强制措施来倒逼评级机构对企业作出公正合理的信用评级,打击过度膨胀的信用评级,促进信用评级市场的良性发展。第三,国有企业要完善自身监管体制,提高公司治理水平,积极配合交易所及相关监管机构的工作,落实各项常规性整改措施。

第8章 交易所年报问询监管对市场主体行为的影响：对企业研发行为的影响

8.1 问题提出和理论分析

　　随着我国经济进入高质量发展阶段,在资本市场资源配置的过程中,研发创新作为推动质量变革和效率变革的重要手段,受到越来越多的关注和重视,现行会计准则对研发信息的披露也进行了专门的规范。但是,外界投资者获取企业研发信息的渠道和判断研发信息质量的工具依然非常有限。从公司控制人的主观披露动机层面看,由于研发活动具有机密性以及不同公司披露策略存在差异,研发信息在不同公司之间的可比性天然存在局限性。从会计准则执行层面看,研发的会计处理和信息披露一直是会计准则执行中的难点问题,随着我国会计准则与国际会计准则的趋同,2006年开始,我国颁布的新会计准则允许企业的研发支出在符合条件的情况下进行资本化。具体而言,新会计准则将企业研发活动划分为研究阶段和开发阶段,其中,研究阶段的支出费用化,开发阶段的支出在满足特定条件的情况下可以资本化。然而,在具体情况下,研究阶段和开发阶段的划分需要公司自行判断,开发阶段资本化的标准也是原则导向的规定,这就为公司在研发支出的会计处理上提供了一定的自由裁量权。现有研究表明,公司在研发支出资本化的选择上的确存在着机会主义行为(宗文龙等,2009)。此外,研发活动的范围界定具有一定的模糊性,上市公司需要界定哪些活动属于研发披露的范围,而如何判断活动的实质性内容进而准确披露,则是对会计信息披露过程中各相关者的考验。这些难点问题进一步增加了外界投资者解读相关研发信息的难度。那么,外部投资者能否从监管层面获取更多充分解读研发信息的机会呢? 近年来沪深证券交易所"以信息披露为核心"的年报问询监管能否为投资者提供更多相关信息呢?

　　以深交所针对汇源通信(000586)2018年年报发出的问询函为例。在问询函中,深交所要求汇源通信说明其研发费用资本化的具体会计政策及近三年是否保持一贯性、报告期资本化比例上升的原因、判断研发进度或者阶段的具体依据以及前述依据与2017年相比是否发生变化。在汇源通信的回复函中,公司披露了研发费用资本化的具体会计政策、报告期内研发项目结转情况以及判断研发进度或者阶段的具体依据。由此可见,当交易所在年报问询函中问及"研发"相关的问题时,上市公司会在回复中提供关于公司研发更加具体的增量信息,因此,本章拟从对研发相关信息披露角度,检验交易所年报问询监管能否在会计判断难点问题的披露上成为证券市场上的一种有效信息披露补充机制,进而影响上市公司的研发创新投入行为。

  现有文献已经证实交易所年报问询监管机制能够在整体上改善上市公司的信息披露质量,影响上市公司的信息披露行为。从理论上分析,交易所年报问询监管对企业创新行为的影响可能存在两方面的影响。一方面,年报问询监管会产生短期市场压力效果和增强融资约束。由于年报问询函具有独特的信息含量,因此发函时会对公司股价造成负面影响,增加管理层面临的短期市场压力,加剧管理层短视,同时也会导致公司实施更多具有隐蔽性质的真实盈余管理行为。此外,年报问询监管会对公司声誉产生负面影响,使其在资本市场上的融资难度增大,融资约束增强,市场压力效果和融资约束影响可能导致公司减少研发创新投入。另一方面,年报问询监管具有外部治理作用,可能缓解公司融资约束。年报问询监管能够抑制公司的应计盈余管理行为,改善会计信息质量,也能提高审计质量和抑制大股东掏空行为,有利于外部投资者对公司进行监督与价值评估,从而通过缓解信息不对称问题降低交易成本和融资约束,并且通过缓解代理问题对管理层短视行为产生抑制效果,进而增加公司的研发创新投入。综上所述,交易所年报问询监管对上市公司研发创新投入的影响尚不明确,尤其是涉及"研发"的年报问询函会对公司研发创新投入产生何种影响,鲜有文献对该问题展开深入研究,而这正是本章所探究的问题。

  本章基于上交所和深交所2015—2019年针对上市公司2014—2018年年报发放的问询函数据,检验交易所年报问询监管对上市公司研发创新投入的影响。实证结果发现,整体而言,交易所年报问询监管会对公司的研发创新投入产生负向影响,在细分年报问询函问题是否与"研发"相关后发现,年报问询函中与"研发"相关的问题能够促使公司在合理范围内披露更多研发相关的信息,改善公司研发信息披露质量,从而降低公司内外部信息不对称程度,一定程度上能够缓解代理问题和融资约束,对公司的研发创新投入产生正向影响;而年报问询函中其他非"研发"的问题则会因带来短期市场压力和增强融资约束而限制企业的研发创新投入行为。在稳健性检验中,本章采用 PSM 方法对样本重新进行回归并构建 DID 模型和 Heckman 两阶段回归模型,以缓解反向因果、自选择等内生性问题,结论与前述保持一致。

本章研究可能的贡献包括:第一,本章从上市公司研发创新投入的视角研究了我国上市公司监管模式改革环境下年报问询监管的影响,丰富了关于交易所年报问询监管的经济后果研究。现有关于交易所年报问询监管经济后果的研究主要关注其对会计信息质量、公司治理、融资约束以及高管变更等方面的影响,较少文献直接研究交易所年报问询监管对公司创新的影响,因此本章研究交易所年报问询监管对公司创新的影响能够为理解交易所年报问询监管的经济后果提供更加全面的视角。第二,上市公司研发信息的披露是会计准则执行过程中的难点问题,本章结论说明交易所年报问询监管能够改善上市公司研发信息的披露质量,验证了问询监管作为资本市场有效信息披露的补充机制作用。第三,本章对于公司创新影响因素的研究具有补充作用。由于创新对于公司和国家具有重要意义,近年来已有诸多学者对公司创新的影响因素展开研究,并且发现管理层能力与激励、产业政策、税收以及法律环境均会对公司研发创新产生影响,而本章发现交易所年报问询监管也会对公司创新产生影响,丰富了关于公司创新影响因素的文献。

关于公司研发创新影响因素的文献指出,公司的研发创新活动不仅会受限于外部融资约束,也会受到内部管理层激励即代理问题的影响(Hall,2002)。与其他投资活动不同,研发创新活动具有特殊性质,研发投资是一个长周期、高风险的活动,需要消耗大量内部资金(Hottenrott and Peters,2012),因此内部资本通常无法满足公司研发创新活动的资金需求,此时外部融资就成为公司研发创新活动重要的资金来源。然而由于研发创新活动导致的信息不对称问题以及研发创新的成果可能难以在有序市场中交易,因此投资者几乎很难有机会从市场中获取关于公司研发创新的信息(Aboody and Lev,2000),导致公司的研发创新活动面临较强的融资约束。此外,研发创新活动具有极大的不确定性而很可能面临失败(Holmstrom,1989),但很多业绩导向型的激励契约对管理层前期的失败容忍度较低,无法为研发失败后管理层的职业生涯提供保障,甚至会导致管理层短视,加剧管理层对于研发创新的偏见(Manso,2011),正如 Kaplan and Minton(2012)指出的,一旦研发失败,管理层可能就要以自己的职业生涯来承担这一后果,因此他们一般会选择避免研发投资。

交易所年报问询监管可能通过以下机制对上市公司研发创新投入产生抑制作用:

第一,当证券交易所认为上市公司年报存在信息披露不完整或有瑕疵等情况时,就可能向上市公司发放问询函,同时要求其向市场披露收函情况并在规定期限内进行回复,因此收到年报问询函代表公司的年报信息披露质量较差(Ryans,2021;Kubick et al.,2016),会向市场传递一个"坏消息",对公司声誉产生负面影响。此外,Brown et al.(2018)研究指出,问询函会促使投资者去挖掘更多关于公司的负面消息,从而对公司声誉造成不利影响。已有研究表明,公司收到年报问询函后,股票市场会产生显著为负的反应,这表明投资者通过"用脚投票"来行使自己作为股东的权利,会导致公司股价下跌,不利于公司通过股权的方式进行再融资,导致公司外部融资约束增强。此外,年报问询函会导致投资者对公司财务报告信息质量产生怀疑,降低投资者对公司的信任,提高投资者对公司不确定性和风险水平的评估,因此债权人可能要求更高的风险溢价,从而提高公司的债务融资成本,进一步增强其面临的融资约束(翟淑萍等,2020a)。同样,Cunningham et al.(2017)的研究也指出,SEC问询函会导致公司银行贷款利率提高,债务成本上升。因此,本章认为,交易所年报问询监管会通过增强融资约束来抑制公司的研发创新投入。

第二,经过媒体、分析师、投资者以及社会公众对年报问询函的解读和传播后,年报问询函对于公司及管理层的影响可能不仅限于证券交易所要求的回函,各方对年报问询函的关注给管理层带来的压力也是不容忽视的一个方面。现有文献的研究表明,短期市场压力会导致管理层为了追求短期利益而放弃长期利益(Stein,1988),并且大部分CEO会为了达到短期业绩目标而牺牲公司长期价值(Graham et al.,2005),即管理层短视现象普遍存在。Cunningham et al.(2020)研究发现了SEC问询函会导致美国上市公司管理层的盈余操控行为从应计盈余管理转向更具有隐蔽性的真实盈余管理;张岩(2020)以中国上市公司为样本进行研究,同样发现了收到财务报告问询函的公司会转向实施更多的真实盈余管理活动,而真实盈余管理对公司长期价值会造成更加严重的损害,如削减研发支出;此外,邓祎璐等(2020)研究发现问询函会显著增大高管变更的概率,即对管理层职业生涯造成不利影响。因此,在收到交易所年报问询函后,管理层会面临股价下跌等方面的压力,为了挽回公司声誉,需要在短期内增加公司盈余,改善公司业绩,向市场递交一份满意的答卷,而研发创新投入是长期高风险性投资,首当其冲成为削减的对象,这也是监管带来公司应计盈余管理成本上升而使管理层转向真实盈余管理的具体表现。因此,本章认为,交易所年报问询监管会给管理层带来短期市场压力,加剧管理层短视现象,从而削减公司的研发创新投入。

基于以上分析,由于交易所年报问询监管可能导致融资约束加强、短期市场压力增加以及研发创新积极性受损,因此我们提出本章第一个假设,即抑制性假设:

假设1a 交易所年报问询监管会抑制公司的研发创新投入。

然而,交易所年报问询监管也可能通过以下机制对上市公司研发创新投入产生促进作用:

第一,当市场无法全面观察评价管理层行为时,管理层会避免投资那些高风险并且需要耗费大量精力的项目,比如研发投资(Bertrand and Mullainathan, 2003),而问询函能够改善公司财务报告信息质量和公司治理,具有外部治理效应。在国外研究中,Bens et al. (2016)指出当公司收到关于公允价值的问询函时,其公允价值估计的不确定性会下降,Cunningham et al. (2020)通过实证检验了SEC问询函对上市公司应计盈余管理的抑制作用,Duro et al. (2019)研究发现SEC公开披露的问询函监管会导致公司异常应计项目显著减少、重述概率显著变小。此外,SEC问询函还能提高盈余反应系数(Johnston and Petacchi, 2017),改善公司内部控制报告有效性(Anantharaman and He, 2016),提高上市公司信息透明度,降低信息不对称程度(Bozanic et al., 2017),抑制公司避税行为(Kubick et al., 2016)。在国内研究中,陈运森等(2019)验证了问询函的信息含量以及对公司应计盈余管理的抑制作用,此外,交易所年报问询监管还能够改善审计质量(陈运森等,2018b),提高管理层业绩预告质量(翟淑萍和王敏, 2019),抑制股价崩盘风险和大股东掏空行为。因此,我们认为交易所年报问询监管具有外部治理作用,可以改善财务报告信息质量,提高公司信息透明度,帮助外部投资者更加全面地了解管理层在公司经营过程中所付出的努力,加强对管理层的监督,有利于缓解代理问题,抑制管理层短视现象,从而促进公司的研发创新投入。

第二,根据已有研究,较高的信息披露质量能够缓解银企间的信息不对称问题,提高企业获得银行贷款的资信度,从而降低企业的债务融资成本(李志军和王善平,2011),同时,信息披露水平的提高有助于降低公司的股权融资成本(汪炜和蒋高峰,2004;曾颖和陆正飞,2006),因此,较高的信息披露质量有助于缓解公司融资约束,促进公司研发创新投入(袁东任和汪炜,2015)。正如前文所述,交易所年报问询监管能够让公司通过回函披露更多的信息并且改善公司的信息披露质量,因此年报问询函能够让投资者获取更多与公司价值相关的信息,帮助投资者对公司价值进行评估,缓解公司内部与外部投资者之间的信息不对称问题,有利于减少逆向选择,从而降低公司债务和股权融资成本,缓解融资约束,促进公司的研发创新投入。

基于以上分析,由于交易所年报问询监管可能导致代理问题和融资约束缓解,因此我们提出本章另一个对立假设,即促进性假设:

假设1b 交易所年报问询监管会促进公司的研发创新投入。

此外,研发信息的披露具有其特殊性。一方面,会计准则在研发支出的处理和披露上赋予了上市公司较大的自由裁量权,尤其是在研发支出费用化和资本化问题上。现有研究指出,由于新会计准则未严格制定公司研究和开发阶段划分的标准,研发支出的费用化和资本化可能成为公司操纵利润进行盈余管理的工具,这将增大投资者对公司研发信息的判断难度,会计信息质量降低,不利于资本市场的定价。另一方面,研发创新投资都是高风险和高成本的,如果竞争对手在公司披露的内容中捕捉到研发创新相关的信息,那么将不利于公司创新价值的提升,即专有知识的泄露会损害公司价值(Bloom et al.,2013)。因此,为了避免被外部竞争者观察到自身的研发创新活动,保证研发创新的最终价值,上市公司需要对其研发活动保密,在研发信息披露上会相对保守,导致其真实性和完整性受到一定影响,从而造成更严重的信息不对称问题。由此可见,上市公司研发信息披露已经成为会计准则执行中的难点问题。而交易所年报问询监管作为资本市场信息披露的重要监管手段,尤其是当年报问询函中提及"研发"相关的问题时,能否改善公司研发信息的披露质量,帮助投资者获取更多关于公司研发创新的信息,进而促进公司的研发创新投入?这正是本章需要研究的第二个问题。

通常而言,交易所年报问询函中与"研发"相关的问题会要求上市公司披露相关开发支出和研发项目进度等关于公司研发项目的具体信息。一方面,从公司外部治理的角度看,如果年报问询函中与"研发"相关的问题有利于改善上市公司的研发信息披露质量,使资本市场获取更多有关公司研发创新的信息,那么这些专有信息的披露将有助于公司股东观察到管理层付出的努力,帮助资本市场投资者理解公司研发支出资本化和费用化处理的合理性并进行更加全面的监督和评价,降低研发产出较低或研发失败给管理层职业生涯造成的风险,缓解管理层的职业忧虑,因此有利于公司的研发创新;另一方面,从缓解外部融资约束的角度看,在问询监管后,如果上市公司披露了更多的与研发创新相关的内容,那么将有利于在提高公司透明度的同时展现公司的发展潜力,增强外部潜在投资者对公司未来发展的信心,从而降低公司融资成本,缓解融资约束,为公司研发创新提供更多的资金支持。基于此,本章提出假设:

假设 2a 交易所年报问询监管中与"研发"相关的问题会促进公司的研发创新投入。

相比较而言,本章认为,年报问询函中其他非"研发"相关的问题传递了更多关于公司的"坏消息",会对公司造成更强的融资约束并且给管理层带来更大的短期市场压力,且这两方面因素的影响占主导地位,因此,本章提出假设:

假设 2b 交易所年报问询监管中非"研发"相关的问题会抑制公司的研发创新投入。

8.2 实证研究

8.2.1 样本选择与数据来源

本章以 2014—2019 年中国 A 股上市公司为研究样本,并对样本进行以下筛选:① 剔除银行业及非银金融业的公司;② 剔除存在相关数据缺失的公司。为了避免极端值的影响,本章对所有连续变量均进行了 1% 与 99% 的缩尾处理,最终得到 16 974 个观测值,由于研发支出数据需要滞后一期,因此实证检验中样本为 13 090 个观测值。本章财务数据均来源于 CSMAR 数据库以及 Wind 数据库,年报问询函数据通过 Python 网络爬虫技术获取并进行手工整理,数据处理及数据分析过程由 Stata 软件完成。

8.2.2 变量选择与定义

1. 被解释变量

本章参照解维敏和方红星(2011)与李常青等(2018)的方法,主要采用研发投入与总资产之比(RdAsset)度量公司研发创新投入的强度。此外,针对

RdAsset 可能不符合正态分布假设的问题,本章对 RdAsset 指标进行对数化处理后构建一个新的指标 LnRd,用以度量公司研发创新投入强度。

2. 解释变量

本章的解释变量包括:

年报问询函监管(ClDum),交易所针对上市公司第 t 年年报发出了问询函则取值为 1,否则取值为 0。

与研发相关的年报问询函监管(ClDumRd),交易所针对上市公司第 t 年年报发出了问询函且含有与研发相关的问题则取值为 1,否则取值为 0。

与研发无关的年报问询函监管(ClDumNonRd),交易所针对上市公司第 t 年年报发出了问询函且含有与研发无关的问题则取值为 1,否则取值为 0。

3. 控制变量

参照现有文献(解维敏和方红星,2011;李常青等,2018;Zhong,2018),本章选取负债水平(Lev)、公司年龄(Age)、销售规模(Sales)、成长性(Growth)、经营性现金流量(Cfo)、盈利能力(Roa)、市值账面比(Mtb)、员工数量(Employ)、资本劳动比率(Kl)、管理层持股比例(Mhr)、股票收益率(Ret)、行业竞争程度(Hhi)、股权集中度(Top10)作为控制变量,以控制其他因素对企业研发创新投入的影响。具体变量定义见表 8-1。

表 8-1 变量定义

变量符号	变量名称	变量定义
RdAsset	研发创新投入指标1	研发创新投入/总资产,代表研发创新投入强度
LnRd	研发创新投入指标2	ln(研发创新投入/总资产+1),对数化研发创新投入强度指标
ClDum	年报问询函监管	交易所针对上市公司第 t 年年报发出了问询函则取值为 1,否则取值为 0
ClDumRd	与研发相关的年报问询函监管	交易所针对上市公司第 t 年年报发出了问询函且含有与研发相关的问题则取值为 1,否则取值为 0
ClDumNonRd	与研发无关的年报问询函监管	交易所针对上市公司第 t 年年报发出了问询函且含有与研发无关的问题则取值为 1,否则取值为 0
Lev	负债水平	资产负债率=负债总额/资产总额
Age	公司年龄	公司上市时间长度

(续表)

变量符号	变量名称	变量定义
Sales	销售规模	公司营业收入总额
Growth	成长性	公司营业收入增长率
Cfo	经营性现金流量	公司经营性净现金流
Roa	盈利能力	资产收益率＝净利润/总资产
Mtb	市值账面比	年末市值/账面资产总额
Employ	员工数量	ln(员工数量＋1)
Kl	资本劳动比率	员工数量/固定资产
Mhr	管理层持股比例	管理层持股数量/公司总股数
Ret	股票收益率	公司股票年度收益率
Hhi	行业竞争程度	行业层面营业收入的赫芬达尔指数
Top10	股权集中度	前十大股东持股比例
Analyst	分析师关注度	分析师跟踪数量
Dual	两职合一	董事长与 CEO 两职合一则取值为 1,否则取值为 0
SA	融资约束 SA 指数	$SA = -0.737 \times Size + 0.043 \times Size^2 - 0.04 \times Age$, Size 为以百万为单位的企业总资产的自然对数,Age 为公司上市时间长度

8.2.3 模型建立

为了检验本章假设 1a 和假设 1b,参照现有文献(解维敏和方红星,2011;李常青等,2018;Zhong,2018),构建以下模型:

$$Rd_{i,t+1} = \alpha_0 + \alpha_1 ClDum_{i,t} + \alpha_2 Controls + Industry + Year + \varepsilon_{i,t} \quad (8-1)$$

为了检验本章假设 2a 和假设 2b,构建以下模型:

$$Rd_{i,t+1} = \alpha_0 + \alpha_1 ClDumRd_{i,t} + \alpha_2 ClDumNonRd_{i,t} + \alpha_3 Controls + Industry + Year + \varepsilon_{i,t} \quad (8-2)$$

在上述模型中,被解释变量研发创新投入强度(Rd)用 RdAsset 和 LnRd 度量,α 为系数,i 和 t 表示样本企业及其所处年度,$\varepsilon_{i,t}$ 为残差。此外,模型控制了行业和年度固定效应,并采用公司层面聚类的稳健标准误。

表 8-2 列示了本章所有变量描述性统计的结果,从表中可以看出,RdAsset 的均值为 1.8%,标准差为 0.019,最大值为 10%,最小值为 0,说明与发达国家相比,我国企业目前在研发创新投入上还有较大的发展空间,同时企业与企业之间在研发创新投入上差距较大。同时在样本区间内,收到交易所年报问询函的观测值占比为 9.1%,其中 27.5%(0.025/0.091)的问询函涉及与公司研发相关

的问题。结合表8-3可以看出,从2014年开始,上市公司收到的年报问询函数量逐年增加,说明年报问询函监管方式逐渐成为上市公司监管的重要方式;与此同时,涉及"研发支出"的年报问询函数量也逐年攀升,表明交易所越来越关注上市公司的研发状况及相关信息的披露。其余变量描述性统计结果与现有文献基本一致,此处不再赘述。

表8-2 变量描述性统计

变量	观测值	标准差	均值	最小值	中位数	最大值
RdAsset	16 974	0.019	0.018	0.000	0.015	0.104
LnRd	16 974	0.018	0.018	0.000	0.015	0.098
ClDum	16 974	0.288	0.091	0.000	0.000	1.000
ClDumRd	16 974	0.156	0.025	0.000	0.000	1.000
ClDumNonRd	16 974	0.288	0.091	0.000	0.000	1.000
Lev	16 974	0.209	0.435	0.064	0.423	0.950
Size	16 974	1.295	22.272	19.672	22.120	26.186
Age	16 974	7.352	12.012	2.000	10.000	27.000
Sales	16 974	1.472	21.516	17.784	21.397	25.601
Growth	16 974	0.497	0.183	−0.631	0.099	3.329
Cfo	16 974	0.085	0.051	−0.223	0.049	0.334
Roa	16 974	0.078	0.041	−0.291	0.038	0.280
Mtb	16 974	1.588	2.196	0.859	1.691	10.702
Employ	16 974	1.275	7.672	4.362	7.610	11.158
Kl	16 974	1.158	12.575	9.201	12.589	15.587
Mhr	16 974	0.191	0.131	0.000	0.006	0.672
Ret	16 974	0.535	0.115	−0.620	−0.009	2.263
Hhi	16 974	0.074	0.085	0.021	0.062	0.364
Top10	16 974	0.149	0.579	0.228	0.586	0.901
Analyst	16 974	9.397	6.753	0.000	3.000	75.000
Dual	16 974	0.379	0.298	0.000	0.00	1.000
SA	16 974	0.303	3.564	2.973	3.509	4.194

表8-3 年报问询函时间分布

年份	年报问询函数	其中涉及"研发支出"的问询函数
2014	108	20
2015	253	54
2016	323	77

(续表)

年份	年报问询函数	其中涉及"研发支出"的问询函数
2017	423	121
2018	594	174
合计	1 701	446

8.2.4 主回归分析

1. 交易所年报问询监管与公司研发创新投入

表 8-4 列示了本章模型(8-1)的回归结果,从表中可以看出,当被解释变量分别为滞后一期和滞后两期的研发创新投入强度时,解释变量年报问询函监管(ClDum)的系数均在1%的统计水平上显著为负,说明当公司年报被问询后,其研发创新投入强度会显著下降,即交易所年报问询监管会抑制公司的研发创新投入,假设1a得到验证。

表 8-4 交易所年报问询监管与研发创新投入

变量	$RdAsset_{t+1}$ (1)	$RdAsset_{t+2}$ (2)	$LnRd_{t+1}$ (3)	$LnRd_{t+2}$ (4)
ClDum	−0.003***	−0.002***	−0.003***	−0.002***
	(−5.11)	(−3.77)	(−5.17)	(−3.81)
Lev	−0.008***	−0.008***	−0.008***	−0.008***
	(−6.14)	(−5.63)	(−6.23)	(−5.70)
Age	−0.0003***	−0.0003***	−0.0003***	−0.0003***
	(−7.44)	(−6.20)	(−7.54)	(−6.29)
Sales	0.002***	0.001***	0.002***	0.001***
	(4.80)	(4.11)	(4.84)	(4.14)
Growth	−0.001	−0.001***	−0.001	−0.001***
	(−1.42)	(−2.70)	(−1.42)	(−2.71)
Cfo	0.012***	0.010***	0.012***	0.010***
	(5.53)	(4.31)	(5.57)	(4.34)
Roa	0.003	0.008**	0.003	0.008**
	(0.94)	(2.02)	(0.94)	(2.03)

(续表)

变量	RdAsset$_{t+1}$ (1)	RdAsset$_{t+2}$ (2)	LnRd$_{t+1}$ (3)	LnRd$_{t+2}$ (4)
Mtb	0.001***	0.001***	0.001***	0.001***
	(5.50)	(4.85)	(5.49)	(4.83)
Employ	0.001***	0.001***	0.010***	0.001***
	(2.84)	(2.75)	(2.84)	(2.74)
Kl	−0.002***	−0.002***	−0.002***	−0.002***
	(−8.37)	(−7.45)	(−8.38)	(−7.46)
Mhr	0.005***	0.004**	0.005***	0.004**
	(3.14)	(2.31)	(3.18)	(2.35)
Ret	−0.001***	−0.001***	−0.001***	−0.001***
	(−3.12)	(−2.98)	(−3.11)	(−2.96)
Hhi	0.004	−0.003	0.004	−0.003
	(0.68)	(−0.49)	(0.74)	(−0.44)
Top10	−0.007***	−0.007***	−0.007***	−0.007***
	(−4.16)	(−4.20)	(−4.21)	(−4.24)
Constant	0.001	0.002	0.001	0.002
	(0.01)	(0.34)	(0.01)	(0.35)
Year Fe	控制	控制	控制	控制
Industry Fe	控制	控制	控制	控制
N	13 090	9 845	13 090	9 845
R^2	0.455	0.450	0.460	0.455

注:括号内为 t 值,标准误均在公司层面聚类并经过异方差调整;**、*** 分别代表5%、1%的显著性水平。

2. 与研发相关的年报问询监管与公司研发创新投入

进一步分离问询函涉及的内容后,表 8-5 呈现了模型(8-2)的回归结果,从表中可以看出,ClDumRd 的系数在 1% 的统计水平上显著为正,ClDumNonRd 的系数在 1% 的统计水平上显著为负,说明年报问询函涉及"研发"的相关问题,会对公司研发创新投入产生积极的促进作用,而年报问询函中其他非"研发"的问题会对公司研发创新投入产生抑制作用,假设 2a 和假设 2b 得到验证。

表 8-5 与"研发"相关的年报问询监管对公司研发创新投入的影响

变量	RdAsset$_{t+1}$ (1)	RdAsset$_{t+2}$ (2)	LnRd$_{t+1}$ (3)	LnRd$_{t+2}$ (4)
ClDumRd	0.003***	0.005***	0.003***	0.005***
	(2.60)	(3.04)	(2.65)	(3.08)
ClDumNonRd	−0.004***	−0.004***	−0.003***	−0.004***
	(−7.21)	(−6.41)	(−7.27)	(−6.43)
Lev	−0.008***	−0.008***	−0.008***	−0.008***
	(−6.07)	(−5.55)	(−6.15)	(−5.62)
Age	−0.001***	−0.001***	−0.001***	−0.001***
	(−7.40)	(−6.14)	(−7.50)	(−6.23)
Sales	0.002***	0.001***	0.001***	0.001***
	(4.78)	(4.10)	(4.83)	(4.13)
Growth	−0.001	−0.001***	−0.001	−0.001***
	(−1.44)	(−2.70)	(−1.44)	(−2.71)
Cfo	0.012***	0.010***	0.012***	0.010***
	(5.51)	(4.27)	(5.55)	(4.30)
Roa	0.003	0.009**	0.003	0.009**
	(1.08)	(2.17)	(1.08)	(2.19)
Mtb	0.001***	0.001***	0.001***	0.001***
	(5.51)	(4.88)	(5.50)	(4.86)
Employ	0.001***	0.001***	0.001***	0.001***
	(2.83)	(2.73)	(2.82)	(2.72)
Kl	−0.002***	−0.002***	−0.002***	−0.002***
	(−8.40)	(−7.49)	(−8.41)	(−7.50)
Mhr	0.005***	0.004**	0.005***	0.004**
	(3.14)	(2.29)	(3.18)	(2.33)
Ret	−0.001***	−0.001***	−0.001***	−0.001***
	(−3.12)	(−2.97)	(−3.11)	(−2.95)
Hhi	0.005	−0.003	0.005	−0.003
	(0.72)	(−0.45)	(0.78)	(−0.40)
Top10	−0.007***	−0.007***	−0.007***	−0.007***
	(−4.14)	(−4.16)	(−4.19)	(−4.21)

(续表)

变量	RdAsset$_{t+1}$ (1)	RdAsset$_{t+2}$ (2)	LnRd$_{t+1}$ (3)	LnRd$_{t+2}$ (4)
Constant	0.001	0.002	0.001	0.002
	(0.03)	(0.35)	(0.04)	(0.36)
Year Fe	控制	控制	控制	控制
Industry Fe	控制	控制	控制	控制
N	13 090	9 845	13 090	9 845
R^2	0.456	0.451	0.461	0.456

注：括号内为 t 值，标准误均在公司层面聚类并经过异方差调整；**、*** 分别代表 5%、1% 的显著性水平。

8.2.5 稳健性检验

1. 基于 PSM 方法的样本回归

收到问询函的公司与未收到问询函的公司在许多特征上存在较大差异，前文检验得到的结果可能由这些差异所驱动。为了验证上述结果的稳健性，本章采取 PSM 最近邻匹配方法，参照 Chemmanur et al. (2011) 和陈运森等 (2018b, 2019)，选择内部控制缺陷 (IcWeak)、滞后一期内部控制缺陷 (IcWeakLag)、财务重述 (Restate)、滞后一期财务重述 (RestateLag)、市值 (Mv)、市值账面比 (Mtb)、公司年龄 (Age)、是否亏损 (Loss)、成长性 (Growth)、是否四大审计 (Big4)、是否更换审计师 (Change) 作为匹配变量，以首次收到年报问询函的 920 家公司为实验组，在未收到年报问询函的公司中进行逐年 1∶1 不放回匹配，生成对照组并删除重复匹配的公司，利用实验组和对照组 2014—2019 年的数据对本章主模型 (8-2) 进行重新回归，回归结果如表 8-6 所示。从表中可以看出，ClDumRd 的系数在 10% 的统计水平上显著为正，ClDumNonRd 的系数在 1% 的统计水平上显著为负，与前述回归结果一致，再次验证了本章的主假设。

表 8-6 PSM 匹配样本后回归结果

变量	$RdAsset_{t+1}$ (1)	$LnRd_{t+1}$ (2)
ClDumRd	0.002*	0.002*
	(1.77)	(1.79)
ClDumNonRd	−0.001***	−0.001***
	(−3.30)	(−3.31)
Lev	−0.011***	−0.011***
	(−7.17)	(−7.24)
Age	−0.001***	−0.001***
	(−5.49)	(−5.56)
Sales	0.001***	0.001***
	(3.16)	(3.20)
Growth	−0.001	−0.001
	(−0.81)	(−0.80)
Cash	0.016***	0.016***
	(5.26)	(5.30)
Roa	−0.002	−0.002
	(−0.69)	(−0.71)
Mtb	0.001***	0.001***
	(4.20)	(4.19)
Employ	0.002***	0.002***
	(5.09)	(5.10)
Kl	−0.002***	−0.002***
	(−5.37)	(−5.37)
Mhr	0.004**	0.004**
	(2.04)	(2.08)
Ret	−0.001	−0.001
	(−1.47)	(−1.47)
Hhi	0.014**	0.014**
	(1.99)	(2.012)
Top10	−0.008***	−0.008***
	(−3.74)	(−3.78)

(续表)

变量	RdAsset$_{t+1}$ (1)	LnRd$_{t+1}$ (2)
Constant	−0.007	−0.006
	(−0.96)	(−0.96)
Year Fe	控制	控制
Industry Fe	控制	控制
N	7 169	7 169
R^2	0.448	0.452

注：括号内为 t 值，标准误均在公司层面聚类并经过异方差调整；*、**、*** 分别代表 10%、5%、1% 的显著性水平。

2. Heckman 两阶段回归检验

收到年报问询函的公司并非交易所随机选择的，可能存在选择性偏差造成的内生性问题。为了缓解这一内生性问题，本章采用 Heckman 两阶段模型，在第一阶段采用 Probit 模型，并加入是否存在财务违规(Violated)、审计意见类型(Op)、是否四大审计(Big4)三个变量，并将第一阶段得到的逆米尔斯比率(Inverse Mills Ratio,Imr)加入第二阶段模型中。表 8-7 呈现了 Heckman 两阶段模型的回归结果，从表 8-7 第(2)列和第(3)列，即 Heckman 第二阶段回归结果中可以看出，加入逆米尔斯比率(Imr)后，ClDumRd 的系数仍然在 1% 的统计水平上显著为正，ClDumNonRd 的系数在 1% 的统计水平上显著为负，即年报问询函涉及"研发"相关问题会对公司研发创新投入产生积极的促进作用，而年报问询函中其他非"研发"的部分则会对公司研发创新投入产生抑制作用，与前文结论保持一致。

表 8-7 Heckman 两阶段回归检验结果

变量	Heckman 第一阶段 ClDum (1)	Heckman 第二阶段 RdAsset$_{t+1}$ (2)	Heckman 第二阶段 LnRd$_{t+1}$ (3)
Violated	0.407***		
	(9.62)		

(续表)

变量	Heckman 第一阶段	Heckman 第二阶段	
	ClDum	RdAsset$_{t+1}$	LnRd$_{t+1}$
	(1)	(2)	(3)
Op	−0.783***		
	(−9.91)		
Big4	−0.275***		
	(−2.81)		
ClDumRd		0.003***	0.003***
		(2.58)	(2.63)
ClDumNonRd		−0.003***	−0.003***
		(−6.710)	(−6.760)
Lev	0.551***	−0.007***	−0.007***
	(4.72)	(−4.69)	(−4.75)
Age	0.008**	−0.001***	−0.001***
	(2.23)	(−6.91)	(−7.01)
Sales	−0.040	0.001***	0.001***
	(−1.51)	(4.36)	(4.39)
Growth	0.158***	−0.001	−0.001
	(4.61)	(−0.34)	(−0.32)
Cfo	−0.815***	0.010***	0.010***
	(−3.68)	(4.41)	(4.43)
Roa	−3.760***	−0.004	−0.004
	(−12.09)	(−0.80)	(−0.84)
Mtb	0.001	0.001***	0.001***
	(0.02)	(5.59)	(5.57)
Employ	−0.087***	0.001**	0.001**
	(−3.14)	(2.25)	(2.24)
Kl	0.039*	−0.002***	−0.002***
	(1.84)	(−8.11)	(−8.12)
Mhr	−0.182	0.005***	0.005***
	(−1.47)	(2.92)	(2.96)
Ret	0.044	−0.001***	−0.001***
	(0.90)	(−2.97)	(−2.96)

(续表)

变量	Heckman 第一阶段	Heckman 第二阶段	
	ClDum	RdAsset$_{t+1}$	LnRd$_{t+1}$
	(1)	(2)	(3)
Hhi	2.013***	0.009	0.009
	(3.20)	(1.34)	(1.41)
Top10	0.118	−0.007***	−0.007***
	(0.81)	(−4.13)	(−4.18)
Imr		0.002**	0.002**
		(2.22)	(2.28)
Constant	−0.478	−0.002	−0.002
	(−0.91)	(−0.42)	(−0.42)
Year Fe	控制	控制	控制
Industry Fe	控制	控制	控制
N	13 520	13 088	13 088
R^2		0.456	0.461

注:括号内为 t 值,标准误均在公司层面聚类并经过异方差调整;*、**、***分别代表10%、5%、1%的显著性水平。

8.2.6 进一步分析

1. 与"研发"相关的年报问询监管的外部治理作用

正如前文所述,与"研发"相关的年报问询监管会使公司披露更多的研发相关信息,改善公司研发信息的披露质量,因此能够产生外部治理作用,促进公司的研发创新投入。现有文献指出,分析师作为金融市场信息中介,具备充分的金融市场及公司财务的专业知识,可以通过对公司信息的搜集、解读和传播缓解公司内外部信息不对称问题,能够在资本市场中发挥监督作用。因此本章认为,当分析师跟踪较少时,上市公司信息透明度较低,此时与"研发"相关的年报问询监管使公司披露与研发相关的信息,对公司信息透明度的改善作用更加明显,外部治理作用更加显著,对研发创新投入的影响也应当更加强烈。基于此,本章将样本按照分析师关注度中位数分为高低两组分别对模型(8-1)进行回归,从表8-8可以看出,当分析师关注度较低时,"研发"相关的年报问询监管对公司研发创新投入的促进作用更加强烈,且组间系数存在显著差异。

表 8-8 与"研发"相关的年报问询监管的外部治理作用

变量	RdAsset$_{t+1}$ 分析师关注度低 (1)	RdAsset$_{t+1}$ 分析师关注度高 (2)	LnRd$_{t+1}$ 分析师关注度低 (3)	LnRd$_{t+1}$ 分析师关注度高 (4)
ClDumRd	0.005***	0.001	0.005***	0.001
	(3.21)	(0.39)	(3.24)	(0.42)
ClDumNonRd	−0.003***	−0.004***	−0.003***	−0.004***
	(−5.68)	(−4.71)	(−5.72)	(−4.75)
Lev	−0.008***	−0.005***	−0.007***	−0.005***
	(−5.29)	(−2.63)	(−5.36)	(−2.69)
Age	−0.001***	−0.001***	−0.001***	−0.001***
	(−6.87)	(−4.09)	(−6.97)	(−4.14)
Sales	0.002***	0.001*	0.002***	0.001*
	(4.51)	(1.95)	(4.56)	(1.95)
Growth	0.001	−0.001	0.001	−0.001
	(0.76)	(−1.42)	(0.76)	(−1.43)
Cfo	0.008***	0.014***	0.008***	0.014***
	(2.91)	(4.72)	(2.93)	(4.75)
Roa	−0.004	−0.004	−0.003	−0.004
	(−0.95)	(−0.79)	(−0.95)	(−0.79)
Mtb	0.001**	0.003***	0.001**	0.002***
	(2.28)	(6.68)	(2.29)	(6.72)
Employ	0.0006	0.0009*	0.0005	0.0009*
	(1.48)	(1.94)	(1.49)	(1.93)
Kl	−0.002***	−0.003***	−0.002***	−0.003***
	(−5.55)	(−8.46)	(−5.53)	(−8.51)
Mhr	0.006***	0.003	0.005***	0.003
	(3.08)	(1.52)	(3.12)	(1.53)
Ret	−0.001	−0.002***	−0.001	−0.002***
	(−0.95)	(−4.72)	(−0.96)	(−4.72)
Hhi	0.032**	−0.018**	0.031**	−0.016**
	(2.39)	(−2.27)	(2.43)	(−2.23)

(续表)

变量	RdAsset$_{t+1}$		LnRd$_{t+1}$	
	分析师关注度低	分析师关注度高	分析师关注度低	分析师关注度高
	(1)	(2)	(3)	(4)
Top10	−0.007***	−0.006***	−0.007***	−0.006***
	(−3.44)	(−2.67)	(−3.48)	(−2.71)
Constant	−0.007	0.023***	−0.007	0.022***
	(−0.97)	(2.83)	(−1.02)	(2.89)
Year Fe	控制	控制	控制	控制
Industry Fe	控制	控制	控制	控制
N	5 878	7 212	5 878	7 212
R^2	0.422	0.495	0.427	0.500
组间系数检验	Chi^2=3.10*		Chi^2=3.07*	

注:括号内为 t 值,标准误均在公司层面聚类并经过异方差调整;*、**、*** 分别代表 10%、5%、1%的显著性水平。

2. 与"研发"无关的年报问询监管的短期市场压力作用

如前文所言,年报问询监管还会给管理层造成短期市场压力,而管理层在这样的压力之下很可能为了短期业绩作出损害公司长期价值的决策,如削减研发创新投入。为了检验短期市场压力机制,本章在主回归模型(8-2)中分别加入分析师关注度(Analyst)以及两职合一(Dual)与 ClDumNonRd 的交乘项,构造如下两个新的模型:

$$Rd_{i,t+1} = \alpha_0 + \alpha_1 ClDumNonRd_{i,t} \times Analyst_{i,t} + \alpha_2 Analyst + \alpha_3 ClDumNonRd + \alpha_4 ClDumRd_{i,t} + \alpha_5 Controls + Industry + Year + \varepsilon_{i,t} \quad (8-3)$$

$$Rd_{i,t+1} = \alpha_0 + \alpha_1 ClDumNonRd_{i,t} \times Dual_{i,t} + \alpha_2 Dual + \alpha_3 ClDumNonRd + \alpha_4 ClDumRd_{i,t} + \alpha_5 Controls + Industry + Year + \varepsilon_{i,t} \quad (8-4)$$

分析师作为金融市场信息中介,具备充分的金融市场及公司财务的专业知识,能够在资本市场中发挥监督作用。以美国上市公司为样本进行的研究表明,分析师跟踪也会给管理层造成公司绩效等方面的压力(Yu,2008),使管理层为了追求短期业绩目标而放弃长期有价值的研发投资(He and Tian,2013)。此外当公司有负面消息传出时,经过分析师的解读和传播,这一负面消息的影响会扩大。于忠泊等(2011)研究发现,分析师会加剧媒体关注给管理层造成的市场压力,从而使管理局进行更多的应计盈余管理行为。因此,本章认为,分析师跟踪也会加剧年报问询函中其他非"研发"相关问题给管理层带来的短期市场压力,从而增强此类年报问询监管对研发创新投入的抑制作用。

模型(8-3)的回归结果如表 8-9 所示,从表中可以看出 ClDumNonRd 的系数在 1% 的统计水平上显著为负,Analyst 与 ClDumNonRd 交乘项的系数在 10% 的统计水平上显著为负,说明分析师的信息解读、传播及监督作用加剧了"研发"无关的年报问询监管给管理层带来的短期市场压力,导致其为了短期业绩而放弃具有长期价值的研发投资,验证了分析师跟踪对年报问询监管中其他非"研发"相关问题与研发创新投入之间负向关系的增强作用。

表 8-9 分析师调节效应

变量	$RdAsset_{t+1}$ (1)	$LnRd_{t+1}$ (2)
ClDumNonRd×Analyst	−0.001*	−0.001*
	(−1.82)	(−1.77)
ClDumNonRd	−0.003***	−0.003***
	(−5.31)	(−5.39)
Analyst	0.001***	0.001***
	(5.91)	(5.92)
ClDumRd	0.003***	0.003***
	(2.61)	(2.66)
Lev	−0.008***	−0.008***
	(−5.82)	(−5.91)
Age	−0.001***	−0.001***
	(−6.78)	(−6.88)
Sales	0.001***	0.001***
	(3.33)	(3.38)
Growth	−0.001	−0.001
	(−0.98)	(−0.98)
Cfo	0.011***	0.011***
	(5.33)	(5.37)
Roa	−0.002	−0.002
	(−0.59)	(−0.59)

(续表)

变量	RdAsset$_{t+1}$ (1)	LnRd$_{t+1}$ (2)
Mtb	0.001***	0.001***
	(4.45)	(4.43)
Employ	0.001**	0.001**
	(2.08)	(2.08)
Kl	−0.002***	−0.002***
	(−8.61)	(−8.62)
Mhr	0.004***	0.004***
	(2.69)	(2.73)
Ret	−0.001***	−0.001***
	(−3.52)	(−3.52)
Hhi	0.005	0.005
	(0.81)	(0.87)
Top10	−0.006***	−0.006***
	(−3.69)	(−3.74)
Constant	0.011**	0.011**
	(1.98)	(1.98)
Year Fe	控制	控制
Industry Fe	控制	控制
N	13 090	13 090
R^2	0.460	0.465

注:括号内为 t 值,标准误均在公司层面聚类并经过异方差调整;*、**、*** 分别代表 10%、5%、1% 的显著性水平。

此外,有效的公司治理能够在一定程度上抑制代理问题引发的管理层损害公司价值的行为(La Porta et al.,2000)。在公司重要投资决策中,董事长与 CEO 都扮演着重要角色,当两职分离时,二者之间存在一定的制衡作用,单独影响公司研发创新决策的能力受到一定限制;而当两职合一时,其影响研发创新投入的能力则得到加强(李常青等,2018)。因此本章认为,由于与"研发"无关的问询监管给管理层带来的短期市场压力,当董事长与 CEO 两职合一时,管理层在决策中具有更大的话语权,年报问询函中其他非"研发"相关的问题对公司研发创新投入的抑制作用会增强。

表 8-10 呈现了模型(8-4)的回归结果,从表中可以看出,ClDumNonRd 的系数在 1% 的统计水平上显著为负,Dual 与 ClDumNonRd 交乘项的系数在 5% 的统计水平上显著为负,说明两职合一增强了管理层在研发创新决策中的话语权,从而增强了年报问询监管中其他非"研发"相关问题对公司研发创新投入的抑制作用。

表 8-10　两职合一调节效应

变量	$RdAsset_{t+1}$ (1)	$LnRd_{t+1}$ (2)
ClDumNonRd×Dual	−0.002**	−0.002**
	(−2.15)	(−2.13)
ClDumNonRd	−0.003***	−0.003***
	(−5.00)	(−5.08)
Dual	0.001	0.001
	(0.87)	(0.87)
ClDumRd	0.003***	0.003***
	(2.62)	(2.66)
Lev	−0.008***	−0.008***
	(−6.00)	(−6.08)
Age	−0.001***	−0.001***
	(−7.53)	(−7.63)
Sales	0.002***	0.001***
	(4.72)	(4.76)
Growth	−0.001	−0.001
	(−1.37)	(−1.37)
Cfo	0.012***	0.012***
	(5.51)	(5.55)
Roa	0.003	0.003
	(0.92)	(0.92)
Mtb	0.001***	0.001***
	(5.72)	(5.72)
Employ	0.001***	0.001***
	(3.00)	(3.00)
Kl	−0.002***	−0.002***
	(−8.51)	(−8.52)

(续表)

变量	RdAsset$_{t+1}$ (1)	LnRd$_{t+1}$ (2)
Mhr	0.005***	0.005***
	(2.97)	(3.01)
Ret	−0.001***	−0.001***
	(−3.40)	(−3.40)
Hhi	0.004	0.004
	(0.60)	(0.66)
Top10	−0.007***	−0.007***
	(−4.08)	(−4.13)
Constant	0.001	0.001
	(0.02)	(0.03)
Year Fe	控制	控制
Industry Fe	控制	控制
N	12 896	12 896
R^2	0.459	0.464

注：括号内为 t 值，标准误均在公司层面聚类并经过异方差调整；*、**、*** 分别代表 10%、5%、1% 的显著性水平。

3. 融资约束中介效应检验

正如前文所述，与研发相关的年报问询监管会通过缓解公司面临的融资约束而促进研发创新投入，与研发无关的年报问询监管则会通过增强公司面临的融资约束而抑制研发创新投入。因此，借鉴温忠麟等(2004)、Imai et al.(2010)、李波和朱太辉(2020)以及其他相关文献检验中介效应的方法，对融资约束在年报问询监管对公司研发创新投入的影响中产生的中介效应进行检验，并构造以下三个模型：

$$Rd_{i,t+1} = \alpha_0 + \alpha_1 ClDumRd_{i,t} + \alpha_2 ClDumNonRd_{i,t} + \alpha_3 Controls + Industry + Year + \varepsilon_{i,t} \tag{8-5}$$

$$FC_{i,t+1} = \beta_0 + \beta_1 ClDumRd_{i,t} + \beta_2 ClDumNonRd_{i,t} + \beta_3 Controls + Industry + Year + \varepsilon_{i,t} \tag{8-6}$$

$$Rd_{i,t+1} = \gamma_0 + \gamma_1 ClDumRd_{i,t} + \gamma_2 ClDumNonRd_{i,t} + \gamma_3 FC_{i,t+1} + \gamma_4 Controls + Industry + Year + \varepsilon_{i,t} \tag{8-7}$$

上述模型中，Rd 为公司研发创新投入强度，用 RdAsset 和 LnRd 度量，ClDumRd 为与"研发"相关的年报问询监管，ClDumNonRd 为与"研发"无关的年报问询监管，FC 为公司融资约束指标，参照现有文献，用融资约束 SA 指数（SA）度量公司融资约束程度（Hadlock and Pierce，2010）。

根据对中介效应的检验流程：若 α_1 显著为正，α_2 显著为负，β_1 显著为负，β_2 显著为正，γ_3 显著为负，则证明融资约束所产生的中介效应显著，即与"研发"相关的问询监管会通过缓解公司面临的融资约束而促进研发创新投入，与"研发"无关的问询监管则会通过增强公司面临的融资约束而抑制研发创新投入。

表 8-11 呈现了中介效应模型的检验结果。从第（1）列和第（4）列可以看出，ClDumRd 的系数显著为正，ClDumNonRd 的系数显著为负，说明与研发相关的问询监管会导致公司研发创新投入增加，与研发无关的问询监管则相反；从第（2）列和第（5）列可以看出，ClDumRd 的系数显著为负，ClDumNonRd 的系数显著为正，说明与研发相关的问询监管能够缓解公司面临的融资约束，而与研发无关的问询监管则会加剧融资约束；第（3）列和第（6）列显示，ClDumRd 的系数显著为正，ClDumNonRd 和 SA 的系数均显著为负，说明年报问询监管对公司研发创新投入有直接影响，也通过影响公司融资约束对研发创新投入产生间接影响，即验证了部分中介效应。

表 8-11　融资约束中介效应检验

变量	RdAsset			LnRd		
	$RdAsset_{t+1}$	SA_{t+1}	$RdAsset_{t+1}$	$LnRd_{t+1}$	SA_{t+1}	$LnRd_{t+1}$
	(1)	(2)	(3)	(4)	(5)	(6)
ClDumRd	0.004***	−0.029*	0.004***	0.004***	−0.029*	0.004***
	(3.10)	(−1.86)	(2.99)	(3.15)	(−1.86)	(3.04)
ClDumNonRd	−0.004***	0.031***	−0.004***	−0.004***	0.031***	−0.004***
	(−8.13)	(3.09)	(−7.79)	(−8.20)	(3.09)	(−7.85)
SA			−0.005***			−0.005***
			(−5.54)			(−5.61)
Sales	0.001	0.016***	0.001	0.001	0.016***	0.001
	(0.62)	(2.73)	(0.91)	(0.64)	(2.73)	(0.93)

(续表)

变量	RdAsset			LnRd		
	RdAsset$_{t+1}$	SA$_{t+1}$	RdAsset$_{t+1}$	LnRd$_{t+1}$	SA$_{t+1}$	LnRd$_{t+1}$
	(1)	(2)	(3)	(4)	(5)	(6)
Growth	−0.001***	0.010**	−0.001***	−0.001***	0.010**	−0.001***
	(−3.27)	(2.08)	(−3.10)	(−3.29)	(2.08)	(−3.11)
Roa	0.021***	0.006	0.021***	0.020***	0.006	0.020***
	(6.31)	(0.12)	(6.35)	(6.39)	(0.12)	(6.43)
Employ	0.001***	−0.006	0.001**	0.001***	−0.006	0.001**
	(2.61)	(−0.95)	(2.50)	(2.61)	(−0.95)	(2.51)
Kl	−0.002***	−0.009**	−0.002***	−0.002***	−0.009**	−0.002***
	(−8.56)	(−2.02)	(−8.69)	(−8.56)	(−2.02)	(−8.68)
Mhr	0.009***	−0.582***	0.005***	0.008***	−0.582***	0.005***
	(6.03)	(−27.71)	(3.44)	(6.14)	(−27.71)	(3.52)
Ret	0.001	−0.009**	−0.001	0.001	−0.009**	−0.001
	(0.07)	(−2.11)	(−0.10)	(0.03)	(−2.11)	(−0.15)
Hhi	0.009	0.096	0.009	0.009	0.096	0.009
	(1.35)	(1.54)	(1.44)	(1.41)	(1.54)	(1.49)
Top10	−0.003	−0.563***	−0.006***	−0.002	−0.563***	−0.005***
	(−1.58)	(−18.54)	(−3.23)	(−1.57)	(−18.54)	(−3.25)
Constant	0.022***	3.768***	0.042***	0.021***	3.768***	0.041***
	(4.25)	(35.89)	(6.26)	(4.24)	(35.89)	(6.29)
Year Fe	控制	控制	控制	控制	控制	控制
Industry Fe	控制	控制	控制	控制	控制	控制
N	13 090	13 090	13 090	13 090	13 090	13 090
R^2	0.435	0.379	0.439	0.440	0.379	0.445

注：括号内为 t 值，标准误均在公司层面聚类并经过异方差调整；*、**、*** 分别代表 10%、5%、1% 的显著性水平。

通过对融资约束的中介效应检验，本章认为，与"研发"相关的年报问询监管能够使公司在回函中披露更多专有信息，缓解信息不对称和融资约束，促进研发创新投入；而与"研发"无关的年报问询监管传递的"坏消息"对公司声誉造成的不利影响占主导地位，导致公司面临的融资约束增强，从而抑制公司的研发创新投入力度，融资约束中介效应得到验证。

8.3 结论与启示

本章以2014—2019年我国A股上市公司为样本,从公司研发信息披露质量和研发创新投入的角度研究交易所年报问询监管的经济后果,研究发现:第一,整体而言,交易所年报问询监管会对上市公司研发创新投入产生抑制作用,即上市公司收到交易所年报问询函后,其研发创新投入会减少。第二,将年报问询函内容分为与"研发"相关和与"研发"无关两类,年报问询函中与"研发"相关的问题能够导致公司研发创新投入增加,而年报问询函中其他非"研发"相关的问题则会导致公司研发创新投入减少,说明交易所年报问询监管能够显著改善上市公司研发信息披露的质量,发挥了资本市场有效信息披露补充机制的作用。第三,进一步研究发现,当分析师跟踪数量较少时,上市公司信息透明度较低,此时与"研发"相关的年报问询监管对研发创新投入产生的正向影响更加强烈,外部治理作用机制得到检验;当分析师跟踪数量较多、公司董事长和CEO两职合一时,与"研发"无关的年报问询监管对研发创新投入的抑制作用更加强烈,短期市场压力机制得到检验;与"研发"相关的年报问询监管能够改善公司研发信息披露质量,降低信息不对称程度,因此能够缓解融资约束,从而促进研发创新投入,而与"研发"无关的年报问询监管传递的"坏消息"对公司声誉造成的不利影响则占主导地位,导致公司面临的融资约束增强,从而抑制公司的研发创新投入,融资约束的中介效应机制得到检验。

基于以上研究结论,本章有以下几点启示:第一,在研发信息披露质量这一会计难点问题上,交易所年报问询监管发挥了资本市场有效信息披露补充机制这一重要作用,因此交易所应当加大对上市公司研发信息披露方面的监管,敦促上市公司在研发支出会计处理的依据等方面披露更多有效信息,帮助资本市场在更加了解公司研发创新活动的前提下,对公司相关会计判断作出合理评价,改善研发信息披露质量。同时,上市公司应当在合理范围内清晰披露研发相关信息,以缓解公司内外部信息不对称问题,从而减少逆向选择并且降低融资约束,这将有利于股东对管理层付出的努力进行更加全面的监督和评价,有利于上市公司研发创新。第二,上市公司应当重视年报信息披露的合规性、真实性和完整性,改善会计信息质量,从而减小被交易所问询的概率,避免年报问询函对公司声誉造成负面影响,缓解公司面临的融资约束和管理层面临的市场压力,从而促使公司加大研发创新投入力度,增强公司的核心竞争力。第三,交易所年报问询监管所带来的增量信息不仅会在股票市场产生反应,还会对公司管理层在实际经营管理活动中的决策产生影响,从而影响公司的长期发展。

第9章 交易所年报问询监管对信息披露质量的直接效应及溢出效应

9.1 问题提出和理论分析

现有文献证实了交易所年报问询监管制度能够改善企业的信息环境(Lehavy et al.,2011)。交易所年报问询监管制度对公司信息披露质量的改变能够降低投资者之间的信息不对称程度,因此该制度会对公司的信息环境产生影响(Amiram et al.,2016;Leuz and Wysocki,2016)。在编制年报时,一家公司很可能会保持其最近一次年报中使用的模式和方法。如果同一公司不同年度之间会计信息披露质量发生变化,那么很可能是外部环境发生变化,如监管要求变化或惩罚等导致的。

与其他监管机制不同的是,交易所年报问询监管具有一线监管的及时性特征和非行政处罚的监管特征。这种问询的目的在于提高现有年报信息披露质量,或在将来的年报中提供更多或不同内容的披露,从而提高年报信息披露的透明度。交易所年报问询监管制度虽然不具有行政处罚特征,但是会引发监管机构对企业后续行为的关注。公司对相关问题拒绝回复或者回复内容缺少相关充分依据时,会触发交易所对公司采取其他后续监管措施,并引致相应的惩罚,市场对此类后续处罚形成的预期会提高公司的诉讼风险以及融资约束程度。另外,交易所年报问询监管能够引起市场参与者的关注,进而影响企业的相关行为。相关研究也发现投资者对交易所问询监管事件存在负面看法,会导致股票市场超额收益率为负(Gietzmann and Isidro,2013;Dechow et al.,2016)。陈运森等(2018a)通过事件研究法与回归方法发现被问询公司存在负向的市场反应,这一结果得到了杨海波和李建勇(2018)的支持。上市公司年报一旦被问询,其股票价格将显著下降。为了在后续年度避免再次受到交易所的问询监管,进而触发股票价格下降,上市公司有动机持续改进年报信息披露质量。

因此,交易所年报问询监管一方面能提高当年被问询年报的信息披露水平,另一方面也将改进未来财务报告的信息披露质量。也就是说,交易所对过去年报信息的问询能帮助公司规范未来的信息披露行为。基于上述分析,在交易所年报问询监管机制与市场参与者关注机制的作用下,被问询公司会对年报中存在的问题进行补充披露,并在后续年报披露中保持对相关披露规则或方式的遵循,以此来提高未来年报信息披露质量。因此,本章提出研究假设:

假设 1 交易所年报问询监管使得被问询公司后续年报信息披露质量显著提高。

现有文献证实了加强信息披露有利于改善企业的信息环境。例如,Welker(1995)与 Healy and Palepu(2001)发现企业信息披露质量越高,越能吸引分析师关注,进而改善企业的信息环境。Brown et al. (2018)也发现披露质量的改善将降低投资者与知情人之间的信息不对称程度。原因是企业对交易所问询函所提问题的回复与解决将会对市场产生累积与示范效应,这个问询过程将会改善市场信息环境,进而对其他企业产生影响。所以,年报问询监管可能存在溢出效应,不仅影响被问询公司,还可能影响其他未被问询的公司,其他公司可以模仿被问询公司的回函披露情况,调整自身的信息披露行为来避免被交易所问询。进一步地,由于行业信息的可比性,这种溢出效应最有可能发生在某一特定行业内部,所以一旦行业相关联的公司被问询,那么没有被问询公司的年报信息披露质量也可能得到改善,进而产生年报问询监管的行业溢出效应。

年报问询监管的溢出效应除通过同行业渠道实现外,还可能通过审计师行为渠道实现。同一会计师事务所的审计质量内部控制程序,会使得客户年报信息披露质量具有一致性。Francis and Michas(2013)发现会计师事务所分所层面不同项目之间的审计质量存在传染效应,即如果有一个项目被发现审计质量较低,那么同一时期的其他项目会系统性地存在审计质量问题,且该问题的存在会延续数年。Li et al. (2017)进一步发现审计师个体层面存在审计传染效应,审计师个人的审计风格会在其实施的审计项目之间保持一致,从而对审计质量产生影响。那么当会计师事务所客户的年报被问询监管后,信息披露质量受监管事件影响发生改变的效应,也可能通过涉事的会计师事务所在非问询公司中得到体现。同时,会计师事务所在声誉压力以及问询过程中学习效应的作用下,也会提高非问询公司的年报信息披露质量,从而体现问询监管的审计中介溢出效应。基于上述分析,本章提出研究假设:

假设 2a 交易所年报问询监管存在行业溢出效应,即交易所年报问询监管能够提高同一行业其他非问询公司的年报信息披露质量。

假设 2b 交易所年报问询监管存在审计中介溢出效应,即交易所年报问询监管能够提高同一会计师事务所审计的其他非问询公司的年报信息披露质量。

9.2 实证研究

9.2.1 样本选择与数据来源

本章选择年报被交易所问询的企业为研究对象,以此分析年报问询监管对企业年报信息披露质量的影响。本章采用 DID 模型对上述问题进行分析,由于交易所年报问询信息公开披露开始于 2015 年,为了比较企业被问询前后盈余管理的变化,本章将样本区间设定为 2012—2017 年,在剔除金融行业公司与 ST 公司后,本章的研究样本为 15 115 个。年报问询的数据则主要从交易所网站与巨潮资讯网站手工获得。另外,相关财务数据均来自 Wind 数据库与 CSMAR 数据库,分析师预测数据来自 CSMAR 数据库。财务数据等连续变量均进行了 1% 与 99% 的缩尾处理。

9.2.2 模型与变量定义

1. 交易所年报问询监管对年报信息披露质量的影响

为了分析交易所年报问询监管对年报信息披露质量的影响,本章借鉴 Bozanic et al.(2017),构建多时点 DID 模型,即采用个体时间固定效应模型 (9-1)进行回归分析。

$$Em_{i,t} = \alpha_0 + \alpha_1 Post_{i,t} + \alpha_2 Controls + Firm + Year + \varepsilon_{i,t} \qquad (9\text{-}1)$$

在模型(9-1)中,Em 为企业的盈余管理程度变量,采用修正的琼斯模型分行业分年度回归得到的残差的绝对值度量。Em 值越大,企业盈余管理程度越高,年报信息披露质量越低。Post 是一个虚拟变量,如果企业某年年报在披露后被问询,则下一年及以后年度取值为 1,反之取值为 0。比如,2016 年年报在 2017 年被问询,那么在 2017 年及以后年度 Post=1,而 2017 年之前 Post=0。按照本章的研究假设,如果年报问询监管能够改善年报信息披露质量,那么 Post 的系数应显著为负。在模型(9-1)中,Firm 是企业固定效应,Year 是时间固定效应。

Controls 为模型(9-1)的控制变量,主要包括企业规模(Size)、负债水平(Lev)、盈利能力(Roa)、流动资产比例(La)、机构持股比例(InstRatio)、存续年限(Age)以及产权性质(Soe)。

2. 交易所年报问询监管溢出效应检验

为了检验交易所年报问询监管的行业溢出效应,本章从行业层面分别考察代表行业年度被问询公司的数量以及行业领先者被问询的影响。如果一个行业被问询公司的数量较多,那么交易所会更加关注这个行业,如果管理层意识到了这一点,就会降低盈余管理程度,提高信息披露质量。所以,一个行业被问询公司的个数越多,非问询公司后续年报信息披露质量越会显著提高。本章以行业年度被问询公司数量对数 $Ln(1+Num\_I)$ 度量一个行业被问询的公司数量。另外,行业领先者是行业中的绝对力量,它的信息披露水平往往会被其他企业所模仿。如果行业中的领先者被问询,那么势必会影响其他企业的信息披露质量。本章以虚拟变量 LeaderDum 度量行业领先者,当企业的营业收入大于行业均值(10%)时,就将其定义为行业领先者。

本章也从审计师层面分析了交易所年报问询监管的中介溢出效应。以某一会计师事务所客户被问询数量的对数 $Ln(1+Num\_A)$ 为研究对象,如果一个事务所中被问询客户的数量较多,那么在声誉压力下,事务所对非问询公司的审计要求也会提高,从而提高非问询公司未来年报的信息披露质量。

在构建上述三个变量的基础上,本章将通过模型(9-2)来对年报问询行业及审计中介溢出效应进行检验。

$$Em_{i,t} = \alpha_0 + \alpha_1 Spillover_{i,t} + \alpha_2 Controls + \theta_c + \mu_t + \varepsilon_{i,t} \quad (9-2)$$

在模型(9-2)中,Spillover 为年报问询行业溢出效应的检验变量。通过上述分析,Spillover 可以用三个维度的变量进行度量,分别是行业内被问询强度 $Ln(1+Num\_I)$、行业领先者是否被问询(LeaderDum)、事务所被问询强度 $Ln(1+Num\_A)$。另外,模型(9-2)控制了行业和年度固定效应,其他变量与模型(9-1)一致。模型(9-2)回归样本中没有包括被问询的公司。

3. 工具变量法

被问询的企业可能不是随机的,为了更准确地推断交易所年报问询监管与年报信息披露质量的关系,本章还使用行业超额审计费用(Abfee)以及公司行业年度平均问询数量(Mtreat)作为交易所年报问询监管的工具变量,通过工具变量法识别交易所年报问询监管对年报信息披露质量的影响程度。

Step1:
$$Post_{i,t}=\alpha_0+\alpha_1 Abfee_{i,t}+\alpha_2 Mtreat_{i,t}+\alpha_3 Controls+Firm+Year+\varepsilon_{i,t} \quad (9-3)$$

Step2:
$$Em_{i,t}=\alpha_0+\alpha_1 \widehat{Post}_{i,t}+\alpha_2 Mtreat_{i,t}+\alpha_3 Controls+Firm+Year+\varepsilon_{i,t} \quad (9-4)$$

Step1 分析了行业超额审计费用与公司行业年度平均问询数量对交易所年报问询监管概率的影响。一个行业的超额审计费用越高,或者这个公司所在行业被问询公司的数量越多,说明这个行业年报信息披露质量越差,交易所越可能对这些行业中的公司进行问询,从理论上来说该工具变量是具备可行性的。其他变量定义同模型(9-1)。Step2 是第二阶段模型,被解释变量是 Em,核心解释变量为 $\widehat{Post}$,即第一阶段的预测值,控制变量与模型(9-1) 相同。

各变量定义如表 9-1 所示。

表 9-1 变量定义

变量符号	变量名称	变量定义
Em	盈余管理程度	采用修正的琼斯模型分行业分年度回归得到的残差的绝对值度量
Post	被问询以后年度	虚拟变量,如果企业某年年报被问询,则下一年及以后年度取值为 1,反之取值为 0
PostNum	连续问询次数	公司连续被问询的次数
ClNum	问询函问题数量	年报问询函中涉及的问题数量的对数
EmNum	盈余问题数量	年报问询函中涉及盈余管理相关问题占总问题的比重
Ln(1+Num_I)	行业内被问询强度	一个行业被问询企业数量的对数
LeaderDum	行业领先者是否被问询	行业领先者被问询时取值为 1,否则取值为 0。当企业的营业收入大于行业均值(10%)时,为行业领先者
Ln(1+Num_A)	事务所被问询强度	某一会计师事务所客户被问询数量的对数
Size	企业规模	企业期末总资产的对数
Lev	负债水平	资产负债率=期末负债总额/期末资产总额
Roa	盈利能力	企业净利润/期末资产总额
La	流动资产比例	企业期末流动资产/期末资产总额
InstRatio	机构持股比例	企业机构投资者持股占流通股的比重
Age	存续年限	观测年与企业成立年限的差值
Soe	产权性质	为国有企业时取值为 1,否则取值为 0

9.2.3 描述性统计

表9-2给出了本章主要变量的描述性统计分析结果,从结果中可以得到,企业盈余管理程度的均值为0.0729,极大值与极小值之间的差异比较大。被年报问询的样本数占总样本数的5.53%。对于其他控制变量,企业规模(Size)、负债水平(Lev)、盈利能力(Roa)、流动资产比例(La)、机构持股比例(InstRatio)以及存续年限(Age)的均值分别为8.3102、43.51%、5.7202、0.0403、39.30%与18.6013。最后,本章的研究样本中有36.71%为国有企业。

表 9-2 主要变量描述性统计分析

变量	样本量	均值	中位数	标准差	极大值	极小值
Em	15 115	0.0729	0.0421	0.1143	1.6601	0.0001
Post	15 115	0.0553	0.0000	0.2280	1.0000	0.0000
Size	15 115	8.3102	8.1502	1.3104	12.9045	4.9703
Lev	15 115	0.4351	0.4243	0.2166	0.9451	0.0513
Roa	15 115	5.7202	5.1403	6.1607	38.7033	−13.6013
La	15 115	0.0403	0.03944	0.0733	0.3133	0.0011
InstRatio	15 115	0.3930	0.3990	0.2300	0.8850	0.0003
Age	15 115	18.6013	18.0000	5.1903	38.0000	3.0000
Soe	15 115	0.3671	0.0000	0.4825	1.0000	0.0000

9.2.4 主回归分析

1. 交易所年报问询监管与问询后年报信息披露质量的回归分析

表9-3第(1)列给出了交易所年报问询监管与企业盈余管理的回归结果,从中可以看出,Post的系数在5%的统计水平上显著为负,这说明一旦企业年报被问询,企业下一年盈余管理程度将下降,即年报信息披露质量会提高,从而证实了假设1的正确性。对于控制变量,企业规模越大、机构持股比例越大、存续年限越长的企业,盈余管理程度越低,年报信息披露质量越高。

为了进一步分析交易所年报问询监管与企业盈余管理的关系,本章把盈余管理分为正向盈余管理(EmUp)与负向盈余管理(EmDown),并进行相应的回归,回归结果见表9-3第(2)、(3)列。本章发现,Post变量系数只在正向盈余管理组中显著为负,这说明企业年报被问询后,企业会减少正向盈余管理,而负向盈余管理则没有发生显著的变化。

表 9-3 年报问询监管与年报信息披露质量

变量	Em (1)	EmUp (2)	EmDown (3)
Post	−0.011**	−0.013**	0.001
	(−1.98)	(−2.34)	(0.09)
Size	−0.061***	−0.035***	−0.026***
	(−11.56)	(−8.00)	(−6.15)
Lev	−0.019	−0.027**	0.010
	(−1.18)	(−2.10)	(0.66)
Roa	0.001	0.001	0.001
	(1.36)	(0.76)	(0.94)
La	−0.030	−0.019	−0.010
	(−1.21)	(−0.95)	(−0.53)
InstRatio	−0.001*	0.001	−0.001***
	(−1.65)	(1.28)	(−3.53)
Age	−0.002**	−0.001	−0.002**
	(−2.41)	(−0.84)	(−2.22)
Soe	0.001	−0.003	0.004
	(0.12)	(−0.26)	(0.46)
Constant	0.629***	0.352***	0.277***
	(17.93)	(11.86)	(9.99)
Firm Fe	控制	控制	控制
Year Fe	控制	控制	控制
N	15 115	15 115	15 115
Adj. R^2	0.214	0.131	0.089

注：括号内为 t 值；*、**、*** 分别代表 10%、5%、1%的显著性水平。

2. 交易所年报问询监管特征对年报信息披露质量的影响

为了进一步分析交易所年报问询监管对年报信息披露质量的影响，本章将结合年报问询函的特征进行分析。一般情况下，一家企业的年报被多次问询表明这家企业年报披露存在较大问题，在后续年份，交易所会特别关注这些企业，进而导致这些企业有更大的动力减少盈余管理，提高年报信息披露质量。类似地,年报问询函中问题数量越多,表明这家企业年报披露问题越大,企业越有可能提高后续年报信息披露质量。由于本章使用盈余管理程度来衡量年报信息披露质量,因此年报问询函中盈余管理相关问题占总问题的比重也将会影响企业后续盈余管理行为。基于上述分析,本章以连续问询次数(PostNum)、问询函问题数量(ClNum)以及盈余问题数量(EmNum)作为解释变量进行回归分析,相应的回归结果见表9-4。

表9-4 交易所年报问询监管特征对年报信息披露质量的影响

变量	Em (1)	Em (2)	Em (3)
PostNum	−0.009**		
	(−2.15)		
ClNum		−0.004*	
		(−1.72)	
EmNum			−0.0115*
			(−1.90)
Size	−0.061***	−0.061***	−0.061***
	(−11.56)	(−23.79)	(−23.80)
Lev	−0.018	−0.018*	−0.018*
	(−1.15)	(−1.84)	(−1.85)
Roa	0.001	0.002***	0.001***
	(1.38)	(2.81)	(2.82)
La	−0.029	−0.029*	−0.029*
	(−1.22)	(−1.79)	(−1.79)
InstRatio	−0.001	−0.001*	−0.001*
	(1.64)	(−1.85)	(−1.84)
Age	−0.002**	−0.002***	−0.002***
	(−2.38)	(−3.11)	(−3.08)
Soe	0.001	0.002	0.001
	(0.11)	(0.12)	(0.14)
Constant	0.629***	0.633***	0.633***
	(17.90)	(34.77)	(34.77)
Firm Fe	控制	控制	控制
Year Fe	控制	控制	控制
N	15 115	15 115	15 115
Adj. R^2	0.214	0.214	0.214

注:括号内为 t 值;*、**、*** 分别代表10%、5%、1%的显著性水平。

从表 9-4 结果可以看出，PostNum、ClNum 与 EmNum 的系数都至少在 10% 的统计水平上显著为负，这说明企业年报被问询次数越多、年报问询数量越多，以及关于盈余管理相关问题越多时，企业在后续越会显著降低企业盈余管理程度，继而提高年报信息披露质量，这也进一步证实了本章的假设 1。另外，控制变量回归结果与表 9-3 结果相似。

3. 交易所年报问询监管溢出效应分析

本部分利用模型(9-2)继续检验交易所年报问询监管的溢出效应，即交易所年报问询监管对行业或会计师事务所的其他非问询公司年报信息披露质量的影响。相应的回归结果见表 9-5。

表 9-5　交易所年报问询监管的溢出效应

变量	Em (1)	Em (2)	Em (3)
Ln(1+Num_I)	−0.005**		
	(−2.09)		
LeaderDum		−0.021**	
		(−2.56)	
Ln(1+Num_A)			−0.005***
			(−3.01)
Size	−0.057***	−0.057***	−0.057***
	(−10.00)	(−10.06)	(−10.08)
Lev	−0.015	−0.015	−0.014
	(−0.86)	(−0.88)	(−0.83)
Roa	0.001	0.001	0.001
	(1.01)	(1.00)	(1.02)
La	−0.045*	−0.045*	−0.044*
	(−1.77)	(−1.78)	(−1.77)
InstRatio	−0.001	−0.001	−0.001*
	(−1.74)	(−1.68)	(−1.70)
Age	−0.001	−0.003***	0.001
	(−0.03)	(−2.90)	(0.27)
Soe	0.004	0.004	0.004
	(0.33)	(0.31)	(0.25)
Constant	0.565***	0.607***	0.560***
	(12.80)	(16.28)	(14.23)

(续表)

变量	Em		
	(1)	(2)	(3)
Industry Fe	控制	控制	控制
Year Fe	控制	控制	控制
N	14 280	14 280	14 280
Adj. R^2	0.234	0.234	0.234

注:括号内为 t 值;*、**、*** 分别代表10%、5%、1%的显著性水平;另外,样本不包括被问询样本。

表9-5的结果表明,在行业层面,Ln(1+Num_I)与LeaderDum的系数显著为负,这说明如果一个行业被问询的企业较多,或者行业中的领先者被问询,那么被问询公司的信息披露质量问题可能在行业中具有普遍性,非问询公司基于未来可能存在的监管压力,会主动调整未来年报信息披露行为,规避监管风险,从而提高未来年报信息披露质量。类似地,在会计师事务所层面,Ln(1+Num_A)的系数显著为负,这说明一个事务所的客户被问询得越多,该事务所的审计行为因问询监管而发生改善调整的可能性越大,这种审计行为的改善调整也会影响其对非问询客户的审计执业,因此非问询客户未来的年报信息披露质量也会得到改善。上述结论证实了交易所年报问询监管通过行业溢出和审计中介溢出渠道对其他非问询公司年报信息披露质量有着显著的提高作用,继而支持了假设2a和假设2b。

9.2.5　内生性检验

企业年报被问询可能并不是一个外生的准自然实验,比如审计风险高与年报信息质量差的企业更容易被问询。因此,本章将采用多种方法对内生性问题进行处理。

1. 平行趋势检验

由于交易所年报问询监管可能不是完全随机的,因此本章将构建相应的模型(9-5)进行平行趋势检验,以检验本章研究结论的稳健性。

$$\text{Em}_{i,t} = \beta_0 + \beta_1 \text{Post}_{i,t-3} + \beta_2 \text{Post}_{i,t-2} + \beta_3 \text{Post}_{i,t-1} + \beta_4 \text{Post}_{i,t} + \beta_5 \text{Post}_{i,t+1} + \beta_6 \text{Post}_{i,t+2} + \beta_7 \text{Controls} + \text{Firm} + \text{Year} + \varepsilon_{i,t} \quad (9\text{-}5)$$

其中,Post 均为虚拟变量,$Post_{t-i}$ 是年报被问询前 i 年时取值为 1,否则取值为 0;年报被问询当年 $Post_t$ 取值为 1,否则取值为 0;年报被问询后 i 年时 $Post_{t+i}$ 取值为 1,否则取值为 0;其他控制变量的定义不变。如果平行趋势假设成立,那么政策发生之前的变量系数不显著,政策发生之后的变量系数则应部分显著。

表 9-6 第(1)列为模型(9-5)的回归结果,结果发现 Post(−3)、Post(−2)与 Post(−1)的系数都不显著,而 Post 与 Post(+1)的系数显著为负,Post(+2)变量系数不显著,说明模型(9-5)满足平行趋势检验。

2. 基于 PSM 方法下的 DID 估计

本章进一步使用 PSM+DID 的方法考察被年报问询企业的后续年报信息披露质量的变化。采用 1∶1 的匹配比例,选择年度、企业规模、负债水平和盈利能力作为匹配变量,进行 PSM 配对,在获得对照样本后构建 Treat×Post 变量进行回归分析,相应的回归结果见表 9-6 第(2)列。从结果中可以看出,Treat×Post 的系数仍然显著为负,这说明相较于没有被年报问询的企业,年报被问询企业后一年的盈余管理程度将显著降低,即信息披露质量将提高,这个结论也支持了本章的假设 1。

3. 工具变量法

由于交易所年报问询监管并不是完全随机的,因此本章以 Abfee 与 Mtreat 的滞后项作为年报问询的工具变量,第一阶段的回归结果见表 9-6 第(3)列。本章发现 Abfee 与 Mtreat 的变量系数都显著为正,这说明企业超额审计费用越多、行业被问询企业数量越多,企业被问询的概率越大,这个结果说明了工具变量在相关性上是可行的。表 9-6 第(4)列为第二阶段的回归结果。本章发现采用工具变量进行两阶段回归后的结果仍然显著为负。另外,为了证明工具变量的排他性,本章采用没有被问询的企业样本进行相应的回归分析,由表 9-6 第(5)列可以发现工具变量回归结果的系数不显著,这说明工具变量只有通过影响年报是否被问询进而影响年报信息披露质量,从而证实了工具变量的排他性假设。上述结果进一步支持了本章的假设 1。

表 9-6　内生性分析

变量	Em 平行趋势检验(1)	PSM+DID(2)	IV(一阶段)(3)	IV(二阶段)(4)	排他性检验(5)
Post(−3)	0.001				
	(0.19)				
Post(−2)	−0.010				
	(−1.33)				
Post(−1)	−0.010				
	(−1.40)				
Post	−0.013*	0.011**			
	(−1.70)	(2.19)			
Post(+1)	−0.026***				
	(−2.97)				
Post(+2)	−0.012				
	(−0.87)				
Treat		0.014***			
		(2.88)			
Treat×Post		−0.015*			
		(−1.94)			
Abfee(−1)			0.039***		
			(3.93)		
Mtreat(−1)			0.004**		
			(2.27)		
Post(Abfee IV)				−0.174*	−0.145
				(−1.86)	(−1.43)
Controls	控制	控制	控制	控制	控制
Firm Fe	控制	控制	控制	控制	控制
Year Fe	控制	控制	控制	控制	控制
N	15 115	5 113		8 327	7 749
Adj. R^2	0.214	0.116		0.217	0.245

注：括号内为 t 值；*、**、***分别代表 10%、5%、1% 的显著性水平。

9.2.6 相关机制检验

在理论分析中,交易所年报问询监管作为交易所的一种监督机制,其目的在于提高年报的信息披露质量,被问询企业如果没有作出相应的调整,可能会受到相应的处罚。因此,交易所年报问询监管能直接影响企业的信息披露质量,尤其是信息披露质量较差的企业。另外,交易所年报问询监管机制能够引导市场参与者对被问询企业进行监督,继而形成市场压力,影响企业后续盈余管理行为。基于上述分析,交易所年报问询监管能够直接影响企业后续的盈余管理水平,能够引导市场参与者对企业进行关注,继而影响企业后续的盈余管理。因此,本章将从以下方面进行机制分析:

1. 交易所年报问询监管的直接效应检验

交易所年报问询监管的目的在于提高年报信息披露质量,所以企业一旦被年报问询监管,就将补充相应的信息披露,并且这种影响将持续到未来。因此,对于信息披露质量较差的企业,交易所年报问询监管改善信息披露质量的作用可能更显著。

本章选择三个变量来度量企业的信息披露质量:股权性质、企业会计师事务所是否为四大、机构投资者持股比例高低(以样本均值进行定义)。已有文献研究表明,相较于民营企业,国有企业的公司治理水平较高,信息披露质量较高(周宏等,2018);四大会计师事务所审计的年报信息披露质量较高(林永坚和王志强,2013);机构投资者持股比例较高的企业外部公司治理较强,信息披露质量较高(梅洁和张明泽,2016)。本章在构建上述三个变量后,按照模型(9-1)进行分组检验。

表9-7为相应的回归结果。首先在股权性质的分组回归中,本章发现Post的系数在民营企业组显著为负,而在国有企业组中不显著。在会计师事务所的分组回归中,本章发现Post的系数在非四大会计师事务所组中显著为负,而在四大会计师事务所组中不显著。在机构投资者持股比例的分组回归中,本章发现Post的系数在机构持股比例低组中显著为负,而在机构持股比例高组中不显著。上述结果说明,年报问询监管对于年报信息披露质量的影响在民营企业、非四大审计以及机构持股比例低的组中更加显著。这在一定程度上说明了交易所

年报问询监管机制对于信息披露质量低的企业有着监督作用,使得它们提高后续的年报信息披露质量。

表 9-7 交易所年报问询监管的直接效应检验

变量	Em						
	民营	国有	非四大	四大	机构持股比例低	机构持股比例高
	(1)	(2)	(3)	(4)	(5)	(6)
Post	−0.020**	0.010	−0.010*	−0.026	−0.023**	−0.001
	(−2.53)	(1.60)	(−1.79)	(−0.85)	(−2.01)	(−0.18)
Size	−0.064***	−0.040***	−0.062***	−0.032***	−0.063***	−0.043***
	(−9.53)	(−4.81)	(−11.37)	(−2.76)	(−7.22)	(−6.04)
Lev	−0.014	−0.036	−0.022	0.015	−0.042	−0.016
	(−0.67)	(−1.47)	(−1.36)	(0.39)	(−1.42)	(−0.83)
Roa	0.001	0.010**	0.001	−0.001	0.001	0.001
	(0.65)	(2.02)	(1.41)	(−0.78)	(1.38)	(0.82)
La	−0.021	−0.038	−0.034	0.103	0.005	−0.052*
	(−0.67)	(−1.06)	(−1.33)	(0.96)	(0.12)	(−1.85)
InstRatio	−0.001	−0.001	−0.001	−0.001	−0.001	0.001
	(−1.54)	(−0.10)	(−1.58)	(−0.72)	(−1.03)	(0.18)
Age	−0.002	−0.004***	−0.002**	−0.000	−0.001	−0.004***
	(−1.34)	(−3.94)	(−2.47)	(−0.13)	(−0.62)	(−3.31)
Soe			0.002	0.003	0.006	0.003
			(0.18)	(0.18)	(0.30)	(0.20)
Constant	0.634***	0.506***	0.639***	0.378***	0.610***	0.505***
	(15.53)	(7.80)	(17.78)	(4.16)	(11.25)	(10.25)
Firm Fe	控制	控制	控制	控制	控制	控制
Year Fe	控制	控制	控制	控制	控制	控制
N	9 562	5 553	14 155	960	7 109	8 006
Adj. R^2	0.224	0.160	0.213	0.225	0.215	0.235

注:括号内为 t 值;*、**、*** 分别代表 10%、5%、1%的显著性水平。

2. 市场监督机制的检验:交易所年报问询监管的市场反应

交易所年报问询监管能够直接影响企业的后续盈余管理,也能够引导市场参与者对企业进行监督,间接影响企业行为与企业盈余管理。投资者与分析师作为市场中的重要参与者,年报信息披露质量对他们的投资行为与预测行为有着重要影响,基于此,本章将从投资者与分析师两个角度分析交易所年报问询监管影响企业盈余管理的间接机制。

　　交易所年报问询监管可以引导市场参与者主动对企业进行监督,继而提高企业信息披露质量。具体地,年报问询将引起市场投资者的关注,继而影响企业行为。在效率市场假说下,投资者可以通过影响股价进而影响企业行为。年报问询作为一个负面信息,是否会导致被问询企业存在一个负向的超额累计收益率,在这个负向市场压力下,企业将提高年报信息披露质量呢? 为了检验这个机制,本章将对年报问询的市场反应进行分析。表 9-8 Panel A 给出了年报被问询日前后 5 天的超额股票收益率,本章发现从事件日前 2 天开始到事件日后 5 天,被问询公司的股票收益率存在明显下降。表 9-8 Panel B 为累计超额收益率的检验结果,本章发现在[−5,5]、[−3,3]和[−1,1]事件窗口,累计超额收益率都显著为负,说明年报问询将导致股票收益率下降。

表 9-8　交易所年报问询监管的市场反应

Panel A: 超额股票收益率

事件窗口	样本量	AR	t 值
−5	480	0.0010	0.7531
−4	480	−0.0012	−0.8973
−3	480	−0.0019*	−1.4642
−2	480	−0.0024**	−1.9135
−1	480	−0.0023*	−1.8333
0	480	−0.0061***	−4.4464
1	480	−0.0018*	−1.3223
2	480	0.0004	0.2814
3	480	−0.0023**	−1.8085
4	480	−0.0013	−1.0159
5	480	0.0005	0.3902

Panel B: 累计超额收益率

CAR	[−5, 5]	[−3, 3]	[−1, 1]
问询函样本	−0.0183***	−0.0172***	−0.0153***
	(−2.55)	(−2.88)	(−3.15)
非问询函样本(PSM 配对)	−0.0053	−0.0045	−0.0047
	(−1.07)	(−0.77)	(−0.73)

注:***、**、* 分别代表 1%、5%、10%的显著性水平;配对样本按照同行业同年度同规模同杠杆率进行配对。

另外,本章构建了没有被问询的配对样本,并对这些配对样本也计算了相应的累计超额收益率值,表9-8 Panel B部分显示在相同的事件日,这些配对样本的累计超额收益率系数不显著。通过上述分析可知,一旦公司被年报问询,它们的股票市场反应将显著为负,这与陈运森等(2018a)的结论一致。

3. 市场监督机制的检验:交易所年报问询监管特征对CAR[−1,1]的影响

上述分析说明年报问询会导致企业存在一个负向的累计超额收益率,为了进一步检验交易所年报问询监管的市场反应,本章以CAR[−1,1]为被解释变量进行回归分析,相应的结果见表9-9。从表中可以看到,Treat、PostNum、ClNum与EmNum的系数均显著为负,说明年报问询将会导致负向的累计超额收益率,并且年报问询次数越多、问题数量越多以及关于盈余管理问题的比例越高,累计超额收益率的负向调整越大。上述检验结果表明,年报问询事项及问询函具体特征对以股价度量的投资者行为具有影响力。

表9-9 交易所年报问询监管与CAR回归分析

变量	CAR[−1,1]			
	(1)	(2)	(3)	(4)
Treat	−0.017***			
	(−8.71)			
PostNum		−0.013***		
		(−7.02)		
ClNum			−0.009***	
			(−9.17)	
EmNum				−0.021***
				(−6.80)
Size	−0.001	−0.001	−0.001	−0.001
	(−0.29)	(−0.68)	(−1.60)	(−1.36)
Lev	−0.001	−0.001	−0.001	−0.001
	(−1.16)	(−0.76)	(−0.60)	(−0.69)
Roa	0.001	0.001	0.001	0.001
	(0.64)	(0.69)	(1.09)	(1.05)
La	0.001	0.001	0.002	0.002
	(0.48)	(0.45)	(0.57)	(0.68)
InstRatio	−0.001	−0.001	−0.001	−0.001
	(−0.31)	(−0.24)	(−0.21)	(−0.25)

(续表)

变量	CAR[−1,1]			
	(1)	(2)	(3)	(4)
Age	0.001	0.001*	0.001	−0.001
	(1.16)	(1.77)	(0.77)	(−0.09)
Soe	0.001	0.001	0.001	0.001
	(0.77)	(0.69)	(0.32)	(0.68)
Constant	−0.001	−0.001	0.004	0.005*
	(−0.23)	(−0.03)	(1.63)	(1.81)
Firm Fe	控制	控制	控制	控制
Year Fe	控制	控制	控制	控制
N	14 939	14 939	14 939	14 939
Adj. R^2	0.125	0.129	0.141	0.118

注：括号内为 t 值；*、*** 分别代表10%、1%的显著性水平。

4. 市场监督机制的检验：CAR与企业盈余管理

从表9-9的结果可知，被问询企业在股票市场中存在负向的累计超额收益率。为了证实累计超额收益率会对企业未来的盈余管理有影响，本章以CAR值为解释变量进行相应的回归分析，相应的结果见表9-10。在表9-10中，CAR[−1,1]的系数显著为正，表明累计超额收益率负得越多，后续企业的盈余管理水平降低得越多，这说明年报问询导致的市场压力的确会影响企业后续的信息披露质量，市场压力是年报问询监管影响企业后续信息披露质量的机制之一。

表9-10　CAR与年报信息披露质量

变量	Em	
	(1)	(2)
CAR[−1,1]	1.251***	0.416*
	(5.09)	(1.75)
Size		−0.061***
		(−23.34)
Lev		−0.025**
		(−2.35)
Roa		0.001**
		(2.37)

(续表)

变量	Em	
	(1)	(2)
La		−0.052***
		(−3.24)
InstRatio		−0.001
		(−1.14)
Age		−0.002***
		(−3.07)
Soe		0.007
		(0.64)
Constant		0.632***
		(34.51)
Firm Fe	控制	控制
Year Fe	未控制	控制
N	14 939	14 939
Adj. R^2	0.136	0.214

注:括号内为 t 值;*、**、*** 分别代表10%、5%、1%的显著性水平。

5. 市场监督机制的检验:交易所年报问询监管与分析师预测

分析师是市场金融信息中介的下游,年报信息的准确性决定了分析师预测的精确度。相关研究认为分析师对于一家公司的预测精度可能会受公司信息披露情况的影响(Bhushan,1989;Lang and Lundholm,1996)。披露财务信息或感知信息透明度的变化可能会引起分析师更多的关注,这是因为跟踪的分析师认为信息披露质量的改进表明公司承诺提供更透明的披露(Lehavy et al.,2011),从而影响了分析师预测精度。Wang(2016)采用DID模型分析了问询函对分析师预测行为的影响,研究发现问询监管降低了分析师预测误差、乐观偏差与预测分歧度。因此,本章将进一步对分析师预测精度进行分析,以检验交易所年报问询监管是否影响了企业后续的信息披露质量,相应的回归结果见表9-11。

表9-11第(1)、(2)列分别表示未来一期、二期分析师预测偏差的回归结果,本章发现Post的系数显著为负,这说明交易所年报问询监管使得企业信息披露质量提高,降低了企业的信息不对称程度,进而降低了分析师的预测偏差。同

时,这个结论也间接证实了交易所年报问询监管能够引导分析师改善信息披露质量。

表 9-11　信息披露质量改善对市场中介的影响

变量	未来一期预测偏差 (1)	未来二期预测偏差 (2)
Post	−0.783***	−1.323**
	(−3.66)	(−2.25)
Controls	控制	控制
Firm Fe	控制	控制
Year Fe	控制	控制
N	9 859	7 803
Adj. R^2	0.988	0.322

注:括号内为 t 值;**、*** 分别代表 5%、1% 的显著性水平。

9.3　结论与启示

　　仅利用处罚性监管手段来提高企业信息披露质量是远远不够的,交易所年报问询监管这一非处罚性监管手段也可以提高信息披露质量。现有研究较少分析交易所年报问询监管对年报信息披露质量的影响情况、影响机制,以及是否存在传染威慑效应。为此,本章利用中国 A 股上市公司 2012—2017 年数据分析了年报问询监管制度的直接效应和溢出效应。研究结果发现,交易所年报问询监管能够提高被问询公司未来年报信息披露质量。经过一系列的内生性检验,这个结果仍然成立,这说明交易所年报问询监管制度能够提高企业信息披露水平。通过进一步的机制检验发现,来自年报问询的监管机制以及市场压力使得被问询公司提高了未来的年报信息披露质量。同时,交易所年报问询监管存在一定的溢出效应,即当一个行业被问询的企业较多、行业领先者被问询后或者同一会计师事务所被问询客户较多时,其他未被问询企业也会提高后续年报信息披露质量,这说明交易所年报问询监管存在一定的威慑效应与溢出效应。本章进一步从年报问询函的特征进行分析发现,企业被连续问询、问询的问题数量更多以及盈余管理相关问题比例更高时,企业后续的盈余管理程度就将降低得更多,即年报信息披露质量将提高。

第9章　交易所年报问询监管对信息披露质量的直接效应及溢出效应

上述结论表明交易所年报问询监管这一非处罚性监管制度的确直接提高了公司年报信息披露质量,同时这一监管制度也有威慑与溢出效应,能够提高未被问询相关企业的年报信息披露质量,从而提高整个资本市场的信息披露质量,改善资本市场信息环境,为其他信息中介提供更高质量的信息。因此,交易所等监管部门应该加大对企业年报问询的力度,同时也应对忽视年报问询的企业加大处罚力度,以此保证交易所年报问询监管制度的监督效率。

第 10 章 结 束 语

本书从中国两大证券交易所的年报信息披露监管行为着手,在现有研究基础上,围绕交易所年报问询监管的影响因素和经济后果,研究了问询监管制度在提高企业会计信息披露质量和实体经济运营质量方面发挥的作用。具体包括:

(1) 交易所年报问询监管影响因素的拓展研究。本书从上市公司关键少数人行为和审计师行为角度对年报问询监管影响因素进行了研究,具体包括控股股东的质押行为对年报问询监管的影响、高管财务任职经历对年报问询监管的影响、关键审计事项披露对年报问询监管的影响。

控股股东作为决定公司治理水平的关键力量,其股权质押行为是影响公司运营的重要前瞻性风险。实证结果表明,控股股东股权质押极易引起监管机构的关注,随着控股股东股权质押行为的发生、质押比例的提高,公司的信息披露质量降低、违规风险提高,因此收到年报问询函的概率增大,被问询的严重性增加,回函时间更长。进一步研究发现,这一影响在非国有企业、股权集中度较高的企业中更加显著。而问询监管具有精确性,能够有效减少控股股东股权质押公司的真实盈余管理行为,实现风险预判到减小的闭环。

公司高管作为影响公司日常运营的关键人,其决策行为受到自身认知能力以及价值取向的影响,这些影响因素与自身特征、工作经历有着重要关系。高管财务任职经历对年报问询监管概率的影响研究显示,高管拥有财务任职经历的企业年报更容易被交易所问询。其机制检验显示,高管拥有财务任职经历的企业会进行较多的盈余管理,从而使得年报被问询的概率增大。进一步分析发现,在公司特征层面,公司业绩压力大、外部监督弱、高管具有财务任职经历进行盈余管理的动机更强;在个人特征层面,男性、无学术经历、有政治关联与有财会专业教育背景的具有财务任职经历的高管也有更强的盈余管理偏好;在问询函内容特征方面,高管财务任职经历使得年报问询函中明确要求审计师发表意见与回函的概率更大,同时年报问询函中涉及的问题数量也更多。

审计师作为上市公司年报信息披露的第三方监督者,对上市公司财务信息进行独立鉴证,以审计报告的形式向资本市场传递关于公司财报质量的信息。在传统审计准则下,审计报告仅仅向市场传递关于最终审计结论的信息;在新审计报告准则体系下,审计报告中关键审计事项的强制披露提供了具有公司特质风险的增量信息。我们的研究证实了关键审计事项披露数量的增多能够增大年报问询函的发放概率,关键审计事项披露内容与年报问询函的内容存在对应关系,这说明关键审计事项能够向市场及监管者披露公司的风险信息,而证券交易所的监管部门也能够从该类信息中获取监管线索并通过发放年报问询函的方式要求被审单位进一步披露详细信息,最终有利于提高上市公司的信息披露质量,保护投资者的合法权益。

(2) 交易所年报问询监管经济后果的拓展研究。本书探讨了年报问询监管对市场中介和企业行为的影响,具体包括年报问询监管对分析师行为的影响、年报问询监管对企业主体信用评级的影响、年报问询监管对企业研发行为的影响,以及年报问询监管对信息披露质量的直接效应及溢出效应。

从对证券市场中介的影响层面看,证券分析师是资本市场中重要的信息中介之一,他们通过收集、整理、分析资本市场和上市公司的信息,发布盈余预测以及荐股评级等向投资者提供决策信息,缓解投资者与上市公司间的信息不对称。本书的研究证实,交易所年报问询监管减少了分析师进行实地调研挖掘私有信息的倾向,使得收函公司被分析师实地调研的强度降低,私有信息获取的减少也降低了分析师对收函公司盈余预测的分歧度,并且该影响主要体现在信息透明度低、机构投资者持股多以及非国有产权性质的企业中。进一步地,交易所年报问询监管能够提升收函公司公共信息披露的数量和质量,使得分析师对收函公司盈余预测的准确性提高且乐观程度降低,即预测结果更接近收函公司后续对自身盈余信息的披露情况。此外,交易所年报问询监管减少了分析师对收函公司所需投入的精力,使得分析师能够将其精力更多地分配到其他未受到交易所年报问询监管关注的公司。以上结果表明交易所年报问询函代表的公共信息披露监管与分析师私有信息挖掘行为之间存在一定的替代效应。

从对债券市场的影响层面看,信用评级作为债券发行企业违约风险水平的体现,是投资者了解发行企业还本付息能力的重要途径,可以缓解投资者与企业之间的信息不对称,帮助投资者进行合理的投资决策。本书的实证证据显示,交易所年报问询监管会降低被问询企业的主体信用评级,年报问询监管行为会通过降低企业盈余管理程度和强化评级机构对"问题企业"的关注从而引起企业主体信用评级的降低,抑制膨胀的信用评级。对于非国有企业和风险程度更高的企业,交易所年报问询监管降低企业主体信用评级的作用更明显。同时,交易所年报问询监管对企业主体信用评级的降低作用还会波及企业的债券信用评级层面,使资本市场投资者对企业债券提出更高的风险溢价要求。

从对企业实体投资行为的影响层面看,交易所对上市公司的年报问询监管会对公司的研发创新投入整体上产生负向影响,但是细分年报问询函内容是否与"研发"相关后发现,年报问询函中与"研发"相关的问题能够促使公司在合理的范围内披露更多"研发"相关的专有信息,改善公司研发信息披露质量,有利于降低公司内外部的信息不对称程度,一定程度上缓解代理问题和融资约束,对公司的研发创新投入产生正向影响;而年报问询函中其他非"研发"相关的问题则因会带来短期市场压力和增强融资约束,限制了企业的研发创新投入行为。

从对企业实体信息披露行为的影响层面看,交易所年报问询监管机制存在威慑效应与溢出效应,能够提高被问询企业及相关企业未来年报的信息披露质量,提高证券市场整体的信息披露水平。机制检验显示,来自年报问询的监管压力和市场压力使得被问询企业提高了未来的年报信息披露质量。当一个行业被问询的企业较多、行业领先者被问询或者同一会计师事务所被问询客户较多时,其他未被问询企业也会提高后续年报信息披露质量。对年报问询函特征的分析显示,企业被连续问询、问询的问题数量更多以及盈余管理相关问题比例更高时,企业后续的盈余管理将降低得更多。

本书是国家自然科学基金面上项目"基于会计信息质量提升的交易所年报问询监管制度治理效应及其机制研究"(71872136)的研究成果之一。我们在全书研究基础上提出若干完善交易所年报问询监管制度的政策建议:

第一,在监管资源有限的情况下,交易所年报问询监管需要关注上市公司关键少数人特征和行为对年报信息披露的潜在影响,对前瞻性风险因素保持必要的警惕性,通过问询监管进一步消除资本市场投资者与上市公司之间的信息不对称,帮助资本市场投资者及时识别和关注上市公司的潜在风险,比如控股股东的股权质押行为可能蕴含着大股东的资金压力问题,拥有财务任职经历的高管可能具备更强的报表粉饰能力等。从提高交易所年报问询监管的监管效率角度出发,交易所可以加大对存在控股股东股权质押行为的上市公司,以及高管拥有财务任职经历的上市公司的信息披露监管力度。当此类企业同时存在业绩压力大或外部监督弱的情况时,或者当具有财务任职经历的高管是男性,或无学术经历、有政治关联、有财务专业教育背景时,交易所也应加大对此类企业年报信息披露质量的检查力度。

第二,从上市公司年报信息披露质量治理结构看,独立审计制度和交易所年报问询监管制度都属于外部治理机制,独立审计制度的设计初衷是由审计师对公司所披露信息进行外部独立的第三方鉴证,交易所年报问询监管制度则是由交易所监管部门对公司披露信息进行外部自律监管,两种外部治理机制可以形成良好的互补关系。交易所监管部门可以从审计师披露的非常规关键审计事项中获得监管线索,通过审计师对关键审计事项的披露识别公司的特有风险,在监管中对相关事项直接提出问询,提高监管效率。交易所监管部门还可以关注异常审计费用、审计师行业专长、审计师更换、审计师任期等特征,结合对应审计报告中蕴含的信号,重视与审计师的联动作用,最终形成各股监督力量的合力,促进上市公司高质量披露信息,提高上市公司质量。

第三,交易所年报问询监管改善了被问询公司的公共信息披露质量,为证券分析师和信用评级机构提供了更为丰富的公共信息来源,并对其行为产生影响,充分体现了交易所年报问询监管制度的信息效应。因此,需要继续充分发挥交易所一线监管的作用,坚持高质量的年报问询监管,促进各类信息中介的有效运行,以提高资本市场的信息透明度,降低整个市场的信息不对称程度,最终促进资本市场资源配置效率的提高。

第四,交易所年报问询监管对企业研发创新投入行为和后续信息披露行为的影响,充分体现了交易所年报问询监管制度的实体效应。在研发信息披露这一会计判断难点问题上,交易所年报问询监管发挥了有效补充信息披露的重要作用,因此交易所应当加大对上市公司研发信息披露质量的监管力度,敦促上市公司在研发支出会计处理的依据等方面披露更多有效信息,帮助资本市场投资者在更加了解公司研发创新活动的前提下,对公司相关会计判断作出合理评价,改善投资者的决策效率。在格式化年报信息披露难以覆盖大量会计判断细节的背景下,应该继续充分发挥交易所年报问询监管具有的补充信息披露功能,通过问询和回复的过程,缓解公司内外部信息不对称,从而减少企业因逆向选择而面临的投融资约束问题。

本书的上述研究结论和相关政策建议是对交易所年报问询监管影响因素和经济后果研究的部分拓展,未来在该领域还存在大量研究机会。诸多研究已经证明会计信息披露质量是决定资本市场资源配置效率的重要基石。高质量的财务报告对于提高资本市场活力、推动资本市场发展至关重要,尤其是现阶段资本市场交易的复杂性以及金融产品的多样化更突显了这种重要性。在提高年报信息披露质量方面,发挥一线监管职能的交易所年报问询监管,是应对复杂资本市场风险的有效工具,会随着经济发展模式的演进而与时俱进。随着文本分析与机器学习技术的发展,未来可以继续从年报内容特征和问询函内容特征两个角度深入分析年报问询监管的影响因素和经济后果。在影响因素研究方面,可以对企业内部活动进行更为深入的挖掘,运用机器学习和大数据分析技术识别更多的前瞻性业务风险,帮助年报信息披露监管更及时地识别更多潜在风险,提高信息披露的及时性。在经济后果研究方面,可以将研究从主要聚焦于股票市场参与者范畴,拓展到对债券市场的影响分析上。债券市场作为证券市场的重要组成部分,与股票市场一样也存在大量信息不对称问题,债券市场的信息披露监管制度能否借鉴股票市场的问询监管制度是值得探讨的问题,股票市场信息披露对债券市场的影响也是对两类证券市场联动关系的有趣探讨,可以在后续相关研究中继续推进。

参 考 文 献

艾大力,王斌,2012.论大股东股权质押与上市公司财务:影响机理与市场反应[J].北京工商大学学报(社会科学版)(4):72-76.

敖小波,林晚发,李晓慧,2017.内部控制质量与债券信用评级[J].审计研究(2):57-64.

白晓宇,2009.上市公司信息披露政策对分析师预测的多重影响研究[J].金融研究(4):92-112.

蔡春,鲜文铎,2007.会计师事务所行业专长与审计质量相关性的检验:来自中国上市公司审计市场的经验证据[J].会计研究(6):41-47.

曹丰,李珂,2019.控股股东股权质押与上市公司审计意见购买[J].审计研究(2):108-118.

曹新伟,洪剑峭,贾琬娇,2015.分析师实地调研与资本市场信息效率:基于股价同步性的研究[J].经济管理(8):141-150.

常启军,陆梦珍,2015.上市公司内部控制缺陷对公司债券信用评级的影响研究[J].财会通讯(33):75-78.

陈工孟,高宁,2005.我国证券监管有效性的实证研究[J].管理世界(7):40-47.

陈丽红,张呈,张龙平,等,2019.关键审计事项披露与盈余价值相关性[J].审计研究(3):65-74.

陈丽红,朱憬怡,2020.股价崩盘风险会影响关键审计事项披露吗[J].财会月刊(22):105-114.

陈硕,张然,陈思,2018.证券交易所年报问询函影响了审计收费吗?基于沪深股市上市公司的经验证据[J].经济经纬(4):158-164.

陈文娟,陈汉文,2016.审计委员会与内部控制质量[J].财会通讯(21):3-8.

陈翔宇,2015.业绩快报披露影响了分析师预测吗[J].山西财经大学学报(3):102-114.

陈小林,王玉涛,陈运森,2013.事务所规模、审计行业专长与知情交易概率[J].会计研究(2):69-77.

陈邑早,黄诗华,白智奇.上市公司监管问询方式创新的影响研究:来自股票市场反应的证据[J].山东财经大学学报,2023(1):86-98.

陈益云,林晚发,2017.承担社会责任越多,企业发债时信用评级就越高吗:中国上市公司数据的检验[J].现代财经(天津财经大学学报)(6):101-113.

陈运森,邓祎璐,李哲,2018a.非处罚性监管具有信息含量吗:基于问询函的证据[J].金融研究(4):155-171.

陈运森,邓祎璐,李哲,2018b.非行政处罚性监管能改进审计质量吗:基于财务报告问询函的证据[J].审计研究(5):82-88.

陈运森,邓祎璐,李哲,2019.证券交易所一线监管的有效性研究:基于财务报告问询函的证据[J].管理世界(3):169-185.

程书强,2006.机构投资者持股与上市公司会计盈余信息关系实证研究[J].管理世界(9):129-136.

戴亦一,余威,宁博,等,2017.民营企业董事长的党员身份与公司财务违规[J].会计研究(6):75-81.

邓祎璐,李哲,陈运森,2020.证券交易所一线监管与企业高管变更:基于问询函的证据[J].管理评论(4):194-205.

杜勇,谢瑾,陈建英,2019.CEO金融背景与实体企业金融化[J].中国工业经济(5):136-154.

范合君,王思雨,2022.缄默不语还是直抒己见:问询函监管与独立董事异议[J].财经论丛(3):68-78.

方红星,陈作华,2015.高质量内部控制能有效应对特质风险和系统风险吗[J].会计研究(4):70-77.

方军雄,2007.我国上市公司信息披露透明度与证券分析师预测[J].金融研究(6):136-148.

方军雄,洪剑峭,2008.异常审计收费与审计质量的损害:来自中国审计市场的证据[J].中国会计评论(4):425-442.

高丽,张馨月,2020.股权质押、内部控制与企业创新[J].投资研究(11):75-87.

郭飞,周泳彤,2018.交易所年报问询函具有信息含量吗[J].证券市场导报(7):20-28.

郭照蕊,李一秀,2020.证券交易所监管问询有效性研究综述与展望[J].金融监管研究(9):81-98.

韩洪灵,陈汉文,2007.中国上市公司初始审计的定价折扣考察:来自审计师变更的经验证据[J].会计研究(9):83-89.

韩斯玥,刘力一,温权,2015.政府监督与信用评级:互补还是替代[J].上海金融(1):71-78.

郝项超,梁琪,2009.最终控制人股权质押损害公司价值么[J].会计研究(7):57-63.

郝晓敏,王永海,2022.审计师行业专长能够降低公司被监管问询的概率吗:基于年报问询函的证据[J].财经论丛(11):81-91.

何如桢,2023.问询函监管能否抑制企业研发操纵？基于非研发类年报问询函的溢出效应研究[J].证券市场导报(7):46-56.

何卓静,王新,曾攀,2023.交易所年报问询与独立董事履职行为研究[J].南开管理评论(3):64-76.

洪金明,2020.关键审计事项与会计稳健性[J].中国注册会计师(6):43-49.

胡军,王甄,陶莹,等,2016.微博、信息披露与分析师盈余预测[J].财经研究(5):66-76.

胡宁,曹雅楠,周楠,等,2020.监管信息披露与债权人定价决策:基于沪深交易所年报问询函的证据[J].会计研究(3):54-65.

胡玮佳,张开元,2019.投资者关注与年报问询函市场反应:价格压力还是信息传递[J].经济管理(10):162-177.

胡耀丹,王稳华,2024.交易所问询监管与股权融资成本:基于投资者风险感知视角[J].财经问题研究(5):62-74.

胡奕明,林文雄,王玮璐,2003.证券分析师的信息来源、关注域与分析工具[J].金融研究(12):52-63.

黄健峤,陈运森,邓祎璐,2024.外资持股影响监管倾向了吗？来自证券交易所一线监管的证据[J].管理评论(5):194-206.

黄速建,余菁,2006.国有企业的性质、目标与社会责任[J].中国工业经济(2):68-76.

黄小琳,朱松,陈关亭,2017.债券违约对涉事信用评级机构的影响:基于中国信用债市场违约事件的分析[J].金融研究(3):130-144.

贾凡胜,张一林,李广众,2017.非正式制度的有限激励作用:基于地区信任环境对高管薪酬激励影响的实证研究[J].南开管理评论(6):116-128.

贾琬娇,洪剑峭,徐媛媛,2015.我国证券分析师实地调研有价值吗:基于盈余预测准确性的一项实证研究[J].投资研究(4):96-113.

江承鑫,刘媛媛,刘婉宙,2024.年报问询函的审计监管溢出效应:来自文本相似度的证据[J].会计研究(3):150-163.

姜付秀,黄继承,2013.CEO财务经历与资本结构决策[J].会计研究(5):27-34.

姜付秀,黄继承,李丰也,等,2012.谁选择了财务经历的CEO[J].管理世界(2):96-104.

姜付秀,石贝贝,马云飙,2016a.信息发布者的财务经历与企业融资约束[J].经济研究(6):83-97.

姜付秀,石贝贝,马云飙,2016b.董秘财务经历与盈余信息含量[J].管理世界(9):161-173.

姜丽莎,李超凡,冯均科,2020.新审计报告降低了债务融资成本吗[J].审计研究(3):68-76.

姜永宏,林树哲,穆金旗,2023.证券交易所一线监管与会计稳健性:基于年报问询函的证据[J].南京审计大学学报(1):68-78.

蒋红芸,李岩琼,王雄元,2018.年报风险信息披露与分析师跟随[J].财经论丛(12):65-73.

柯艳蓉,李玉敏,2019.控股股东股权质押、投资效率与公司期权价值[J].经济管理(12):123-139.

柯艳蓉,李玉敏,吴晓晖,2019.控股股东股权质押与企业投资行为:基于金融投资和实业投资的视角[J].财贸经济(4):50-66.

寇宗来,盘宇章,刘学悦,2015.中国的信用评级真的影响发债成本吗[J].金融研究(10):81-98.

蓝梦,夏宁,2022.基于年报问询函的低质量审计传染效应[J].审计研究(4):78-87.

李波,朱太辉,2020.银行价格竞争、融资约束与企业研发投资:基于"中介效应"模型的实证研究[J].金融研究(7):134-152.

李常青,李宇坤,李茂良,2018.控股股东股权质押与企业创新投入[J].金融研究(7):143-157.

李常青,幸伟,2017.控股股东股权质押与上市公司信息披露[J].统计研究(12):75-86.

李丹蒙,2007.公司透明度与分析师预测活动[J].经济科学(6):107-117.

李琳,张敦力,夏鹏,2017.年报监管、内部人减持与市场反应:基于深交所年报问询函的研究[J].当代财经(12):108-119.

李琦,罗炜,谷仕平,2011.企业信用评级与盈余管理[J].经济研究(S2):88-99.

李瑞涛,酒莉莉,2018.控股股东股权质押会"诱发"上市公司违规吗[J].产业经济评论(1):95-116.

李世辉,苏直,殷敬伟,2023.客户年报问询函监管具有供应链传导效应吗:基于审计收费视角的研究[J].南开管理评论(5):115-127.

李姝,翟士运,孙兰兰,等,2020.大股东融资方式影响了企业创新吗:基于股权质押的视角[J].管理评论(10):120-134.

李小荣,刘行,2012.CEO vs CFO:性别与股价崩盘风险[J].世界经济(12):102-129.

李晓溪,饶品贵,2022.预防性监管与公司产能过剩:基于年报问询函的研究证据[J].金融研究(4):170-187.

李晓溪,饶品贵,岳衡,2019a.年报问询函与管理层业绩预告[J].管理世界(8):173-188.

李晓溪,杨国超,饶品贵,2019b.交易所问询函有监管作用吗:基于并购重组报告书的文本分析[J].经济研究(5):181-198.

李岩琼,姚颐,2020.研发文本信息:真的多说无益吗:基于分析师预测的文本分析[J].会计研究(2):26-42.

李增泉,孙铮,王志伟,2004."掏空"与所有权安排:来自我国上市公司大股东资金占用的经验证据[J].会计研究(12):3-13.

李志军,王善平,2011.货币政策、信息披露质量与公司债务融资[J].会计研究(10):56-62.

连玉君,刘畅,2023.精准问询:来自年报问询和控股股东股权质押的证据[J].山西财经大学学报(1):99-114.

林慧婷,何玉润,刘金雅,2021.财务报告问询函压力与企业金融化[J].会计研究(9):65-76.

林晚发,何剑波,周畅,等,2017."投资者付费"模式对"发行人付费"模式评级的影响:基于中债资信评级的实验证据[J].会计研究(9):62-68.

林晚发,钟辉勇,李青原,2018.高管任职经历的得与失?来自债券市场的经验证据[J].金融研究(6):171-188.

林晚发,周倩倩,2018.异常审计费用与债券信用评级[J].审计与经济研究(6):48-57.

林永坚,王志强,2013.国际"四大"的审计质量更高吗:来自中国上市公司的经验证据[J].财经研究(6):73-83.

刘柏,卢家锐,2019.交易所一线监管能甄别资本市场风险吗:基于年报问询函的证据[J].财经研究(7):45-58.

刘娥平,施燕平,2014.盈余管理、公司债券融资成本与首次信用评级[J].管理科学(5):91-103.

刘建勇,张雪琪,2020.非处罚性监管、公司违规与风险承担[J].财会通讯(4):77-81.

刘颖斐,史佳睿,向珊,等,2023.审计师可以为交易所提供监管线索吗?基于年报问询与关键审计事项关系的证据[J].审计研究(1):136-148.

柳木华,雷宵,2020.审计师利用专家工作抑制盈余管理了吗:基于关键审计事项披露的经验证据[J].审计研究(1):78-86.

鲁桂华,韩慧云,陈运森,2020.会计师事务所非处罚性监管与IPO审核问询:基于科创板注册制的证据[J].审计研究(6):43-50.

陆瑶,施新政,刘璐瑶,2017.劳动力保护与盈余管理:基于最低工资政策变动的实证分析[J].管理世界(3):146-158.

逯东,宋昕倍,龚祎,2020.控股股东股权质押与年报文本信息可读性[J].财贸研究(5):77-96.

逯东,万丽梅,杨丹,2015.创业板公司上市后为何业绩变脸[J].经济研究(2):132-144.

罗进辉,向元高,金思静,2020.大股东股权质押与股票停牌操纵:基于"千股停牌"事件的研究[J].财经研究(7):122-137.

梅蓓蕾,郭雪寒,叶建芳,2021.问询函的溢出效应:基于盈余管理视角[J].会计研究(6):30-41.

梅洁,张明泽,2016.基金主导了机构投资者对上市公司盈余管理的治理作用?基于内生性视角的考察[J].会计研究(4):55-60.

米莉,黄婧,何丽娜,2019.证券交易所非处罚性监管会影响审计师定价决策吗:基于问询函的经验证据[J].审计与经济研究(4):57-65.

聂萍,潘再珍,2019.年报问询函监管与大股东"掏空":来自沪深交易所年报问询的证据[J].审计与经济研究(3):91-103.

聂萍,潘再珍,肖红英,2020.问询函监管能改善公司的内部控制质量吗:来自沪深交易所年报问询的证据[J].会计研究(12):153-170.

潘红波,夏新平,余明桂,2008.政府干预、政治关联与地方国有企业并购[J].经济研究(4):41-52.

潘俊,王亮亮,吴宁,等,2016.财政透明度与城投债信用评级[J].会计研究(12):72-78.

彭雯,张立民,钟凯,等,2019.监管问询的有效性研究:基于审计师行为视角分析[J].管理科学(4):17-30.

齐荻,许文瀚,2023.柔性监管制度与上市公司创新意愿:基于交易所研发问询的视角[J].财经论丛(6):47-57.

齐鲁光,韩传模,2016.客户产权差异、审计收费和审计质量关系研究:基于风险导向审计理论[J].审计研究(2):66-73.

钱爱民,张晨宇,2018.股权质押与信息披露策略[J].会计研究(12):34-40.

全怡,周聪,鲍镕江,等,2022.财务背景董秘能否减少监管问询?基于交易所年报问询函的经验证据[J].会计研究(10):58-70.

史永,李思昊,2020.披露关键审计事项对公司股价崩盘风险的影响研究[J].中国软科学(6):136-144.

史永东,丁伟,袁绍锋,2013.市场互联、风险溢出与金融稳定:基于股票市场与债券市场溢出效应分析的视角[J].金融研究(3):170-180.

宋力,张明尧,2022.问询函监管、会计信息质量与分析师盈余预测[J].沈阳工业大学学报(社会科学版)(4):350-357.

谭松涛,崔小勇,2015.上市公司调研能否提高分析师预测精度[J].世界经济(4):126-145.

唐松莲,陈伟,2017.声誉提升抑或利益结盟:关联证券分析师实地调研动因研究[J].管理世界(9):178-179.

唐玮,夏晓雪,姜付秀,2019.控股股东股权质押与公司融资约束[J].会计研究(6):51-57.

陶雄华,曹松威,2018.我国证券交易所问询函的公告效应分析[J].统计与决策(23):167-170.

陶雄华,曹松威,2019.证券交易所非处罚性监管与审计质量:基于年报问询函信息效应和监督效应的分析[J].审计与经济研究(2):8-18.

田高良,贝成成,施诺,2021.控股股东股权质押与公司自愿性披露[J].西安交通大学学报(社会科学版)(2):33-41.

汪炜,蒋高峰,2004.信息披露、透明度与资本成本[J].经济研究(7):107-114.

王斌,宋春霞,2015.大股东股权质押、股权性质与盈余管理方式[J].华东经济管理(8):118-128.

王丹,2021.问询函监管对分析师盈余预测行为的影响研究:基于沪深交易所财务报告问询函的证据[J].财会通讯(8):95-99.

王海林,付文博,2022.监管问询影响下游客户的管理层语调吗?基于财务报告问询函和 MD&A 的分析[J].审计研究(3):104-116.

王木之,李丹,2019.新审计报告和股价同步性[J].会计研究(1):86-92.

王思雨,范合君,2024.问询函监管对股东并购决策投票行为的影响[J].证券市场导报(1):39-52.

王雄元,李岩琼,肖忞,2017.年报风险信息披露有助于提高分析师预测准确度吗[J].会计研究(10):37-43.

王秀丽,齐荻,吕文栋,2020.控股股东股权质押与年报前瞻性信息披露[J].会计研究(12):43-58.

王艳艳,何如桢,于李胜,等,2020.管理层能力与年报柔性监管:基于年报问询函收函和回函视角的研究[J].会计研究(12):59-70.

王艳艳,谢婧怡,王迪,2019.非处罚性监管影响了审计质量吗:基于年报问询函的经验证据[J].财务研究(4):62-73.

王艳艳,许锐,王成龙,等,2018.关键审计事项段能够提高审计报告的沟通价值吗[J].会计研究(6):86-93.

王艳艳,杨小康,2022.交易所互动问询的实体经济效应研究:基于民营企业债务融资的证据[J].厦门大学学报(哲学社会科学版)(4):57-69.

王宇峰,刘颖,2019.控股股东股权质押、审计师行业专长与财务报告可比性[J].南京审计大学学报(6):39-49.

王玉涛,王彦超,2012.业绩预告信息对分析师预测行为有影响吗[J].金融研究(6):193-206.

温忠麟,叶宝娟,2014.中介效应分析:方法和模型发展[J].心理科学进展(5):731-745.

温忠麟,张雷,侯杰泰,等,2004.中介效应检验程序及其应用[J].心理学报(5):614-620.

吴文锋,吴冲锋,芮萌,2009.中国上市公司高管的政府背景与税收优惠[J].管理世界(3):134-142.

吴溪,范昱江,杨育龙,2019.关键审计事项与审计后会计信息质量相关吗:来自资产减值事项的证据[J].会计研究 (12):65-71.

吴溪,张俊生,2014.上市公司立案公告的市场反应及其含义[J].会计研究 (4):10-18.

吴先聪,罗鸿秀,张健,2020.控股股东股权质押、审计质量与债务融资成本[J].审计研究 (6):86-96.

吴育辉,吴世农,魏志华,2017.管理层能力、信息披露质量与企业信用评级[J].经济管理 (1):165-180.

伍利娜,高强,2002.处罚公告的市场反应研究[J].经济科学 (3):62-73.

谢德仁,廖珂,2018.控股股东股权质押与上市公司真实盈余管理[J].会计研究(8):21-27.

谢德仁,郑登津,崔宸瑜,2016.控股股东股权质押是潜在的"地雷"吗:基于股价崩盘风险视角的研究[J].管理世界(5):128-140.

谢贵春,2018.证券市场稳定机制比较、趋势与中国对策[J].上海金融(12):60-69.

谢诗蕾,宋尧清,肖彪,2018.证券分析师实地调研的同行溢出效应研究[J].会计与经济研究(6):33-51.

解维敏,方红星,2011.金融发展、融资约束与企业研发投入[J].金融研究(5):171-183.

徐高彦,李新月,胡世亮,2023.年报问询函与公司策略性媒体披露管理行为[J].会计研究(3):111-128.

徐浩峰,侯宇,2012.信息透明度与散户的交易选择:基于深圳交易所上市公司的实证研究[J].金融研究(3):180-190.

徐会超,潘临,张熙萌,2019.大股东股权质押与审计师选择:来自中国上市公司的经验证据[J].中国软科学(8):135-143.

徐媛媛,洪剑峭,曹新伟,2015.我国上市公司特征与证券分析师实地调研[J].投资研究(1):121-136.

薛刚,王储,赵西卜,2020.谁更关心关键审计事项:管理层还是分析师[J].审计研究(2):87-95.

鄢翔,张人方,黄俊,2018.关键事项审计报告准则的溢出效应研究[J].审计研究 (6):73-80.

杨大楷,王鹏,2014.信用评级前的盈余管理:来自中国信用债券市场的经验证据[J].证券市场导报(4):23-28.

杨海波,李建勇,2018.问询监管的市场反应:基于深交所数据的实证分析[J].北京工商大学学报(社会科学版)(2):84-93.

杨明增,张钦成,王子涵,2018.审计报告新准则实施对审计质量的影响研究:基于 2016 年 A+H 股上市公司审计的准自然实验证据[J].审计研究 (5):74-81.

杨玉凤,曹琼,吴晓明,2008.上市公司信息披露违规市场反应差异研究:2002—2006 年的实证分析[J].审计研究(5):68-73.

耀友福,林恺,2020.年报问询函影响关键审计事项判断吗[J].审计研究(4):90-101.

耀友福,薛爽,2020.年报问询压力与内部控制意见购买[J].会计研究(5):147-165.

叶建芳,刘大禄,2008.新企业会计准则下上市公司会计报表案例分析(六)从大族激光公司看研发支出的处理[J].财政监督(18):67-68.

叶建芳,周兰,李丹蒙,等,2009.管理层动机、会计政策选择与盈余管理:基于新会计准则下上市公司金融资产分类的实证研究[J].会计研究(3):25-30.

于忠泊,田高良,齐保垒,等,2011.媒体关注的公司治理机制:基于盈余管理视角的考察[J].管理世界(9):127-140.

余明桂,卞诗卉,2020.高质量的内部控制能否减少监管问询:来自交易所年报问询函的证据[J].中南大学学报(社会科学版)(1):22-31.

余玉苗,范亚欣,周楷唐,2020.审计费用的事前确定、异常审计费用与审计质量[J].审计研究(2):67-75.

袁东任,汪炜,2015.信息披露、现金持有与研发投入[J].山西财经大学学报(1):81-91.

袁蓉丽,王群,李瑞敬,2022.证券交易所监管与股价同步性:基于年报问询函的证据[J].管理评论(2):281-290.

曾颖,陆正飞,2006.信息披露质量与股权融资成本[J].经济研究(2):69-79.

翟胜宝,童丽静,伍彬,2020.控股股东股权质押与企业银行贷款:基于我国上市公司的实证研究[J].会计研究(6):75-92.

翟胜宝,许浩然,刘耀淞,等,2017.控股股东股权质押与审计师风险应对[J].管理世界(10):51-65.

翟淑萍,王敏,2019.非处罚性监管提高了公司业绩预告质量吗:来自财务报告问询函的证据[J].山西财经大学学报(4):92-107.

翟淑萍,王敏,毛文霞,2020a.财务报告问询函与上市公司融资约束[J].金融论坛(10):46-57.

翟淑萍,王敏,张晓琳,2020b.财务问询函对审计联结公司的监管溢出效应:来自年报可读性的经验证据[J].审计与经济研究(5):18-30.

张呈,陈丽红,张龙平,2019.我国上市公司关键审计事项披露现状及改进[J].证券市场导报(5):66-72.

张栋,张玉阳,2021."深港通"能否减少交易所监管问询:来自年报问询函的经验证据[J].会计之友(12):65-72.

张浩,2018.中国信用评级市场的发展回顾与展望[J].金融发展研究(10):29-35.

张继勋,贺超,韩冬梅,2015.标准审计报告改进与投资者感知的审计人员责任:一项实验证据[J].审计研究(3):56-63.

张继勋,倪古强,张广冬,2019.关键审计事项的结论性评价与投资者的投资判断[J].会计研究(7):90-96.

张俊瑞,余思佳,程子健,2017.大股东股权质押会影响审计师决策吗:基于审计费用与审计意见的证据[J].审计研究(3):65-73.

张俊生,汤晓建,李广众,2018.预防性监管能够抑制股价崩盘风险吗:基于交易所年报问询函的研究[J].管理科学学报(10):112-126.

张然,陈思,雷羽,2015.SEC意见信与财务造假:基于中概股危机的实证分析[J].会计研究(7):11-17.

张雪莹,王聪聪,2020.控股股东股权质押会影响上市公司发债融资成本吗[J].证券市场导报(6):41-50.

张岩,2020.问询函监管与企业的真实盈余管理对策[J].当代财经(3):90-101.

张月玲,唐正,2022.年报监管问询、非控股大股东退出威胁与审计费用[J].审计与经济研究(4):33-42.

赵丙艳,叶春明,2020.交易所问询函的信息含量与投资者行为选择[J].当代经济管理(10):92-97.

赵良玉,李增泉,刘军霞,2013.管理层偏好、投资评级乐观性与私有信息获取[J].管理世界(4):33-45.

赵振洋,王雨婷,陈佳宁,2022.非行政处罚性监管与企业投资效率:基于交易所问询函的经验证据[J].南开经济研究(5):181-200.

郑国坚,林东杰,林斌,2014.大股东股权质押、占款与企业价值[J].管理科学学报(9):72-87.

郑石桥,许玲玲,2020.审计师行业专长对审计重要性水平的影响:基于股权性质的调节作用研究[J].审计与经济研究(4):19-27.

钟辉勇,张一凡,林晚发,2017.中国债券评级行业的现状与问题:次贷危机十年后的反思[J].财经智库(6):125-138.

钟辉勇,钟宁桦,朱小能,2016.城投债的担保可信吗:来自债券评级和发行定价的证据[J].金融研究(4):66-82.

钟诗颖,郑石桥,2020a.审计师组合特征对关键审计事项披露数量影响研究[J].财会通讯(16):83-86.

钟诗颖,郑石桥,2020b.公司特征对关键审计事项披露数量的影响研究[J].财会通讯(18):78-81.

周宏,温笑天,夏剑超,等,2013.评级机构数量选择对企业债券信用风险监管的影响:基于评级机构与发债企业串谋行为的博弈分析[J].会计研究(8):76-80.

周宏,周畅,林晚发,等,2018.公司治理与企业债券信用利差:基于中国公司债券 2008—

2016 年的经验证据[J].会计研究 (5):59-66.

周楷唐,麻志明,吴联生,2017.高管学术经历与公司债务融资成本[J].经济研究(7):169-183.

周小婷,黄书民,2017.审计质量与信用评级[J].财会通讯(3):12-16.

朱松,陈关亭,黄小琳,2013.集中持股下的独立审计作用:基于债券市场信用评级的分析[J].会计研究(7):86-92.

朱新蓉,熊礼慧,2020.股权质押、内部控制与非效率投资[J].中南财经政法大学学报(3):97-106.

宗文龙,王睿,杨艳俊,2009.企业研发支出资本化的动因研究:来自A股市场的经验证据[J].中国会计评论(4):439-454.

ABBOTT L J, GUNNY K A, ZHANG T C, 2013. When the PCAOB talks, who listens? evidence from stakeholder reaction to GAAP-deficient PCAOB inspection reports of small auditors[J]. Auditing: a journal of practice and theory, 32(2): 1-31.

ABOODY D, LEV B, 2000. Information asymmetry, R&D, and insider gains[J]. Journal of finance, 55(6): 2747-2766.

ACITO A A, BURKS J J, JOHNSON W B, 2019. The materiality of accounting errors: evidence from SEC comment letters[J]. Contemporary accounting research, 36(2): 839-868.

ADAMS M, BURTON B, HARDWICK P, 2003. The determinants of credit ratings in the United Kingdom insurance industry[J]. Journal of business finance and accounting, 30(3/4): 539-572.

AKERLOF G A, 1970. The market for "lemons": quality uncertainty and the market mechanism[J]. Quarterly journal of economics, 84(3): 488-500.

ALALI F, ANANDARAJAN A, JIANG W, 2012. The effect of corporate governance on firm's credit ratings: further evidence using governance score in the United States[J]. Accounting and finance, 52(2): 291-312.

ALLEN F, QIAN J, QIAN M, 2005. Law, finance, and economic growth in China[J]. Journal of financial economics, 77(1): 57-116.

ALMEIDA H, CAMPELLO M, 2007. Financial constraints, asset tangibility, and corporate investment[J]. Review of financial studies, 20(5): 1429-1460.

AMIRAM D, OWENS E, ROZENBAUM O, 2016. Do information releases increase or decrease information asymmetry? new evidence from analyst forecast announcements[J]. Journal of accounting and economics, 62(1): 121-138.

ANANTHARAMAN D, HE L, 2016. Regulatory scrutiny and reporting of internal control deficiencies: evidence from the SEC comment letters[J]. SSNR, 1: 1-44.

ARROW K J, 1985. The potentials and limits of the market in resource allocation[M]. London: The Macmillan Press.

ASHBAUGH-SKAIFE H, COLLINS D W, LAFOND R, 2006. The effects of corporate governance on firms' credit ratings[J]. Journal of accounting and economics, 42(1/2): 203-243.

ATTIG N, EL GHOUL S, GUEDHAMI O, et al., 2013. Corporate social responsibility and credit ratings[J]. Journal of business ethics, 117: 679-694.

BALSAM S, BARTOV E, MARQUARDT C, 2002. Accruals management, investor sophistication, and equity valuation: evidence from 10-Q filings[J]. Journal of accounting research, 40(4): 987-1012.

BAMBER L S, JIANG J, WANG I Y, 2010. What's my style? the influence of top managers on voluntary corporate financial disclosure[J]. The accounting review, 85(4): 1131-1162.

BARRON O E, BYARD D, KIM O, 2002. Changes in analysts' information around earnings announcements[J]. The accounting review, 77(4): 821-846.

BARRON O E, KIM O, LIM S C, et al., 1998. Using analysts' forecasts to measure properties of analysts' information environment[J]. The accounting review, 73: 421-433.

BARTH M E, KASZNIK R, MCNICHOLS M F, 2001. Analyst coverage and intangible assets[J]. Journal of accounting research, 39(1): 1-34.

BAUGH M, KIM K, LEE K J, 2022. The effect of SEC reviewers on comment letters [J]. Contemporary accounting research, 39(1): 656-690.

BEAVER W H, SHAKESPEARE C, SOLIMAN M T, 2006. Differential properties in the ratings of certified versus non-certified bond-rating agencies[J]. Journal of accounting and economics, 42(3): 303-334.

BÉDARD J, GONTHIER-BESACIER N, SCHATT A, 2019. Consequences of expanded audit reports: evidence from the justifications of assessments in France [J]. Auditing: a journal of practice and theory, 38(3): 23-45.

BENS D A, CHENG M, NEAMTIU M, 2016. The impact of SEC disclosure monitoring on the uncertainty of fair value estimates[J]. The accounting review, 91(2): 349-375.

BERNILE G, BHAGWAT V, RAU P R, 2017. What doesn't kill you will only make you more risk-loving: early-life disasters and CEO behavior[J]. Journal of finance, 72(1): 167-206.

BERNSTEIN M H, 1955. Regulating business by independent commission [M].

Princeton: Princeton University Press.

BERTRAND M, MULLAINATHAN S, 2003. Enjoying the quiet life? corporate governance and managerial preferences[J]. Journal of political economy, 111(5): 1043-1075.

BERTRAND M, SCHOAR A, 2003. Managing with style: the effect of managers on corporate policy[J]. Quarterly journal of economics, 118(4): 1169-1208.

BHOJRAJ S, SENGUPTA P, 2003. Effect of corporate governance on bond ratings and yields: the role of institutional investors and outside directors[J]. Journal of business, 76(3): 455-475.

BHUSHAN R, 1989. Firm characteristics and analyst following [J]. Journal of accounting and economics, 11(2/3): 255-274.

BIERSTAKER J, HOUSTON R, WRIGHT A, 2006. The impact of competition on audit planning, review, and performance[J]. Journal of accounting literature, 25: 1-58.

BLOOM N, SCHANKERMAN M, VAN REENEN J, 2013. Identifying technology spillovers and product market rivalry[J]. Econometrica, 81(4): 1347-1393.

BOONE J P, LINTHICUM C L, POE A, 2013. Characteristics of accounting standards and SEC review comments[J]. Accounting horizons, 27(4): 711-736.

BOTTAZZI G, SECCHI A, 2006. Explaining the distribution of firm growth rates[J]. The RAND journal of economics, 37(2): 235-256.

BOZANIC Z, CHOUDHARY P, MERKLEY K J, 2019. Securities law expertise and corporate disclosure[J]. The accounting review, 94(4): 141-172.

BOZANIC Z, DIETRICH J R, JOHNSON B, 2013. When the SEC speaks, do firms listen? the direct impact of the SEC's comment letter process on corporate disclosure[R]. Working paper.

BOZANIC Z, DIETRICH J R, JOHNSON B, 2017. SEC comment letters and firm disclosure[J]. Journal of accounting and public policy, 36(5): 337-357.

BRASEL K, DOXEY M M, GRENIER J H, et al., 2016. Risk disclosure preceding negative outcomes: the effects of reporting critical audit matters on judgments of auditor liability[J]. The accounting review, 91(5): 1345-1362.

BROWN S V, TIAN X, TUCKER J W, 2018. The spillover effect of SEC comment letters on qualitative corporate disclosure: evidence from the risk factor disclosure [J]. Contemporary accounting research, 35(2): 622-656.

BUSHMAN R M, 1991. Public disclosure and the structure of private information markets[J]. Journal of accounting research, 29(2): 261-276.

CASSELL C A, CUNNINGHAM L M, LISIC L L, 2019. The readability of company responses to SEC comment letters and SEC 10-K filing review outcomes[J]. Review of accounting studies, 24(3): 1252-1276.

CASSELL C A, DREHER L M, MYERS L A, 2013. Reviewing the SEC's review process: 10-K comment letters and the cost of remediation[J]. The accounting review, 88 (6): 1875-1908.

CHEMMANUR T J, KRISHNAN K, NANDY D K, 2011. How does venture capital financing improve efficiency in private firms? a look beneath the surface[J]. Review of financial studies, 24(12): 4037-4090.

CHEN G, FIRTH M, GAO D N, et al., 2005. Is China's securities regulatory agency a toothless tiger? evidence from enforcement actions[J]. Journal of accounting and public policy, 24(6): 451-488.

CHEN R, JOHNSTON R, 2008. Securities and exchange commission comment letters: enforcing accounting quality and disclosure[R]. SSRN working paper 1291345.

CHEN Y, DENG Y, JIN Y, et al., 2020. Political connection and regulatory scrutiny through comment letters: evidence from China[J]. International review of finance, 20(3): 789-798.

CHENG Q, DU F, WANG B Y, et al., 2019. Do corporate site visits impact stock prices[J]. Contemporary accounting research, 36(1): 359-388.

CHENG Q, DU F, WANG X, et al., 2016. Seeing is believing: analysts' corporate site visits[J]. Review of accounting studies, 21(4): 1245-1286.

CHO C H, JUNG J H, KWAK B, et al., 2017. Professors on the board: do they contribute to society outside the classroom[J]. Journal of business ethics, 141(2): 393-409.

CHRISTENSEN B E, GLOVER S M, WOLFE C J, 2014. Do critical audit matter paragraphs in the audit report change nonprofessional investors' decision to invest [J]. Auditing: a journal of practice and theory, 33(4): 71-93.

CHRISTENSEN H B, LIU L Y, MAFFETT M, 2020. Proactive financial reporting enforcement and shareholder wealth[J]. Journal of accounting and economics, 69(2/3): 101267.

CHUNG H, KALLAPUR S, 2003. Client importance, nonaudit services, and abnormal accruals[J]. The accounting review, 78(4): 931-955.

COASE R, 1960. The problem of social cost[J]. Journal of law and economics, 3: 1-44.

COBBIN P E, 2002. International dimensions of the audit fee determinants literature[J]. International journal of auditing, 6(1): 53-77.

CORNAGGIA K J, KRISHNAN G V, WANG C, 2017. Managerial ability and credit ratings[J]. Contemporary accounting research, 34(4): 2094-2122.

CORREIA M M, 2014. Political connections and SEC enforcement[J]. Journal of accounting and economics, 57(2/3): 241-262.

CUNNINGHAM L M, JOHNSON B A, JOHNSON E S, et al., 2020. The switch-up: an examination of changes in earnings management after receiving SEC comment letters[J]. Contemporary accounting research, 37(2): 917-944.

CUNNINGHAM L, SCHMARDEBECK R, WANG W, 2017. SEC comment letters and bank lending[R]. SSRN working paper.

CUSTÓDIO C, FERREIRA M A, MATOS P, 2013. Generalists versus specialists: lifetime work experience and chief executive officer pay[J]. Journal of financial economics, 108(2): 471-492.

CUSTÓDIO C, METZGER D, 2014. Financial expert CEOs: CEO's work experience and firm's financial policies[J]. Journal of financial economics, 114(1): 125-154.

DAMODARAN A, 2001. The dark side of valuation: valuing old tech, new tech, and new economy companies[M]. London: Financial Times Press.

DECHOW P M, DICHEV I D, 2002. The quality of accruals and earnings: the role of accrual estimation errors[J]. The accounting review, 77: 35-59.

DECHOW P M, LAWRENCE A, RYANS J P, 2016. SEC comment letters and insider sales[J]. The accounting review, 91(2): 401-439.

DECHOW P M, SLOAN R G, HUTTON A P, 1995. Detecting earnings management[J]. The accounting review, 70(2): 193-225.

DECHOW P M, SLOAN R G, SWEENEY A P, 1996. Causes and consequences of earnings manipulation: an analysis of firms subject to enforcement actions by the SEC[J]. Contemporary accounting research, 13(1): 1-36.

DEFOND M L, RAGHUNANDAN K, SUBRAMANYAM K R, 2002. Do non-audit service fees impair auditor independence? evidence from going concern audit opinions[J]. Journal of accounting research, 40(4): 1247-1274.

DENNIS S A, GRIFFIN J B, ZEHMS K M, 2019. The value relevance of managers' and auditors' disclosures about material measurement uncertainty[J]. The accounting review, 94(4): 215-243.

DO T P, ZHANG H, 2022. Styles of regulators: evidence from the SEC's comment letters[J]. Contemporary accounting research, 39(2): 789-825.

DOOGAR R, SIVADASAN P, SOLOMON I, 2015. Audit fee residuals: costs or rents[J]. Review of accounting studies, 20(4): 1247-1286.

DRIENKO J, SAULT S J, 2011. The impact of company responses to exchange queries on the Australian equity market[J]. Accounting and finance, 51(4): 923-945.

DRIENKO J, SAULT S J, 2013. The intraday impact of company responses to exchange queries[J]. Journal of banking and finance, 37(12): 4810-4819.

DURFEE D, 2005. Why more companies are tap-ping their finance chiefs for CEO[R]. Working paper.

DURO M, HEESE J, ORMAZABAL G, 2019. The effect of enforcement transparency: evidence from SEC comment-letter reviews[J]. Review of accounting studies, 24: 780-823.

EGE M, GLENN J L, ROBINSON J R, 2020. Unexpected SEC resource constraints and comment letter quality [J]. Contemporary accounting research, 37(1): 33-67.

ERTIMUR Y, NONDORF M E, 2006. IPO firms and the SEC comment letter process [R]. Working paper.

ETTREDGE M, JOHNSTONE K, STONE M, et al., 2011. The effects of firm size, corporate governance quality, and bad news on disclosure compliance [J]. Review of accounting studies, 16(4): 866-889.

FEROZ E H, PARK K, PASTENA V S, 1991. The financial and market effects of the SEC's accounting and auditing enforcement releases[J]. Journal of accounting research, 29 (S):107-142.

FIRTH M, 1990. Auditor reputation: the impact of critical reports issued by government inspectors[J]. The RAND journal of economics, 21(3): 374-387.

FIRTH M, RUI O M, WU X, 2009. The timeliness and consequences of disseminating public information by regulators[J]. Journal of accounting and public policy, 28 (2):118-132.

FRANCIS B, HASAN I, PARK J C, et al., 2015. Gender differences in financial reporting decision-making: evidence from accounting conservatism [J]. Contemporary accounting research, 32(3): 1285-1318.

FRANCIS B, HASAN I, WU Q, 2015. Professors in the boardroom and their impact on corporate governance and firm performance[J]. Financial management, 44(3): 547-581.

FRANCIS J R, 2011. A framework for understanding and researching audit quality[J]. Auditing: a journal of practice and theory, 30(2): 125-152.

FRANCIS J R, MICHAS P N, 2013. The contagion effect of low-quality audits[J]. The accounting review, 88(2): 521-552.

FRANK M Z, GOYAL V K, 2007. Corporate leverage: how much do managers really matter[R]. Working paper.

FROST C A, 2007. Credit rating agencies in capital markets: a review of research evidence on selected criticisms of the agencies[J]. Journal of accounting, auditing and finance, 22(3): 469-492.

FUNG S Y K, RAMAN K K, ZHU X K, 2017. Does the PCAOB international inspection program improve audit quality for non-US-listed foreign clients[J]. Journal of accounting and economics, 64(1): 15-36.

GAMBA A, 2003. Real options valuation: a Monte Carlo approach[R]. Faculty of management, University of Calgary working paper.

GE W, MATSUMOTO D, ZHANG J L, 2011. Do CFOs have style? an empirical investigation of the effect of individual CFOs on accounting practices[J]. Contemporary accounting research, 28(4): 1141-1179.

GIETZMANN M B, ISIDRO H, 2013. Institutional investors' reaction to SEC concerns about IFRS and US GAAP reporting[J]. Journal of business finance and accounting, 40(7/8): 796-841.

GIETZMANN M B, MARRA A, PETTINICCHIO A, 2016. Comment letter frequency and CFO turnover: a dynamic survival analysis[J]. Journal of accounting, auditing and finance, 31(1): 79-99.

GIETZMANN M B, PETTINICCHIO A K, 2014. External auditor reassessment of client business risk following the issuance of a comment letter by the SEC[J]. European accounting review, 23(1):57-85.

GIMBAR C, HANSEN B, OZLANSKI M E, 2016. The effects of critical audit matter paragraphs and accounting standard precision on auditor liability[J]. The accounting review, 91(6): 1629-1646.

GIPPER B, HAIL L, LEUZ C, 2017. On the economics of audit partner tenure and rotation: evidence from PCAOB data[R]. NBER working paper 24018.

GLAESER E, SHLEIFER A, 2003. The rise of the regulatory state[J]. Journal of economic literature, 41(2): 401-425.

GONG N, 2007. Effectiveness and market reaction to the stock exchange's inquiry in Australia[J]. Journal of business finance and accounting, 34(7/8): 1141-1168.

GRAHAM J R, HARVEY C R, PURI M, 2013. Managerial attitudes and corporate actions[J]. Journal of financial economics, 109(1): 103-121.

GRAHAM J R, HARVEY C R, RAJGOPAL S, 2005. The economic implications of corporate financial reporting[J]. Journal of accounting and economics, 40(1): 3-73.

GUNNY K A, HERMIS J M, 2020. How busyness influences SEC compliance activities: evidence from the filing review process and comment letters[J]. Contemporary accounting research, 37(1): 7-32.

HADLOCK C J, PIERCE J R, 2010. New evidence on measuring financial constraints: moving beyond the KZ index[J]. Review of financial studies, 23(5): 1909-1940.

HALL B H, 2002. The financing of research and development[J]. Oxford review of economic policy, 18(1): 35-51.

HAMBRICK D C, MASON P A, 1984. Upper echelons: the organization as a reflection of its top managers[J]. Academy of management review, 9(2): 193-206.

HE J, TIAN X, 2013. The dark side of analyst coverage: the case of innovation[J]. Journal of financial economics, 109(3): 856-878.

HEALY P M, PALEPU K G, 2001. Information asymmetry, corporate disclosure, and the capital markets: a review of the empirical disclosure literature[J]. Journal of accounting and economics, 31: 405-440.

HEESE J, KHAN M, RAMANNA K, 2017. Is the SEC captured? evidence from comment-letter reviews[J]. Journal of accounting and economics, 64(1): 98-122.

HESARZADEH R, RAJABALIZADEH J, 2020. Does securities commission oversight reduce the complexity of financial reporting[J]. Revista de Contabilidad-Spanish accounting review, 23(1): 1-17.

HIGGS J L, SKANTZ T R, 2006. Audit and nonaudit fees and the market's reaction to earnings announcements[J]. Auditing: a journal of practice and theory, 25(1): 1-26.

HOLMSTROM B, 1989. Agency costs and innovation[J]. Journal of economic behavior and organization, 12(3): 305-327.

HOTTENROTT H, PETERS B, 2012. Innovative capability and financing constraints for innovation: more money, more innovation? [J]. Review of economics and statistics, 94(4): 1126-1142.

HUANG A H, LEHAVY R, ZANG A Y, et al., 2018. Analyst information discovery and interpretation roles: a topic modeling approach[J]. Management science, 64(6): 2833-2855.

HUTTON A P, MILLER G S, SKINNER D J, 2003. The role of supplementary statements with management earnings forecasts[J]. Journal of accounting research, 41(5): 867-890.

IMAI K, KEELE L, TINGLEY D, 2010. A general approach to causal mediation analysis[J]. Psychological methods, 15(4): 309-334.

JENSEN M C, MECKLING W H, 1976. Theory of the firm: managerial behavior, agency costs and ownership structure[J]. Journal of financial economics, 3(4): 305-360.

JHA A, CHEN Y, 2015. Audit fees and social capital[J]. The accounting review, 90(2): 611-639.

JIANG F, ZHU B, HUANG J, 2013. CEO's financial experience and earnings management[J]. Journal of multinational financial management, 23(3): 134-145.

JOHNSON B A, 2015. The impact of SEC comment letter releases: short window evidence on information content and changes in information asymmetry[D]. Columbus: The Ohio State University.

JOHNSTON R, PETACCHI R, 2017. Regulatory oversight of financial reporting: Securities and Exchange Commission comment letters[J]. Contemporary accounting research, 34(2): 1128-1155.

JORION P, SHI C, ZHANG S, 2009. Tightening credit standards: the role of accounting quality[J]. Review of accounting studies, 14(1): 123-160.

KACHELMEIER S J, RIMKUS D, SCHMIDT J J, et al., 2020. The forewarning effect of critical audit matter disclosures involving measurement uncertainty [J]. Contemporary accounting research, 37(4): 2186-2212.

KACHELMEIER S J, SCHMIDT J J, VALENTINE K, 2017. The disclaimer effect of disclosing critical audit matters in the auditor's report[R]. SSRN working paper 2481284.

KAPLAN S N, KLEBANOV M M, SORENSEN M, 2012. Which CEO characteristics and abilities matter[J]. Journal of finance, 67(3): 973-1007.

KAPLAN S N, MINTON B A, 2012. How has CEO turnover changed[J]. International review of finance, 12(1): 57-87.

KARPOFF J M, LEE D S, MARTIN G S, 2008. The consequences to managers for financial misrepresentation[J]. Journal of financial economics, 88(2): 193-215.

KEDIA S, RAJGOPAL S, 2011. Do the SEC's enforcement preferences affect corporate misconduct[J]. Journal of accounting and economics, 51(3): 259-278.

KEDIA S, RAJGOPAL S, ZHOU X A, 2017. Large shareholders and credit ratings[J]. Journal of financial economics, 124(3): 632-653.

KETHINENI V, 1991. Political economy of state intervention in health care [J]. Economic and political weekly, 26(42): 2427-2433.

KÖHLER A, RATZINGER-SAKEL N, THEIS J, 2020. The effects of key audit matters on the auditor's report's communicative value: experimental evidence from investment professionals and non-professional investors[J]. Accounting in Europe, 17(2): 105-128.

KRYZANOWSKI L, MOHEBSHAHEDIN M, 2020. Transparency and fund governance efficacy: the effect of the SEC's disclosure rule on advisory contracts[J]. Journal of corporate finance, 62: 101559.

KUBIC M, 2021. Examining the examiners: SEC error detection rates and human capital allocation[J]. The accounting review, 96(3): 313-341.

KUBICK T R, LYNCH D P, MAYBERRY M A, et al., 2016. The effects of regulatory scrutiny on tax avoidance: an examination of SEC comment letters[J]. The accounting review, 91(6): 1751-1780.

LA PORTA R, LOPEZ-DE-SILANES F, SHLEIFER A, et al., 2000. Agency problems and dividend policies around the world[J]. Journal of finance, 55(1): 1-33.

LA PORTA R, LOPEZ-DE-SILANES F, SHLEIFER A, 2006. What works in securities laws[J]. Journal of finance, 61(1): 1-32.

LAMOREAUX P T, 2016. Does PCAOB inspection access improve audit quality? an examination of foreign firms listed in the United States[J]. Journal of accounting and economics, 61(2/3): 313-337.

LANG M H, LUNDHOLM R J, 1996. Corporate disclosure policy and analyst behavior [J]. The accounting review, 71(4):467-492.

LAWRENCE J, LEI G, SMITH D B, 2010. SEC comment letters and financial statement restatements[R]. SSRN working paper 1575389.

LEE C M C, MUCKLOW B, READY M J, 1993. Spreads, depths, and the impact of earnings information: an intraday analysis[J]. Review of financial studies, 6(2): 345-374.

LEHAVY R, LI F, MERKLEY K, 2011. The effect of annual report readability on analyst following and the properties of their earnings forecasts[J]. The accounting review,86 (3):1087-1115.

LEHNE R, 2006. Domestic policy and the grand coalition: initial steps[C]//Conference Paper, American Political Science Association: 1-24.

LEUZ C, WYSOCKI P D, 2016. The economics of disclosure and financial reporting regulation: evidence and suggestions for future research[J]. Journal of accounting research, 54 (2):525-622.

LEVENTIS S, DEDOULIS E, ABDELSALAM O, 2018. The impact of religiosity on audit pricing[J]. Journal of business ethics, 148: 53-78.

LEVENTIS S, HASAN I, DEDOULIS E, 2013. The cost of sin: the effect of social norms on audit pricing[J]. International review of financial analysis, 29: 152-165.

LI L, QI B, TIAN G, et al., 2017. The contagion effect of low-quality audits at the level of individual auditors[J]. The accounting review,92(1): 137-163.

LJUNGQVIST A, QIAN W, 2014. How constraining are limits to arbitrage? evidence from a recent financial innovation[R]. NBER working paper 19834.

LOW K-Y, 2004. The effects of industry specialization on audit risk assessments and audit-planning decisions[J]. The accounting review, 79(1): 201-219.

LUNDHOLM R J, 1988. Price-signal relations in the presence of correlated public and private information[J]. Journal of accounting research, 26: 107-118.

MALMENDIER U, TATE G, 2005. CEO overconfidence and corporate investment[J]. Journal of finance, 60(6): 2661-2700.

MALMENDIER U, TATE G, 2008. Who makes acquisitions? CEO overconfidence and the market's reaction[J]. Journal of financial economics, 89(1): 20-43.

MANSO G, 2011. Motivating innovation[J]. Journal of finance, 66(5): 1823-1860.

MARTIN A D, NISHIKAWA T, WILLIAMS M A, 2009. CEO gender: effects on valuation and risk[J]. Quarterly journal of finance and accounting, 48(3):23-40.

MATHIS J, MCANDREWS J, ROCHET J-C, 2009. Rating the raters: are reputation concerns powerful enough to discipline rating agencies[J]. Journal of monetary economics, 56(5): 657-674.

MATSUNAGA S R, WANG S, YEUNG P E, 2013. Does appointing a former CFO as CEO influence a firm's accounting policies[R]. SSRN working paper 2206523.

MILLER M H, ROCK K, 1985. Dividend policy under asymmetric information[J]. Journal of finance, 40(4): 1031-1051.

NAUGHTON J P, ROGO R, SUNDER J, et al., 2018. SEC monitoring of foreign firms' disclosures in the presence of foreign regulators[J]. Review of accounting studies, 23: 1355-1388.

NOURAYI M M, 1994. Stock price responses to the SEC's enforcement actions[J]. Journal of accounting and public policy,13(4): 333-347.

OLINER S D, RUDEBUSCH G D, 1996. Monetary policy and credit conditions: evidence from the composition of external finance: comment[J]. The American economic review, 86(1): 300-309.

PAUL S, WILSON N, 2007. The determinants of trade credit demand: survey evidence and empirical analysis[J]. Journal of accounting, business and management, 14(1): 96-116.

PINTO I, MORAIS A I, 2019. What matters in disclosures of key audit matters: evidence from Europe[J]. Journal of international financial management and accounting, 30(2): 145-162.

POON W P H, CHAN K C, FIRTH M A, 2013. Does having a credit rating leave less money on the table when raising capital? a study of credit ratings and seasoned equity offerings in China[J]. Pacific-Basin finance journal, 22:88-106.

QUAN Y, ZHOU C, BAO R, et al., 2021. Do board secretaries with financial expertise reduce regulatory inquiries? empirical evidence based on the China stock exchange's annual report comment letter[J]. China journal of accounting studies, 9(4): 571-592.

RAJAN R, ZINGALES L,2003. Saving capitalism from the capitalists[M]. New York: Random House Business Books.

RASHKOVER B W, WINTER C B, 2005. The impact of Sarbanes-Oxley on SEC enforcement in public company disclosure cases: Part I[J]. International journal of disclosure and governance, 2(4): 312-324.

REVSINE L, COLLINS D W, JOHNSON B, et al., 2011. Financial reporting and analysis[M]. 5th ed. New York: McGraw-Hill Irwin.

RYANS J P, 2021. Textual classification of SEC comment letters[J]. Review of accounting studies, 26(1): 37-80.

SHIN Y, MOORE W, 2008. Effects of national recognition on the influence of credit rating agencies: the case of dominion bond rating service[J]. Financial decisions, 20(2): 1-28.

SHLEIFER A, VISHNY R W, 1993. Corruption[J]. Quarterly journal of economics, 108(3): 599-618.

SIMUNIC D A, 1980. The pricing of audit services: theory and evidence[J]. Journal of accounting research, 18(1): 161-190.

SIROIS L P, BÉDARD J, BERA P, 2018. The informational value of key audit matters in the auditor's report: evidence from an eye-tracking study[J]. Accounting horizons, 32(2): 141-162.

SLOAN R G, 1996. Do stock prices fully reflect information in accruals and cash flows about future earnings[J]. The accounting review, 71(3): 289-315.

SOBEL M E, 1982. Asymptotic confidence intervals for indirect effects in structural equation models[J]. Sociological methodology,13: 290-312.

STEIN J C, 1988. Takeover threats and managerial myopia[J]. Journal of political economy, 96(1): 61-80.

STICKEL S E, 1992. Reputation and performance among security analysts[J]. Journal of finance, 47(5): 1811-1836.

TOBIN J E, 1984. On the efficiency of the financial system[J]. Lloyds banking review, 153:112-125.

VELTE P, 2018. Does gender diversity in the audit committee influence key audit matters' readability in the audit report? UK evidence[J]. Corporate social responsibility and environmental management, 25(5): 748-755.

VERRECCHIA R E, 1982. Information acquisition in a noisy rational expectations economy[J]. Econometrica, 50(6): 1415-1430.

VINSON J M, ROBERTSON J C, COCKRELL R C, 2019. The effects of critical audit matter removal and duration on jurors' assessments of auditor negligence[J]. Auditing: a journal of practice and theory, 38(3): 183-202.

WANG Q, 2016. Determinants of segment disclosure deficiencies and the effect of the SEC comment letter process[J]. Journal of accounting and public policy, 35(2): 109-133.

WELKER M, 1995. Disclosure policy, information asymmetry and liquidity in equity markets[J]. Contemporary accounting research, 11(2): 801-827.

WOMACK K L, 1996. Do brokerage analysts' recommendations have investment value [J]. Journal of finance, 51(1): 137-167.

WU X, FAN Y, YANG Y, 2019. Do critical audit matters signal higher quality of audited financial information? evidence from asset impairment[J]. China journal of accounting studies, 7(2): 170-183.

XIA H, 2014. Can investor-paid credit rating agencies improve the information quality of issuer-paid rating agencies[J]. Journal of financial economics, 111(2): 450-468.

YU F F, 2008. Analyst coverage and earnings management[J]. Journal of financial economics, 88(2): 245-271.

YU F, YU X, 2011. Corporate lobbying and fraud detection[J]. Journal of financial and quantitative analysis, 46(6): 1865-1891.

ZEFF S A, FOSSUM R L, 1967. An analysis of large audit clients[J]. The accounting review, 42(2): 298-320.

ZHONG R I, 2018. Transparency and firm innovation[J]. Journal of accounting and economics, 66(1): 67-93.